U0916781

农村社会保障制度建设与发展研究

曹立前　殷永萍　著

山东人民出版社
国家一级出版社　全国百佳图书出版单位

《农村社会治理丛书》总序

改革开放以来，中国农业与农村发展取得了巨大成就。

农业经济持续增长。1978—2012年，农业生产总值由0.10万亿元增加到5.24万亿元。2004—2012年，粮食生产实现“九连增”；2012年，全国粮食总产量达到5.90亿吨，农业综合生产能力迈上新台阶。

农民收入快速增长。1978—2012年，农民人均纯收入由133.60元增加到7917元，按可比价格计算，增长了10.77倍。2010—2013年，农民人均纯收入增幅连续四年超过城镇居民人均增幅。

农民福利日益改善。随着国民经济综合实力的日益增强，政府先后实施了新型农村合作医疗、农村免费义务教育、农村社会养老保险、农村居民最低生活保障、农业和农村基础设施供给均等化等制度，极大地促进了农村社会建设事业的大发展和农民生计的持续改善。

农村社会管（治）理持续创新。随着乡镇机构改革的深入推进，村民自治组织功能强化，农民合作社等多种农村新型经济和社会组织发育并日益发挥作用，农村社会管（治）理发生了重大的制度化转型和创新。

这些成就的取得，得益于国家与农民关系的重大调整以及政府制定和实施的多予少取放活、工业反哺农业、城市支持农村的重大强农、惠农、富农政策，得益于国家所构建的农业生产经营、农业支持保护、农村社会保障、城乡协调发展的制度框架。特别是2004—2013年中央连续十年发布的“一号文件”，对于促进农业与农村的快速健康发展起到了至关重要的推动作用。

尽管如此，中国农业和农村发展中仍然存在许多问题，例如：农产品供求结构性矛盾突出，人多地少水缺的矛盾加剧，农业资源要素流失加快，农业竞争力下降，传统农村社区急剧分化，农村社会保障体系尚不健全，政府对农村社会的管理体制以及农村社会内部的治理机制尚不完善，老人、妇女、儿童等最需要得到关注的弱势群体已成为农村的常住居民和农业生产及农村建设的主力军，农村发展后继乏人，等等。此外，一些地方剥夺农民土地等财产权利的情况时有发生，群体性事件在一些地方的农村还很严重。

当前，伴随工业化、城镇化的深入推进，中国农业和农村发展正在进入新的阶段。保障国家粮食安全、食物安全、重要农产品有效供给的任务仍然很艰巨，缩小城乡区域发展差距和居民收入分配差距仍然任重道远；农村社会结构加速转型，城乡发展加快融合，农民利益诉求日益多元。党的十八大报告指出，“解决好农业农村农民问题是全党工作重中之重”，要“让广大农民平等参与现代化进程、共同分享现代化成果”。

因此，中国农业和农村的进一步和可持续发展，必须顺应阶段变化，遵循发展规律，加大强农、惠农、富农政策力度，加强和创新农村社会管理和内部治理。为此，党的十八大报告提出，“要围绕构建中国特色社会主义管理体系，加快形成党委领导、政府负责、社会协同、公众参与、法治保障的社会管理体制”，“加快形成源头治理、动态管理、应急处置相结合的社会管理机制”，“加强社会管理法律、体制机制、能力、人才队伍和信息化建设”，这对加强农村社会管理体制机制建设提出了明确的任务和要求。

党的十八届三中全会进一步指出，“全面深化改革的总目标是完善和发展中国特色社会主义制度，推进国家治理体系和治理能力现代化”，“要创新社会治理体制，改进社会治理方式，激发社会组织活力，创新有效预防和化解社会矛盾体制”。从社会管理到社会治理，体现了党治国理政理念和思路的重大转变。这为加强和创新农村社会治理方式，提高农村社会治理科学化水平，加快形成科学有效的农村社会治理体制，提供了战略上的思想指导、政策上的调整纲要、科学研究上的学科视角。

山东师范大学公共管理学院成立时间不长（成立于2011年4月）。他们在深入研究和分析“三农”学科发展进展的基础上，本着服务大局、前沿切入的学科发展思路和定位，成立之初即将农村社会治理问题研究作为重点，积极探索中国农村社会治理理论和现实问题。循着这样的学科定位，全院教职工紧紧围绕党的十八大报告、十八届三中全会公报精神开展研究，并在农村社会治理相关研究领域取得了一些初步研究成果。《农村社会治理丛书》是该院老师们近年研究成果的集中展现。

这套丛书选择的十个研究主题涵盖了农村社会治理的主要方面，从不同视角对中国农村社会治理领域中的制度化转型、社会管理体制创新、村干部领导力等问题进行了深入探讨。

《中国乡村治理的制度化转型研究》重点阐述了中国乡村制度化治理的当代内涵，分析了中国乡村制度化治理的现实可能性，设计了中国乡村制度化治理的可行模式，提出了中国乡村制度化治理的基本路径。

在中国乡村治理呈现制度化转型的态势和现实背景下，《中国乡村治理模式研究》则基于对历史进程中乡村治理模式的梳理归纳、对当前实践中乡村治理模式的系统与比较分析，前瞻了未来中国乡村治理的三种有效模式，即压力与机遇并存的“乡政村治”模式、勃然兴起的社区化管理模式和全面城市化模式，并对未来中国乡村治理模式可能的选择路径进行了分析和探讨。

在中国乡村治理制度化转型的过程中，农村社会保障和乡村文化建设取得了明显进步；包括农民专业合作社在内的农村经济合作组织发展势头强劲，覆盖范围扩大，已经成为农业产业化经营和农村社会发展中的重要组织形态，体现了鲜明的时代特色。《农村社会保障制度建设与发展研究》通过深入剖析中国农村社会保障制度建设和发展过程中的重点、难点问题，探讨了一种可持续的适合城镇化、城乡一体化发展要求的农村社会保障制度体系和框架。《当代中国乡村文化建设问题研究》重点分析了当代中国乡村精神文明建设、乡村政治文化建设、乡村法律文化建设、乡村教育、乡村习俗等问题，并提出了当代乡村文化的建设路径。《农村经济合作组织发展研究》从国家与社会互动关系的研究视角，深入考察了政府在农村经济合作组织发展中的权力配置与角色变迁，探究了农村经济合作组织拓展行动空间的行为方式和策略选择，提出了促进农村经济合作组织可持续发展的政策路径。

国际货币基金组织（IMF）的统计数据显示，2012年，世界国内生产总值71.28万亿美元，其中，美国国内生产总值15.65万亿美元。中国的国内生产总值8.25万亿美元，占世界国内生产总值的11.57%，跻身于世界经济大国行列，也为“中国梦”的实现奠定了坚实基础。同时，这也表明，当前中国经济发展正处于“黄金时期”，但也是一个“社会转型期”、“利益调整期”和“矛盾凸显期”。这要求在农村治理的制度化转型过程中，要进一步创新农村社会治理体制机制。

由此，《农村社会管理体制创新研究》重点探讨了公共服务型政府建设、农村社会矛盾治理、农村社会组织发展、农村精神文明建设、农村弱势群体保护、农村公共安全体系建设等问题。《县乡财政问题研究》以财政分权理论以及其他国家财政分权经验为依据，重点分析了中国县乡财政问题的原因与解决途径和制度变革。《中国乡镇政府与村委会关系研究》借鉴国内外实践经验，构建了乡镇政府管理与村委会治理关系的分析框架，探讨了乡镇政府与村委会之间协调运行机制的思路和措施。《新生代农民工问题研究》以新生代农民工介于城市和农村的双重身份为切入点，以新公共服务理论和包容性发展理论为研究思路，重点研究了新生代农民工在农村与城市两方面的权益维护问题。《社会转型时期村干部领导力问题研究》以农村社会的领导力需求为逻辑出发点，重点研究了村干部的组织角色与生存状态、村干部的领导力状态及其形成机制、村干部领导力提升的技术空间等问题。

《农村社会治理丛书》的立意明确、材料丰富、论证有力、分析有理、方法科学、结论得当，对于“三农”问题的解决，对于政府部门的相关决策以及其他方面的深入研究必将有所裨益。但是，从发展的眼光看，农村社会治理涉及诸多领域，丛书所涉研究主题，从体系上讲还不很全面、不够系统，需要今后不断完善和补充；丛书的选题和研究内容本身也可能存在诸多方面的不足。

但瑕不掩瑜。我个人认为，这套丛书的出版将能促进农村治理问题研究同行的学术交流，同时也能呼唤更多关于农村社会治理方面的优秀成果的问世。

是为序。

中国社会科学院农村发展研究所副所长

博士生导师

2014年8月

目 录

第一章 CHAPTER 1

城乡二元结构下的社会保障制度安排

◇ 城乡二元社会保障制度

◇ 城乡二元社会保障制度的思考与分析

◇ 城乡二元社会保障制度的发展趋势

第一节　城乡二元社会保障制度

我国社会保障制度城乡分治的二元化格局是在计划经济时期建立起来的。其二元结构的形成经历了一个比较漫长的过程，大体上延续了整个计划经济时期。1978 年，党的十一届三中全会以后，伴随着全面的改革开放和社会转型，我国政府开始对传统的社会保障制度与体系进行改革与重建。1993 年，党的十四届三中全会确定了建立社会主义市场经济体制的目标之后，社会保障制度作为构筑社会主义市场经济框架的“五大体系”① 之一，改革的力度进一步加强。与此同时，农村的社会保障制度建设也在不断地探索、发展和完善。尽管如此，我国社会保障制度城乡二元结构的状况并没有从根本上得到改变，城市社会保障与农村社会保障在制度设计、资金投入、保障范围、保障水平、保障内容等方面依然有着巨大的差距，农村社会保障事业的发展依然远远落后于城市。民政部部长李学举认为：“受经济社会发展水平、城乡二元结构、制度建设起步较晚等因素制约，我国农村社会保障事业总体相对滞后，保障面较窄，保障水平偏低；一些政策措施刚性不强；资金难以得到有力保证，与实际需要有一定差距；部分地区还存在政策落实不到位等问题。”② 这种情况，不仅不利于我国社会保障制度的全面发展和完善，而且不利于农村经济社会的整体发展和社会主义和谐社会的建设。

---

① 中国社会主义市场经济框架的“五大体系”：一是坚持以公有制为基础、多种经济成分共同发展的方针，建立现代企业制度；二是建立全国统一开放的市场体系；三是转变政府管理经济的职能，建立以间接手段为主的完善的调控体系；四是建立以按劳分配为主体，效率优先、兼顾公平的收入分配制度；五是建立多层次的社会保障制度，促进经济的发展和社会的稳定。

② 蔡靖骉：《中国拟进一步加强农村社会保障体系建设》，见 http：//gb. cri. cn/27824/2009/04/22/324552491957. htm。

一、城市社会保障制度的建立

新中国成立伊始，党和政府就开始进行社会保障的制度安排，着手建立社会保障体系。然而，由于当时历史条件和城乡经济社会发展状况的限制，基于学习和借鉴前苏联社会保障模式所建立起来的新中国的社会保障制度，并没有按照前苏联以及东欧国家那样实行社会保障的全民覆盖，让农民也享受和城市企业职工一样的社会保障待遇，而是一开始就按照城乡分离的思路进行设计和安排，从而形成了典型的城乡二元社会保障的制度架构。

（一）企业职工的社会保障制度

1951年2月26日，政务院（国务院的前身）颁布了《中华人民共和国劳动保险条例》（以下简称《劳动保险条例》）。条例共7章34条，自3月1日起施行。其实施范围主要包括以下企业：一是雇用工人与职员人数在100人以上的国营、公私合营、私营及合作社经营的工厂、矿场及其附属单位与业务管理机关，二是铁路、航运、邮电的各企业单位及附属单位。1953年和1956年，《劳动保险条例》先后进行过两次修订，在覆盖范围和保险待遇等方面进行了调整和完善。其保障范围和保障水平总体上在不断扩大和上升。《劳动保险条例》是新中国制定和实施的第一部社会保障法规，一直沿用到1978年。该条例的颁布和实施，标志着新中国社会保障制度的正式建立。

从保障对象来看，《劳动保险条例》是一部专门面向城市企业职工的社会保障法规。条例涉及了社会保险的管理体制、覆盖范围、筹资方式以及待遇资格和水平等问题；对企业职工的生、老、病、死、伤、残等保险，各项劳保待遇和费用开支，以及劳动保险金的征集与管理都做出了具体规定。其保障项目比较全面，职工在疾病、伤残、死亡、生育及年老后均可获得较为全面的保障待遇，职工供养的直系亲属也可以享受一定的保险待遇。

首先，在管理体制方面，条例规定，企业基层工会负责保险基金的收缴、发放，各级工会负责指导、督促，各级政府中的劳动行政机关负责监督并处理争议和申诉，中华全国总工会为全国最高的社会保险事业的领导机构，国家劳动部为最高监督机关。

其次，在覆盖范围方面，条例最初规定，覆盖范围仅限于拥有职工100人以上的工矿企业以及铁路、航运、邮电行业及其附属单位。1953 年，在对条例进行了修改之后，扩大了覆盖范围，在原有的基础上又扩大到了工矿企业、交通行业的基本建设单位和国营建筑公司。1956 年，覆盖范围又再次扩大到了商业、外贸、金融等 13 个产业部门。

再次，在筹资方式上，条例实际上确立了以企业单方付费制为基础的现收现付的筹资模式。这种模式将社会保险金分为两大块，即企业基层工会管理的劳动保险基金与全国总工会管理的劳动保险基金。企业按月缴纳本企业职工工资总额的3%，将其作为劳动保险金，前两个月缴纳的劳动保险金全数上缴全国总工会。从第三个月开始，企业每月缴纳的劳动保险金，30% 上缴全国总工会，将其作为总基金；70% 作为社会保险基金，由企业基层工会管理。

（二）政府机关、事业单位工作人员的社会保障制度

1951 年以后，国家在实施城市企业职工劳动保险制度的同时，又通过颁布单项法规的形式，对政府机关、事业单位工作人员的退休、退职、医疗、疾病、生育等待遇做出了规定。1950 年，制定和颁布《革命工作人员伤亡褒恤暂行条例》；1952 年，制定和颁布《关于人民政府、党派、团体及所属事业单位的国家机关工作人员实行公费医疗预防措施的指示》、《关于各级人民政府工作人员在患病期间待遇暂行办法》；1955 年，制定和颁布《关于女工作人员生育假期的通知》、《关于国家机关工作人员子女医疗问题》、《国家机关工作人员退休处理暂行办法》、《国家机关工作人员退职处理暂行办法》。伴随着这一系列单项法规的颁布，我国也开始建立起了面向政府机关、事业单位工作人员的比较全面的社会保障制度。

（三）企业社会保障制度与事业单位、政府机关社会保障制度的差别

我国在社会保障制度建立之初，不仅在城市和农村社会保障制度的安排上有着巨大的差别，而且在企业职工与政府机关、事业单位工作人员的保障待遇方面也存在着一定的差别，特别是在养老待遇和医疗待遇方面的差别，导致了企业职工与政府机关、事业单位工作人员的养老待遇和医疗待遇的双轨制，成为一个积重难返、严重欠缺公平性、到现在也难以解决的问题。

首先，在养老方面，企业单位职工的养老保险规定，男职工年满 60 岁，一般工龄 25 年；女职工年满 50 岁，一般工龄 20 年，可准予退休。退休以后，

按照其工龄的长短，从社会保险金中给付养老金，其数额为本人工资的35%—60%，1953年，条例修订以后，又提高到50%—70%。政府机关、事业单位职工的养老保险则规定，男职工年满60周岁，女职工（女干部）年满55周岁，可以退休。养老金按照工作年限的长短，以退休时基本工资的50%—80%计发。两者相较，政府机关、事业单位职工的养老保险金上限高出企业职工10个百分点。

其次，在医疗方面，主要涉及职工因公负伤、残废和疾病，非因公负伤、残废待遇。条例规定，企业职工患病所需的诊疗费、手术费、住院费以及普通药费由企业负担，贵重药品、住院的膳食费以及就医的路费由本人负担；同时规定，医疗期间工资照发。政府机关、事业单位的工作人员看病则实行公费医疗，而且在报销范围上高于企业。在病假期间的工资待遇方面，1952年9月，政务院颁布了《关于各级人民政府工作人员在患病期间待遇暂行办法》；其后在1953年12月和1954年7月又对此进行过两次修改。从初期的暂行办法到修改后的新办法，在待遇的规定上都普遍高于企业职工。

再次，在生育方面，企业女职工与政府机关、事业单位女工作人员的待遇基本一致，均享受56天产假。产假期间，工资照发。产假期满，因病需要继续休养者，按病假处理。

总的来看，从新中国成立到20世纪50年代末期，我国的社会保险体系基本形成。这个体系以养老保险和医疗保险为主要支柱，同时涵盖了工伤、生育、死亡、抚恤等保险项目，在一定程度上有效地防范了各类风险；在恢复和发展国民经济，保证企业职工、政府机关和事业单位工作人员的基本生活等方面起到了重要的作用。但是，这个保障体系主要是面向城市企业职工和政府机关、事业单位工作人员，并没有把城镇居民和农村居民包括在内。

二、农村社会保障制度

与城市社会保障的制度安排相比较，在整个计划经济时期，农村的社会保障制度安排却不尽如人意。农村居民所享受的社会保障少得可怜，几乎可以说是无社会保障可言，从而与城市职工以及事业单位和政府机关工作人员形成了鲜明的对照。

这一时期，面向农村的社会保障制度安排主要有三项：一个是农村“五保”供养制度，另一个是农村合作医疗制度，再一个是农村社会救助制度。

（一）农村“五保”供养制度

作为新中国建立以后面向农村人口的一项具有代表性的社会保障制度安排，农村“五保”供养制度的保障对象，仅限于农村中无依无靠、无生活来源、无劳动能力的残疾人、老年人和孤儿等特殊群体。享受“五保”的人员被称为“五保户”。因此，农村“五保”供养制度实际上是对农村中缺乏或丧失劳动能力、没有生活来源的老、弱、孤、寡、残疾人员，由乡村两级组织负责向其提供保吃、保穿、保住、保医、保葬和保教帮助的一种带有救助性质的集体福利制度，而不是一个面向农村所有老年和贫困人口的普遍的保障制度。

农村“五保”供养制度开始于新中国成立初期。1956 年 1 月，经最高国务会议通过，中央以草案的形式发布了《1956 年到 1967 年全国农业发展纲要》（也称《农业十四条》）。在这个文件中，首次提出了“五保”的概念。1956 年 6 月，第一届全国人民代表大会第三次会议通过了《高级农业生产合作社示范章程》，其中也明确规定：“农业合作社对于缺乏劳动能力或者完全丧失劳动能力、没有生活依靠的老、弱、孤、寡、残疾社员，在生产上和生活上给以适当的安排和照顾，保证他们的吃穿和柴火供应，保证年幼的受到教育和年老的死后得到安葬，使他们的生、养、死、葬都有依靠。”这两份文件是最早提出“五保”概念并赋予其规范含义的法规性文件。以此为依据，具有中国特色的农村“五保”制度初步形成，并由此成为中国农村的一项长期的带有救助性质的集体福利制度。

根据这两个文件的精神，在农业集体化时期，我国农村广泛地建立起了对老、弱、孤、寡、残疾社员的“五保”制度，即保吃、保穿、保烧、保葬、保教（孤儿）的制度，从而使“五保”制度成为农村社会保障制度的主要内容之一。1958 年 12 月，中共八届六中全会通过《关于人民公社若干问题的决议》。决议指出，“要办好敬老院，为那些无子女依靠的老年人（‘五保户’）提供一个良好的生活场所”。此后，敬老院成为一些农村地区集中供养“五保”老人的场所。

（二）农村合作医疗制度

农村合作医疗制度，是农村通过集体和个人集资，由合作医疗基金组织和个人按照一定的比例共同负担医疗费用，向农村居民提供低费的医疗保健服务的一种互助救济制度。在整个计划经济时期，我国农村的医疗保障就是农村合作医疗制度。这一制度曾经取得过巨大的成功，在保障农民获得基本卫生服务、缓解农民因病致贫和因病返贫方面发挥了重要的作用。不仅如此，农村合作医疗制度还为世界各国，特别是发展中国家所普遍存在的农村医疗问题提供了一个范本，从而受到国际社会的好评，被誉为“十分成功”的农村医疗保障。1974 年 5 月，在第 27 届世界卫生大会上，第三世界国家对中国农村合作医疗制度普遍表示了热情的关注和极大的兴趣。联合国妇女儿童基金会在 1980—1981 年的年报中指出，中国的“赤脚医生”制度在落后的农村地区提供了初级护理，为不发达国家提高医疗卫生水平提供了样本。作为一个人口众多的发展中国家，正是农村合作医疗制度的广泛开展，才使我国在农村卫生保健方面取得了令世人瞩目的成就。世界银行和世界卫生组织曾经把我国农村的合作医疗称为“发展中国家解决卫生经费的唯一典范”①。

农村合作医疗的创办开始于 1956 年。新中国成立以后，一些地方的农民群众在土地改革后的农业互助合作运动的启发下，开始自发地集资创办具有公益性质的保健站和医疗站，以解决自身的看病吃药问题。1956 年，在全国人大一届三次会议上通过的《高级农业生产合作社示范章程》，对农民群众的医疗问题做出了如下规定：合作社对因公负伤或者因公致病的社员要负责医疗，并且要酌量给予劳动日作为补助。这个规定第一次使集体担负起了农村社会成员疾病医疗的职责。随后，许多地方开始出现以集体经济为基础、集体与个人相结合、互助互济的集体保健医疗站、合作医疗站或者是统筹医疗站。1959 年 11 月，卫生部在山西省的稷县召开了全国农村卫生工作会议，正式肯定了农村合作医疗制度。此后，农村合作医疗制度在全国农村逐步扩大。

1965 年 9 月，中共中央批转了卫生部党委《关于把卫生工作重点放到农村的报告》，强调要加强农村基层卫生保健工作，从而极大地推动了农村合作

① 世界银行：《1993 年世界发展报告：投资与健康》，中国财经出版社 1993 年版，第 211 页。

医疗保险事业的发展。截至1965年年底，全国已经有山西、湖北、江西、江苏、福建、广东、新疆等13个省、自治区、直辖市的一部分市县实行了农村合作医疗制度，这一制度进一步走向普及化。由于合作医疗制度深受农民群众的欢迎，因此到1976年，全国已经有90%的农民参加了合作医疗，基本上解决了广大农民群众看病吃药的问题。

从当时的情形来看，各地合作医疗所采取的具体形式，并不是完全相同的，但是一般都包括以下三项内容：合作医疗站的财产为集体财产；医生和卫生人员的劳动报酬由集体经济支付；医疗费用由农民个人和集体公益金共同负担，具体的负担比例根据集体经济的发展状况而定。

令人遗憾的是，20世纪70年代末期以后，随着农村家庭联产承包责任制的推行和集体经济的衰落，农村合作医疗制度开始遭到破坏，并迅速衰落。1979年12月，卫生部、农业部、财政部、国家医药管理总局、全国供销合作总社五个部门联合发布了《农村合作医疗章程（试行草案）》，各地开始对农村基层卫生组织和合作医疗制度进行整顿。在整顿过程中，各地坚持农民群众自愿参加的原则，强调参加自愿、退出自由，同时改进了资金筹集办法。经过整顿，一些地区的农村合作医疗事业得到了恢复和发展。但是，进入80年代以后，随着农村家庭联产承包责任制的推行，农村公共积累下降，管理不得力；各级卫生行政部门又没有能够及时地加以引导，从而导致全国大多数农村地区原有的以集体经济为基础的合作医疗制度纷纷解体或者是停办，绝大部分的农村卫生室（合作医疗站）变成了乡村医生的私人诊所。根据1985年全国10省45个县的调查，农村居民中仍然参加合作医疗的人口仅占9.6%，而自费医疗的人口则占到81%。1986年，农村居民参加合作医疗的人口比例进一步下降到5.5%。一些地方出现了农民看病难，看不起病，甚至因病陷入困境、绝境的现象。

从我国农村社会的长远发展来看，建立适合我国国情的农村合作医疗制度，具有非常重要的意义：一是能够为农村居民提供基本的医疗保障，并且能够有效地缓解和防止农民因病致贫和因病返贫的问题；二是能够促进农村卫生事业的进一步发展，进而促进农村经济和社会的发展，保持整个社会的和谐与稳定；三是有助于建立具有中国特色的社会保障体系，并对进一步深化我国的医疗卫生改革产生积极的影响。

（三）农村社会救助制度

新中国成立初期，由于连年战乱、经济崩溃，再加上 1949 年到 1952 年接连发生全国性的洪水、干旱等自然灾害，社会救济面临着严峻的形势。根据 1949 年年底的统计，全国大约有 4500 万灾民。其中，无口粮的有 800 余万人，另外还有数百万孤老病残人员。① 为此，国家开展了大规模的、突击性的社会救济工作。1950 年 4 月，中央人民政府召开中国人民救济代表会议。在这次会议上，确立了“在人民政府领导下，以人民自救自助为基础进行人民大众的救济福利事业”的救济工作方针，并且根据农村的贫困和灾害情况，制定了“生产自救，节约度荒，群众互助，以工代赈，并辅之以必要的救济”的救灾方针。其救济方式主要如下：一是发放救济款和救济物资，救助贫困农民。1950 年到 1954 年间，国家共发放了 10 多亿元的农村救灾救济款项。二是组织群众互助互济，广泛开展捐献活动，支援困难群众。三是减免农业税，减免军烈属和贫困农民的公粮，以减轻农民的负担，帮助农民度过灾荒。

1953 年以后，农村社会救济开始进入经常化和规范化的阶段。1953 年 11 月，内务部和中国人民救济总会联合召开救济工作会议，提出了新形势下社会救济工作的方针：“生产自救，群众互助，并辅之以政府的必要救济”。1954 年以后，随着农业社会主义改造的逐步完成和农村人民公社集体经济体制的建立，社会救济工作的方针修订为“依靠集体，群众互助，生产自救，辅之以政府必要的救济”。农村救灾方针也调整为“依靠群众，依靠集体，生产自救为主，辅之以国家必要的救济”，强调依靠集体的力量进行灾害救助。但是，在救济形式上，农村主要还是临时救济，极少有国家提供的定期定量救济。国家定期定量的长期救济主要是面向城市。从 1960 年到 1963 年间，国家共计拨发给农村的社会救济款和农民的生活救济款达 23 亿元，这个数字超过了 1950 年到 1959 年 10 年间农村救济款的总和。② 伴随着一系列救济工作的开展和救灾方针的制定，以灾害和贫困救助为主要保障形式的农村社会救助制度初步

① 多吉才让：《中国最低生活保障制度研究与实践》，人民出版社 2001 年版，第 54 页。

② 多吉才让：《中国最低生活保障制度研究与实践》，人民出版社 2001 年版，第 56－57 页。

形成。

三、简短的结论

综上所述，新中国成立以来，在城市社会保障的制度安排中，国家显得比较“慷慨”，承担起了比较全面的保障责任，特别是在社会保险方面。除了失业保险之外，养老、医疗、工伤、生育保险的责任全部由国家包揽起来，为企业职工、事业单位和政府机关工作人员提供了比较全面的风险保障。而在农村社会保障的制度安排中，国家却显得比较“吝啬”，在仅有的农村“五保”供养、合作医疗的制度安排中，集体和社区成为社会保障责任的主要承担者。至于农村的社会救助工作，也主要是强调“依靠群众，依靠集体，生产自救为主，辅之以国家必要的救济”。而对于社会保障制度的核心内容，也就是社会保险中的养老保险问题，基本上没有制度安排。从新中国成立开始一直到“文化大革命”时期，与当时人民公社的集体经济体制相适应，我国农村的社会保障基本上依靠集体经济的力量。如“五保户”的基本生活资料供给、农村合作医疗的资金来源主要是由集体经济负担经费开支，国家只对农村优抚对象和灾民提供适当的救助。这种制度安排实际上是一种以土地为依靠、以集体保障为基础、国家适当救助的社会保障体制，完全不同于城市企业职工、事业单位和政府机关工作人员所享受的国家保障体制。正是在这样一种体制之下，农村社会保障项目少、规模小、资金缺乏、水平低下、制度化程度低，而且更为严重的是导致了农村社会保障没有能够形成一个统一的体系和制度。因此，对于农村家庭来讲，随着合作化、集体化、公社化的推进及家庭生产功能的基本消失，尽管其所拥有的保障功能在不断弱化，但是仍然不得不扮演着主要的保障角色。改革开放以来，随着农村家庭联产承包责任制的实施及农村集体经济的衰落，一些原有的社会保障项目不仅没有得到加强，反而受到削弱。如农村合作医疗基本上处于破产境地，“五保”供养制度也一度遭到削弱，而新的制度却没有能够及时地建立起来。这种社会保障事业滞后于社会经济发展增长的状况，无疑对整个农业的发展和农村的稳定带来了一定的负面影响。

众所周知，社会保障制度是国家和社会依照法律规定为全体社会成员提供的具有保障性的物质帮助制度，以满足人们的生存需求和发展需求。从《宪法》的规定来看，城市人口与农村人口的社会保障权利在性质上是平等的，没有什么高低贵贱之分，但在现实中，农村公民和城镇公民却存在着社会保障权利上的差异和社会保障水平上的差别。在计划经济体制下，我国社会保障体系的构建和政府承担的责任带有一种明显的偏向性，城镇社会保障制度和农村社会保障制度之间呈现出一种相互封闭、独立运行的格局。

关于农村老年人的养老保障问题，学界绝大多数学者认为，在计划经济时期，我国农村没有养老保险，国家没有对农村老年人的生活安全做出制度化的承诺，没有在农村建立养老保障制度。然而，中国人民大学的李迎生教授对此却持有不同的观点，他认为这个结论是非常值得商榷的，“固然国家未能像对城市职工那样也对农民实施养老保险制度，但对广大农民老年时期的生存安全也并未放任不管，而是实行了一种就业保障和家庭保障相结合的保障制度，使农民即便在老年时期也能获得最基本的生存保障”[①]。这种说法尽管有一定的道理，但是从严格的意义上来讲，就业保障或生存保障并不能等同于养老保障，二者还是有一定区别的。

第二节 城乡二元社会保障制度的思考与分析

一、城乡二元社会保障制度形成的根源

对于城乡二元社会保障制度的形成及农村社会保障事业与城镇社会保障事业发展的巨大差别，其根源就在于中国的城乡“二元结构”。

城乡二元结构，是指维持城市现代工业和农村传统农业二元经济形态，以及城市社会和农村社会相互分割的二元社会形态的一系列制度安排所形成的制度结构。城乡二元结构主要包括两个方面，即城乡二元经济结构和城乡二元社会结构。这种城乡二元结构，使一个国家内存在着现代城市与落后农村两个不同性质的相互独立运行的社会单元：一个是以工业部门为代表、生存条件相对

① 李迎生：《为了亿万农民的安全——中国社会保障体系研究》，安徽人民出版社2006年版，第49页。

优越、拥有现代的生产和生活方式、具有现代观念的发达的城市地区，另一个则是以农业部门为代表、生存条件相对恶劣、拥有传统的生产和生活方式、具有传统观念的落后的农村地区。前者和后者分别代表了现代工业文明和传统农业文明两个不同的人类文明的发展水平。

1958年1月9日，第一届全国人大常委会第九十一次会议讨论通过的《中华人民共和国户口登记条例》，标志着中国以严格限制农村人口向城市流动为核心的户籍管理制度的形成，由此导致了城乡两种不同的资源配置制度和城乡居民两种不同的社会身份，进而促成了城乡结构的二元性和刚性化。而且，以严格限制农村人口向城市流动为核心的户口迁移制度，又造成了城乡之间严格的户籍壁垒。而这种以户籍制度为基础的城乡壁垒，在将城市居民和农村居民分成两种不同的社会身份的同时，又造成了其地位上的巨大差别。结果就是，城乡差距的扩大依赖于严格的城乡壁垒，而严格的户籍制度和城乡壁垒又使得城乡差距进一步扩大，最终使中国的城乡关系达到近乎隔绝的严重境地。

城乡二元经济结构和社会结构，是我国农村社会经济问题的主要症结所在，也是我国农村现代化的最大障碍。从长远来看，城乡二元结构不仅影响着生产、生活和社会形态的各个方面，而且是导致我国农村社会长期贫困、阻碍农民社会流动、限制农民身份变迁、滞后农村教育和禁锢农民自主意识的一个重要的制度性根源。因此，需要逐步实施系统的制度创新和政策调整，打破传统的城乡二元结构格局，深化城乡一体化一元化改革，为推进我国农村经济社会发展的现代化创造宽松的制度条件。①

城乡两元经济结构，是发展中国家从传统的农业社会向工业化、现代化社会发展的一个必经的过渡阶段，也就是发展中国家广泛存在着城乡生产和组织不对称，落后的传统农业部门和先进的现代经济部门并存，而且差距明显的一种社会经济形态。中国作为一个以农立国、人口众多的发展中国家，自然也概莫能外。

二元经济结构的理论是美国著名的经济学家刘易斯在1954年提出的。刘

① 奚洁人主编：《科学发展观百科辞典》，上海辞书出版社2007年版。

易斯认为，二元经济结构是发展中国家在经济发展过程中存在的一个普遍现象，即发展中国家的经济包括“现代的”与“传统的”的两个部门。现代部门依靠自身的高额利润和资本积累，从传统部门获得劳动剩余并取得不断发展。现代城市工业发展起来以后，在市场经济的调节下，现代城市部门不断地通过对传统农业部门的影响，促使传统部门向现代部门转化，最终实现二元经济结构的一元化和国民经济的现代化。

而二元社会结构则是指城市社会为一元、农村社会为另一元的城乡分离的状态。方青认为，最早提出二元社会结构概念的是郭书田、刘纯彬等学者。他们在《失衡的中国——农村城市化的过去、现在和未来》一书中，对二元社会结构进行了比较系统和具体的论述，认为城乡二元社会结构的“内涵是由14种具体制度构成的，即户籍制度、住宅制度、粮食供给制度、副食品和燃料供给制度、生产资料供给制度、教育制度、就业制度、医疗制度、养老保险制度、劳动保护制度、人才制度、兵役制度、婚姻制度、兵役制度等。由此，中国被切割成泾渭分明的两大板块，构成发展中国家特有的中国式社会形态”①。在郭书田、刘纯彬等学者关于二元社会结构具体分析的基础上，刘应杰博士则进一步构建了二元社会结构的分析模型。他认为，中国城乡二元社会结构形成的根本原因在于中国的工业化优先发展战略和高强度的积累模式。其存在和维持需要四个方面的条件：一是分离条件——户籍管理制度，二是交换条件——统购统销制度，三是农村社会稳定条件——人民社制度，四是城市社会稳定条件——劳动就业与福利保障制度。正是这四个方面的结合，造成了中国城乡二元社会的分离、交换和稳定。与此同时，它履行了三个方面的功能：一是资本积累功能，通过统购统销制度实现工农业之间和城乡之间的不等价交换，积累起工业化发展所需要的资金；二是工业化优先发展功能，通过户口管理制度，把农民固定在农村并为工业发展提供廉价农产品和劳动力；三是社会稳定功能，通过农村人民社制度和城市劳动就业与福利保障制度实现城乡两方面的稳定。城乡二元社会功能在建立后的一段时间内发挥了积极作用，但其消

① 转引自方青：《解组与重构——二元社会结构下的农村社会保障》，安徽人民出版社2006年版，第16页。

极功能也日益显现，最终造成了中国工业化与城市化的脱节。而城市化的滞后又制约了工业化的发展，固化了城乡差别和工农差别，形成中国工业与农业、城市与农村之间长期的结构性矛盾。对此，刘应杰认为，改革开放以来，尽管农村人民公社制度的瓦解、统购统销制度的逐步取消、城市劳动就业与福利保障制度的改革和户籍管理制度的某些松动，不断动摇和改变着中国城乡二元社会结构旧的格局；而农村工业化与小城镇的发展、农民工人的产生和社会结构性流动，也正在使城乡关系由固化逐渐走向松动和开放，但是“要完成二元社会结构的转变，还需要有一个较长的历史过程”①。

著名经济学家厉以宁认为，从历史上来看，城乡二元结构古已有之，从宋朝开始算起，至今已经有一千年以上的历史。但是，过去虽然有城乡二元结构，却没有城乡二元体制。从20世纪50年代后期起，由于计划经济体制的确立，户籍分为城市户籍和农村户籍，城乡二元体制就形成了。从这个时候开始，城市和农村都成为封闭性的单位，生产要素的流动受到十分严格的限制。城乡二元结构把广大农民束缚在土地上，禁锢在农村中。于是，计划经济体制得以巩固，维持运转。②

新中国成立以后，我国所走的是一条与其他国家不同的工业化发展道路。在当时特殊的历史背景下，为了快速推进工业化，国家实行了长期的优先发展工业特别是重工业的方针，通过行政干预的手段将城乡分开，以牺牲农民的利益为代价来实现国家的工业化。基于新中国成立初期的特殊国情，“工业化的推进就不得不依托中央高度集权的力量，凭借政府强硬的手段来操作。表现为国家统一组织资源开发，统一进行资金积累，统一配置生产要素和统一分配国民收入，从人、财、物向工业倾斜，以迅速培育和扶持一大批城市工业企业，快速增加国民收入。政府长时期的工业倾斜发展战略与经济政策，加剧了工农业发展的不平衡，加剧了农业被剥夺、效益低下的地位。至此，我国国民经济肌体被人为地切割为以工业为主体的城市经济和以纳贡农业为标志的农村经济两大板块，并在后来的一系列城市工业倾斜政策和屏障中得以固化，形成具有

---

① 刘应杰：《中国城乡关系与中国农民工人》，中国社会科学出版社2000年版，第58－67页。

② 厉以宁：《论城乡二元体制改革》，载《中国城市经济》2008年第3期。

我国特色的城乡二元经济社会结构”①。严格的城乡分割政策、人民公社制度和计划经济体制，又进一步强化了城乡二元经济结构，延缓了社会转型的过程。其突出的表现就是，城市化滞后于工业化，过多地牺牲了农民的利益，削弱了农业资本的积累，降低了农业生产发展的后劲。

所以说，在城乡存在巨大差异的情况下，社会保障制度也就必然存在着城乡之间的二元性。“新中国成立之初，我国政府即建立了面向城市企业劳动者的社会保险制度。在农村，则实行了家庭与集体相结合、以家庭保障为主的保障制度。城乡社会保障制度因之出现了明显的分化。”② 对于城市居民而言，社会保障是由国家举办和实施的，是国家的一项重要政策。国家把劳动者的生老病死完全包下来。无论是企业职工的劳动保险制度，还是机关、事业单位工作人员的单位保障制度，都是由国家财政来负担的；个人不用缴纳任何费用。而对于不具有城镇户籍的广大农村居民而言，则是实行以家庭保障为主、国家与集体救济为辅的保障模式。计划经济时期，在中国农村普遍实行的“五保”供养制度、合作医疗制度，就是以农村集体经济为依托的；各级政府不承担经济责任。这种情况是和农民的付出与贡献完全不成正比的。对此，李迎生指出，“中国的城乡二元社会保障体系的长期存在和维持，既有城乡自然差异的原因，也与国家的政策安排有着非常密切的关系。事实上，国家在稳定土地政策的同时，潜意识里放弃了对农村社会保障的责任。虽然有其产生的客观必然性，但是当这种体制长期维持而固化时，农民的切身利益就会遭受一种制度化、合法化的侵害”③。

众所周知，从20世纪50年代开始，一直到七八十年代，在我国大力推进工业化和城镇化的过程当中，农村成为提供积累资金的一个重要方面。从利益对等的原则来看，城镇居民通过上缴税费，为国家提供了大量的资金；国家则为其提供了相应的公共服务，也就是社会保障制度。同样，农民通过上交农业

---

① 王彪：《城乡二元社会结构的打破与融合》，载《探索》1996年第3期。

② 李迎生：《从分化到整合：二元社会保障制度体系的起源、改革与前瞻》，载《教学与研究》2002年第8期。

③ 李迎生：《为了亿万农民的生命安全——中国社会保障体系研究》，安徽人民出版社2006年版，第219页。

税、其他各种形式的税费，以及通过工农业产品价格的“剪刀差”的形式，也为国家积累了大量的财政资金。据统计，1952年，国家以“剪刀差”的形式从农业部门向工业部门转移的积累为74亿元；1957年为127亿元；1978年进一步上升到364亿元。[①] 在1952年至1978年的28年间，国家通过“剪刀差”的形式，总共从农业取得了大约5000亿元用于工业发展。[②] 另据统计，1952年至1990年，我国农业为工业提供的剩余积累额总计11594.14亿元，平均每年300亿元。其中，75.1%来自“剪刀差”。[③] 不仅如此，中国也是世界上少数几个向农民征收农业税和没有给农民提供直接农业补贴的国家之一。1991年至2001年，除了乡统筹、村提留和各种社会负担外，国家征收的农业税等各种税费总额由90.65亿元增加到481.7亿元，增长5.31倍。农村人均60.54元，占农民人均纯收入的2.56%。根据有关学者的统计，城乡居民的收入比是2.24:1；而税费负担却正好倒过来，是1:3.66。如果加上5%的统筹，农民的总体负担每人多达178.84元，是城镇居民负担的4.8倍。[④] 但是，在社会保障的制度安排上，国家却没有像对待城市劳动者那样，为农村劳动者、那些曾经为新中国的建设和发展做出巨大贡献的农民提供相应的公共服务，也就是社会保障制度。

中央农村工作领导小组副组长、国务院新闻办公室主任陈锡文曾经说过：“可以这么说，中国如今有一个比较完整的工业体系，有一批比较漂亮也比较现代化的城市。它和中国广大农民所做出的巨大贡献是密不可分的。”[⑤]

1978年党的十一届三中全会以来，我国开始进入改革开放的新时期，而经济体制的改革则首先是从农村家庭联产承包责任制的推行开始的。农村家庭联产承包责任制调动了农民的生产积极性，并为乡镇企业的兴起创造了有利的条件。但是，实行农村家庭联产承包责任制仅仅是否定了城乡二元经济体制的

① 梁鸿：《试论中国农村社会保障及其特殊性》，载《复旦学报》1999年第5期。

② 《农业投入》总课题组：《农业保护：现状、依据和政策建议》，载《中国社会科学》1996年第1期。

③ 陶勇：《二元经济结构下的中国农民社会保障制度透视》，载《财经研究》2002年第11期。

④ 袁俊芳：《全面小康构建在农村重点在西部》，载《理论研究》2003年第2期。

⑤ 转引自邓大松、刘昌平等：《新农村社会保障体系研究》，人民出版社2007年版，第10页。

组织形式，也就是人民公社制度，并没有改变城乡二元经济体制继续存在的事实。在中国农村，农民有承包地和宅基地，并且可以在宅基地上建造住房。它们既是农民的生产资料，又是生活保障。与此相联系，二元社会保障制度的状况依然存在，甚至还有所倒退。

进入新世纪以来，农村问题开始成为党和国家重点关注的问题，农业、农村和农民即“三农”问题开始提上党和政府工作的议事日程。2002 年，党的第十六次全国人民代表大会第一次正式提出了解决城乡二元结构矛盾、统筹城乡发展的指导思想。2005 年，十六届五中全会提出了建设社会主义新农村的战略任务；强调从社会主义现代化建设的全局出发，把解决“三农”问题作为全党工作的重中之重，实行“工业反哺农业、城市支持农村”的战略举措；与此相适应，必须构建完善的公共财政体制和规范的财政转移支付制度，把原来仅仅覆盖工业和工人的社会保障制度推广到农村和农民，将农村务农人口和非务农人口纳入社会保障体系当中，统筹建立与新农村建设要求相适应的农村社会保障制度，最终实现农村社会保障与城市社会保障的并轨和统一。同年，第十届全国人大第十九次会议决定，自 2006 年 1 月 1 日起，废止农业税条例(1958 年通过)。自此，在我国运行了 3000 多年的“皇粮国税”被取消，农村和农民的负担有了极大地减轻。2006 年 2 月 21 日公布的《中共中央国务院关于推进社会主义新农村建设的若干意见》（中央一号文件）明确指出，“要加快建立有利于逐步改变城乡二元结构的体制，实行城乡劳动者平等就业的制度，建立健全与经济发展水平相适应的多种形式的农村社会保障制度”。2008 年，十七届三中全会更进一步指出，“我国总体上已进入以工促农、以城带乡的发展阶段，进入加快改造传统农业、走中国特色农业现代化道路的关键时刻，进入着力破除城乡二元结构、形成城乡经济社会发展一体化新格局的重要时期”。作为我国现代化和城市化发展的一个新阶段，城乡一体化就是要把工业与农业、城市与乡村、城镇居民与农村居民作为一个整体，统筹谋划、综合研究，通过体制改革和政策调整，促进城乡在规划建设、产业发展、市场信息、政策措施、生态环境保护、社会事业发展的一体化，改变长期形成的城乡二元经济结构，实现城乡在政策上的平等、产业发展上的互补、国民待遇上的一致，让农民享受到与城镇居民同样的文明和实惠，使整个城乡经济社会全面、协调、可持续发展。由此可见，建立和健全适应我国社会主义新农村建设需要的、城乡一体的、完善的农村社会保障制度，让农民享受到与城镇居民同等水平的社会保障待遇，已经成为保障农民生活、维护农村稳定、促进农业发展和全面建设小康社会的一项重要的战略任务。

目前，我国国民经济的主导产业已经由农业转变为非农产业，经济增长的动力主要是来自非农产业。根据《中国统计年鉴》（2005）的统计资料，2004年，我国农业占国内生产总值的比重已经下降到了15.2%。而欧盟多数国家在农村建立养老保险制度的时候，其农业占国内生产总值的比重为17.2%。因此，根据国际经验，我国现在已经进入了可以实行工业反哺农业、城市支持农村的阶段。① 此外，从工农业在不同发展阶段的关系来看，工业和农业的发展是互为补充、相互促进的，农业是工业发展的基础，而工业的进一步发展也是建立在反哺农业的基础上的。在工业化发展的早期，农业剩余为工业提供大量的积累；而当工业化发展到一定阶段的时候，则需要对农业进行反哺，推动和促进农业的发展。这是一个国家经济发展的必然规律。因为当工业化发展到一定阶段的时候，资源的有限性使得农业在国民经济中的比重越来越小，农业生产率下降，农村剩余劳动力增多并大量流向城市，进而产生一系列的社会问题，最终会影响和阻碍工业化的进一步发展。而工业反哺农业的政策重点，不是直接对农民进行收入补贴或对农产品价格进行补贴，而是从原来的用农业积累支持工业转向加强对农业的扶持和保护，加大公共财政的支农力度，让公共服务更多地深入农村、惠及农民，让公共财政更多地覆盖农村。农村社会保障制度的健全、发展和完善就是其中的一项重要内容。

总体来看，改革开放以来，随着市场经济体制的建立和发展，在农村社会保障的制度安排上，国家逐渐开始加大力度，采取各种有力措施，在进一步改革和完善传统制度的基础上，逐步建立和健全农村的社会保障制度。

二、城乡二元社会保障制度的问题与后果

长期以来，由于我国的社会保障体系存在着农村和城市两个相互独立而又

① 参见邓大松、刘昌平等：《新农村社会保障体系研究》，人民出版社2007年版，第136页。

相互联系的层次，形成了一种独特的二元社会保障模式，这种模式所造成的显著后果就是导致了城乡社会保障水平的巨大落差。上海财经大学公共经济与管理学院杨翠迎教授的研究表明，1991—2001 年，城市人均社会保障支出占人均 GDP 的比重平均为 15%，已经达到某些发达国家 20 世纪 70 年代的社会保障水平；而农村只有 0.18%。城市人均享受的社会保障费用支出是农村的 90 倍之多。具体到各个社会保障项目上，这种巨大的差别也是显而易见的。根据卫生部卫生经济研究所《农村卫生保健的历史、现状和问题》课题报告的计算，在 20 世纪 90 年代后期，城市医疗保险的人均享受水平达到 400—500 元，而农村从中央和地方政府得到的医疗补贴人均仅有 0.0125 元，可谓天壤之别。王诚的研究表明，2002 年的农村养老保险全部收入仅为 32 亿元，平均享受水平仅为城市的 0.72 倍。[①] 城镇企事业单位中的就业人员享受着相对较为完善、水平较高的社会保障制度安排与公共服务，而占全国人口大多数的农村地区居民在这方面的情形则恰好相反。除了民政部门的救济之外，农村几乎不存在完整的社会保障体系。而且，城乡社会保障的巨大差异进一步拉大了两者之间的收入差距。1994 年，城乡居民的收入比为 2.86；含社会保障收入后，上升为 3.32。社会保障使城乡居民的收入差距增加了 16%。2001 年，城乡居民的收入比为 2.9；含社会保障收入后，上升为 3.44。社会保障使城乡居民的收入差距增加了 18.6%。[②] 因此，在二元社会保障模式之下，农村居民的生存状况不但没有得到改善，反而因为农村剩余劳动力的不断增加及农业劳动效率的低下，导致家庭和集体相结合的保障模式越来越不能够满足农民的基本生活需要，从而使大量的农民变为弱势群体，陷入贫困化的境地。

改革开放以前，我国农村地区人民群众的生活水平普遍较低。相当一部分农民群众的生活处于贫困状态，甚至连基本的温饱问题都不能够解决。1978 年，农村贫困人口达到 2.5 亿，比美国全国的总人口还要多；贫困发生率达到

① 王诚：《论社会保障的生命周期及中国的周期阶段》，载《经济研究》2004 年第 3 期。

② 杨翠迎：《中国社会保障制度的城乡差异及统筹改革思路》，载《浙江大学学报》（人文社科版）2004 年第 3 期。

30.7%。[①] 而且，二元社会保障模式也进一步扩大了城乡之间已经存在的差距。在户口、就业制度等方面对城乡人口采取了区别对待的制度性安排，导致城乡劳动者在收入方面存在着巨大的差距。资料显示，城市居民和农村居民人均收入的比例，一直呈现出不断扩大的趋势：1964 年为 2.2∶1，1994 年为 2.87∶1，2000 年为 2.76∶1，2007 年扩大到 3.33∶1。[②] 因此，城乡二元社会保障模式的长期实行，也加剧了城乡居民之间业已存在的生活水平差距。

不仅如此，二元社会保障模式也导致了城乡居民社会保障待遇的严重失衡。根据统计，1990 年，我国社会保障费用的总支出为 1103 亿元。其中，城市人口的社会保障费用支出为 977 亿元，占总支出的 88.6%；而用于农村人口的社会保障费用支出只有 126 亿元，仅占总支出的 11.4%。也就是说，在全国 11 亿多人口中，2.8 亿城镇人口的人均社会保障费用支出为 413 元，而 8.2 亿多农村人口的社会保障费用支出人均仅 14 元。两者相较，前者是后者的 29.5 倍。[③] 因此，在整个计划经济时期，农村地区最基本和最主要的保障形式，不是类似城市的由政府提供的制度化保障形式，而是土地保障、家庭保障以及社区居民之间的互助保障。所以，长期以来，农村居民所依赖的主要是一种“土地和家庭”的社会化程度极低的社会保障模式。[④]

对于二元社会保障制度的问题与后果，陶勇在《二元经济结构下的中国农民社会保障制度透视》一文中进行了比较深入的剖析。他认为在重城轻乡、挖农补工的二元经济结构下，我国社会保障体制残缺不全，有相当一部分社会保障的内容将整个农村人口排挤在保障体制之外，由此造成了农村社会保障制度建设与发展的严重滞后和不完善。

一是二元化格局下的城乡保障差别过大，形成了一定的利益落差，导致城乡劳动者的境遇很不平等。长期以来，我国农村居民主要是依靠家庭保障而缺乏社会保障。在 1978 年农村实行联产承包责任制以前，农村居民除了依靠家

---

① 郑杭生等：《转型中的中国社会与中国社会的转型》，首都师范大学出版社 1996 年版，第 10 页。

② 严俊：《中国农村社会保障政策研究》，人民出版社 2009 年版，第 8 页。

③ 宋晓梧：《中国社会保障体制改革与发展报告》，中国人民大学出版社 2001 年版，第 181 页。

④ 姜长云：《农村土地与农民的社会保障》，载《经济社会体制比较》2002 年第 1 期。

庭保障以外，还可以通过以社队为基础的集体经济制度而获得集体保障。此外，也可以获得依靠集体经济资助的合作医疗。但是，农民的这些保障，无论在保障项目、保障内容，还是在保障水平上，都根本无法与城镇居民所获得的“单位保障制”的保障相提并论。1978年农村实行联产承包责任制以后，传统的集体核算制度被彻底打破，家庭成为独立自主的经营单位；农民享受的集体经济保障也由此丧失，陷入了不得不依靠单一的传统家庭保障的困境。尽管改革开放以后，农民的收入有了比较明显的提高，但是在社会保障问题上，却出现了后退。随着社会主义市场经济的发展，城镇的社会保障制度逐步从过去的“单位保障制”隐退，但在另一方面，城市社会保障却得到了前所未有的发展和提高。从整体上来看，城镇居民比过去得到了更可靠、更安全、更平等的社会保障。因此，在经济体制改革的过程中，城乡居民之间的社会保障不公平的状况不仅依然保持，而且有所加强。据统计，1990年，全国社会保障支出1103亿元。其中，城市社会保障和农村社会保障支出之比为977：126，相差近8倍；城市人均支出与农村人均支出之比为413：14，相差近30倍。1979年，国家财政在卫生事业费中用于农村合作医疗的补助费为1亿元；1992年则下降到了3500万元，仅占卫生事业费的0.36%，农民人均不足4分钱。因此，可以看出，在投入一定的情况下，这种城乡分割的二元社会保障模式实际上是以牺牲农民的利益为代价的。国家将本应平等投向全社会的社会保障资金中的大部分投向了城市，广大农民却无缘享受。其结果是进一步扩大了城乡收入差距，不利于农村经济的发展和农村社会的稳定。

二是传统的以家庭和土地为中心的农民保障形式受到了前所未有的冲击。城乡分割的二元社会保障，使得农民陷入传统的家庭养老和土地保障的境地。随着社会经济的不断发展，这一传统模式很难与时俱进。长期以来，农民的社会保障实质上是以土地为中心的非正规保障，特别是那些在农村经济和农民收入来源中农业所占份额比较大的地区。但是，随着农村经济社会的发展，农村土地的保障功能不仅没有得到强化，反而因为种种原因在不断弱化。①

正是由于二元社会保障模式的长期存在，我国社会保障制度的改革在整体

① 陶勇：《二元经济结构下的中国农民社会保障制度透视》，载《财经研究》2002年第11期。

倾向上一直是沿袭传统的二元社会保障制度的框架和思维定势，在改革的理论和实践方面都难以突破城市和农村两个独立的圈子。具体表现如下：第一，在社会保障的法制建设上，偏重城市而忽视农村。根据统计，1991 年至 2000 年，国务院和有关部委发布的涉及城市的社会保障行政法规有 30 多个，而涉及农村的社会保障行政法规却只有两个。[①] 第二，在社会保障的实际工作上，无论是在社会保障的组织建设方面还是在社会保障资金的投向方面，政府依然把精力几乎都倾注到了城市的社会保障工作上。第三，在社会保障的理论研究上，大多数的理论工作者的研究课题都是城市的社会保障，而涉及农村社会保障的研究却不是很多。迄今为止，和对城市社会保障制度的建设与改革的重视程度相比，政府对农村社会保障制度建设的重视和投入仍然显得严重不足，从而导致农村社会保障制度不能够根据现实条件的变化作出及时的调整和改革，致使农村社会保障制度难以对广大农村居民起到社会“安全网”的保障作用。这种情况就造成了农村社会保障制度建设严重滞后的状况，进而对农村的发展乃至整个国民经济的发展带来了一系列的问题。

之所以出现这种状况，李迎生认为，这与政府对农村社会保障制度建设指导思想的认识以及实践决策的失误有关。其一，和城市社会保障制度改革相比，政府对农村社会保障制度的改革缺乏明确的指导思想和合理的目标定位，导致实际的改革有“头痛医头、脚痛医脚”之嫌。其二，政策设计的思路始终坚持“城乡有别”的思维定式。和城市社会保障制度的改革相比，政府对农村社会保障制度改革的关注显得非常不足。就全国而言，除部分发达地区的农村外，农村社会保障最重要的项目，如养老、医疗、社会救助等，至今都没有比较成熟的方案，更没有从有利于实现城乡衔接的角度来设计农村社会保障制度的改革思路。其三，未能根据城乡社会结构的实际变化全面地、动态地、关联地考虑整个中国社会保障制度的建设与改革问题，间接地妨碍了农村社会保障制度的建设。将进城农民、乡镇企业职工的社会保障问题与农民从业者及农村居民的社会保障问题放在一起考虑并设计相应的改革思路，不仅与国际社会保障制度建设的惯例相背离，也不利于加快我国的城市化与城乡社会结构的

① 宋晓梧：《中国社会保障体制改革与发展报告》，中国人民大学出版社 2001 年版，第 406 页。

转型及推动农村社会保障制度的规范化改革与最终实现城乡整合。① 从目前来看，农村养老保险制度（新农保）和农村合作医疗制度（新农合）虽然都取得了长足的进展，但是和城市相比，其保障水平依然有着巨大的差距。

第三节 城乡二元社会保障制度的发展趋势

一、城乡社会保障制度的一元化

我国自古以来“以农立国”，是一个传统的农业国家。农业在整个国民经济当中占据着举足轻重的地位。从城乡人口的分布来看，农业人口始终占据绝大多数，达到总人口的80%以上。早在1984年，邓小平在《建设有中国特色的社会主义》和《我们的宏伟目标和根本政策》两篇文章中就明确指出，“中国有百分之八十的人口住在农村，中国稳定不稳定首先要看这百分之八十稳定不稳定。城市搞得再漂亮，没有农村这一稳定的基础是不行的”。“中国社会是不是安定。中国经济能不能发展，首先要看农村能不能发展，农民生活是不是好起来。”改革开放以来，农业人口虽然有所下降，但是仍然维持在一个比较高的水平。2005年第五次人口普查的结果表明，我国的农村人口依然占到总人口的63%，总数达到8亿多人。2010年第六次人口普查的资料显示，大陆31个省、自治区、直辖市和现役军人的人口中，居住在城镇的人口为665575306人，占49.68%；居住在乡村的人口为674149546人，占50.32%。与2000年第五次全国人口普查相比，城镇人口的比重虽然上升了13.46个百分点，乡村人口减少了1.3亿多人，但是乡村人口依然占据全国总人口的一半以上。所以，农业、农村、农民问题，也就是“三农”问题，始终是关系到我国经济和社会发展全局的重大问题，是困扰和制约中国农村现代化和国民经济协调发展的关键因素之一。可以这样说，农民的切身利益能否得到保障，直接关系到农业的进步与发展，关系到中国现代化实现的进程，更关系到整个社

① 李迎生：《为了亿万农民的生存安全：中国农村社会保障体系研究》，安徽人民出版社2006年版，第4页。

会的稳定。因此，建立适应我国社会主义新农村需要的、与农民切身利益息息相关的、完善的农村社会保障制度，使农民享受到与城镇居民同等水平的社会保障待遇，不仅是缩小城乡差别、扩大社会公平的重要举措，而且是保障农民生活、维护农村稳定和促进农村发展的一个重要的国家战略。

在社会转型过程中，落后的农村农业经济与先进的城市工业经济长期并存是一个世界性的现象。从先进工业化国家社会保障制度的发展历程来看，尽管建立城市和农村社会保障制度的政策动因和目标定位不同，城乡社会保障制度建立的时间顺序有所差别，但是他们都走过了一个先城市后农村再到城乡一体的发展道路。按照世界工业化发展的规律和趋势，工业化的发展一般是伴随着城市人口的增加和农村人口的减少而进行的，最终的结果是工业生产总值超过农业生产总值、城市人口超过农村人口。这是衡量一个国家工业化实现的一个重要标准，而社会结构也将在城市化的基础上实现城乡一体化。与此相联系，在工业生产总值不断增长、城市人口不断上升的同时，社会保障的享受对象也将随之扩大。最后，农民也将与城市劳动者一样，享受标准一致的社会保障待遇，最终达到和实现城乡社会保障制度的统一与整合。可以看出，城乡社会保障制度的实施并不是完全同步的，而是存在着一个时间差。以养老保险制度为例，先进工业化国家城乡劳动者养老保险制度的实施，都间隔了较长的一段时间：西德 68 年，丹麦 86 年，美国 55 年，加拿大 63 年。日本早在 1941 年就设立了面向城市企业劳动者的厚生年金保险，1961 年实现“国民皆年金”。但是，当时规定农民可以参加的“国民年金”是属于自愿而非强制性的计划，并且可以领取的年金额也远远不能和厚生年金等制度相比。一直到 1971 年，日本才有真正属于农民的“农业者年金”计划的出台。1986 年年金制度改革后，全体日本国民也才真正能够实质性地平等地享受年金保险。[①] 由此可见，社会保障制度从工业延展到农业、从城市延展到乡村，是经济发展到一定程度、具备了一定的社会经济政治条件后的必然产物和必然趋势。相对而言，在社会保障制度建立较晚的国家，城乡社会保障制度建立的时间差相对也应该短

① 李迎生：《为了亿万农民的生存安全——中国农村社会保障体系研究》，安徽人民出版社 2006 年版，第 41 页。

一些。我国在新中国成立初期已经建立了城市社会保障制度，因此中国城乡社会保障之间的时间差，应该从中国主要社会保障项目的建立时间，即首次颁布社会保障法规的年份开始计算，也就是从 1951 年《中华人民共和国劳动保险条例》颁布的时间算起，至今已经有 60 多年的时间了，已经接近甚至超过发达国家（如美国）建立城乡社会保障制度的时间差。因此，我们可以得出结论，中国的社会保障制度由城乡分治走向城乡统一并最终实现城乡社会保障的一体化是一个必然的发展趋势和发展结果。

社会保障研究的著名学者、中国人民大学的郑功成教授，对建立城乡一体的一元化社会保障制度持赞成和肯定态度。他认为，“任何国家的社会保障制度，都强调公平性。制度一定是统一的，不可能按照城市和乡村来划分。一个社会保障制度的确立，可以先城市后乡村，但是不存在城市是一套，农村又是另外一套”。不过，由于目前中国的城乡差距比较大，我国要达到城乡一元化的目标，建立一个城乡高度统一的制度，郑功成教授认为，还需要一个过程，还有一段相当长的路要走。①

二、从统筹城乡社会保障体系建设走向城乡社会保障一体化

2012 年 11 月 8 日，胡锦涛总书记在党的第十八次代表大会上所做的《坚定不移沿着中国特色社会主义道路前进，为全面建成小康社会而奋斗》的报告中明确指出，要统筹推进城乡社会保障体系建设。强调社会保障是保障人民生活、调节社会分配的一项基本制度。要坚持全覆盖、保基本、多层次、可持续方针，以增强公平性、适应流动性、保证可持续性为重点，全面建成覆盖城乡居民的社会保障体系。

十八大报告首次提出以增强公平性、适应流动性、保证可持续性为重点的社会保障制度改革原则。增强公平性，就是要更好地体现制度的公平性，实现城乡各类群体的全覆盖，逐步提高社会保障的总体水平，着力缩小城乡差距和地区差距；同时注重“机会公平”，坚持公平与效率、权利与义务、统一性与

① 孙雷：《“我不太赞成‘农村社会保障’这个提法”——专访全国人大内务司法委员会委员郑功成》，载《21 世纪经济报道》2004 年 5 月 14 日。

灵活性相结合，增强社会保障的激励约束机制。适应流动性，就是要更好地适应人员跨城乡、跨地区、跨就业形态流动的形势，稳步提高各险种的统筹层次，整合城乡社会保障制度，完善社会保险关系转移衔接办法，推进社会保障规范化和标准化管理，实现社会保障的城乡统筹和区域统筹，促进人力资源合理流动。保证可持续性，就是要更加注重制度的长期稳定和可持续运行，既要立足当前，着力解决现实突出问题和历史遗留问题，又要着眼长远，通过做实个人账户、实现基础养老金全国统筹、扩大社会保障基金筹资渠道等途径，夯实社会保障的物质基础，建立社会保障制度长期稳定运行的长效机制。

十八大报告所确定的统筹推进城乡社会保障体系建设的目标规划、方针政策和重点内容，不仅为城乡社会保障体系建设提供了理论基础和奋斗目标，同时也为城乡社会保障制度的一体化建设和发展铺平了道路。总的来看，城乡社会保障的一体化建设已经具备了重要的前提和条件。第一，建立一个覆盖全民、惠及城乡居民的社会保障体系已经被列为国家发展的重要目标，农村居民不可能再像计划经济时期那样被疏远和忽略，城乡社会保障体系建设将会齐头并进、共同发展。第二，统筹城乡发展作为科学发展观的具体体现，已经成为我国经济社会持续发展的一项重要原则；城乡社会保障体系建设作为其中的重要内容，已经被提上议事日程。第三，公平、正义与共享已经成为我国社会的主流价值，社会保障不再是城市居民的专利，城乡居民将会越来越多地共享社会保障制度所带来的实惠和好处。第四，改革开放以来，国民经济的持续高速增长，为建立健全社会保障体系奠定了雄厚的物质基础；中央政府和地方政府已经具备了相应的财力来支持农村社会保障体系的建设。第五，农村居民对社会保障的迫切需求，决定了国家必须高度重视农村社会保障体系的建设。随着农村人口老龄化的不断加快，农村家庭保障功能和土地保障功能持续弱化。如果没有相应的社会保障，农村居民将会出现普遍性的生活风险与权益缺失。第六，以往进行的城乡社会保障改革试验，为推进城乡统筹的社会保障体系建设，建立覆盖城乡居民的社会保障制度体系并最终实现城乡社会保障的一体化提供了丰富的经验和教训。[①]

---

① 参见郑功成：《农村居民社会保障体系建设与发展》。

2013年，中央一号文件《中共中央国务院关于加快发展现代农业，进一步增强农村发展活力的若干意见》（2012年12月31日），从解决“三农”问题的角度肯定和强调了城乡一体化发展的作用与重要性。文件指出，全面贯彻落实党的十八大精神，坚定不移地沿着中国特色社会主义道路前进，为全面建成小康社会而奋斗，必须固本强基，始终把解决好农业、农村、农民问题作为全党工作的重中之重，把城乡发展一体化作为解决“三农”问题的根本途径；必须统筹协调，促进工业化、信息化、城镇化、农业现代化同步发展，着力强化现代农业基础支撑，深入推进社会主义新农村建设。中央一号文件关于城乡一体化发展的论述，实际上也包含有城乡社会保障制度发展的一体化问题。由此可见，随着我国经济体制改革的继续深化和社会结构转型的不断推进，逐步缩小并最终消灭城乡差别、整合并统一城乡二元社会保障制度是大势所趋，是全面建设社会主义和谐社会、促进经济持续健康发展的客观需要，而且社会保障制度由分散到统一也是其自身发展、演变的一个必然趋势。

统筹城乡社会保障体系建设与统筹城乡经济社会发展，实际上是一脉相承的。如果说城乡二元结构是中国统筹城乡经济社会发展的制度性痼疾，那么城乡分割的二元社会保障制度则可以说是中国统筹城乡经济社会发展的一大障碍。这是因为社会保障制度是为经济社会发展提供保障服务的；如果城市社会保障制度和农村社会保障制度不能够统筹规划，二元状态得不到根本的改变，则城乡经济社会的统筹发展就很难得到保证。因此，统筹城乡经济社会发展，必然要先统筹改革城乡社会保障制度，实现社会保障制度的城乡协调与均衡。①

因此，无论是农村社会保障制度的设计，还是城镇社会保障制度的完善，都要为实现城乡统筹打好基础。用城乡统筹、公平共享的思路指导社会保障的制度建设，朝着实现基本公共服务均等化的方向努力。从制度设计的角度来看，要有利于缩小城乡差距，而不是扩大差距，而且要为今后城乡社会保障各项制度之间的衔接留出接口，如新农保、农村低保、被征地农民社会保障、农

① 杨翠迎：《中国社会保障制度的城乡差异及统筹改革思路》，载《浙江大学学报》（人文社会科学版）2004年第3期。

民工社会保障等制度，在制度建设方面都要充分考虑城乡衔接的问题，为将来城乡社会保障制度的有机衔接和制度的统一奠定基础。目前来看，我国正处于工业化和城镇化的发展进程当中，大量的农村劳动力将转移到城镇。这种情况就决定了社会保障制度建设既要解决好进城农民的社会保障衔接问题，又要解决好留守农民的社会保障问题，逐步缩小城乡之间社会保障水平的差距。所以，农村社会保障制度的建设要综合考虑城镇化发展的大背景，坚持城乡统筹的原则，在制度设计、保障模式等方面，充分考虑未来与城镇社会保障制度的统一、政策的衔接等问题。由于区域发展的差异，各个地区的经济发展水平和财政能力有所不同，但是这并不妨碍在制度设计上实现城乡统筹发展。在初期，受经济发展水平和财政能力等问题的限制，可以在统一制度下设置城乡不同的标准，然后在发展中逐步统一标准，最终实现城乡社会保障水平的均等化。

总之，构建城乡一体的社会保障制度体系，是我国农村社会保障制度未来发展的目标和趋势。然而，由于长期的二元社会保障制度所造成的鸿沟，城乡社会保障在制度安排、保障内容和保障水平等方面的巨大差距，农村经济发展的落后以及区域经济发展的不平衡等一系列制约因素的限制，城乡社会保障一体化的实现不可能一蹴而就，而是一个比较漫长的发展、转变过程。因此，应当正视目前城乡社会保障制度发展的现实情况，认真学习和借鉴国外农村社会保障制度建设方面的经验教训，研究和总结我国农村社会保障的发展规律，科学确定近期和未来的发展目标，采取分步分类实施、分区域推进的策略，有重点、有针对性地进行农村社会保障制度的建设和完善，切实保障农民的基本生活权益，以实现社会保障制度建设和经济发展的良性互动。同时，国家还应当出台相关政策，允许和鼓励经济比较发达、条件基本具备的地区率先实施城乡社会保障制度的一体化。

从近期来看，其目标主要是统筹推进城乡社会保障体系建设；本着效率优先、兼顾公平的原则，统筹规划；在保证经济持续和健康发展的条件下，加大工业反哺农业、城市支持农村的力度，加强政府对农村的扶持与转移支付，做好农村社会保障制度与城市社会保障制度的衔接，促进两者的相互协调与融合，逐渐改变城乡社会保障制度严重失衡的状态。为此，农村社会保障工作的重点，主要是扩大社会保障的覆盖面，提高社会保障的水平，加强社会保障的制度化建设，强化制度的实施机制，为实现城乡一体化社会保障制度的建设目标打好基础、做好铺垫。在此基础上，向未来的发展目标，也就是构建城乡一体化社会保障制度体系的长远目标迈进，最终实现全国统一的城乡一体化的社会保障制度，让城乡居民真正能够公平地分享经济社会发展的成果。

2012 年 11 月，人力资源和社会保障部发布《城乡养老保险制度衔接暂行办法》（以下简称《办法》）的征求意见稿，指出我国目前并行的三种养老保险制度，即城镇职工养老保险（城企保）、城镇居民养老保险（城居保）、新型农村养老保险（新农保），可以进行跨制度“衔接互认”。其适用范围是参保两种以上养老保险即可以进行转换，转换界线为缴费时间是否满足法定的 15 年期限。《办法》规定，办理退休手续时，首先参考职保缴费年限。职保缴费年限满 15 年的，可申请从新农保或城居保转入待遇较高的职保；职保缴费年限不足 15 年的，则申请从职保转入新农保或城居保。《城乡养老保险制度衔接暂行办法》的出台标志着我国城乡三大养老保险将来可以实现相互之间的衔接转换，更为重要的是，它体现了社会保险体系的核心项目——养老保险已经开始朝着城乡一体化的方向迈进。

2013 年年初，人力资源和社会保障部部长尹蔚民在《求是》杂志上撰文，就“统筹推进城乡社会保障体系建设”的相关问题进行了系统的阐述，明确提出了统筹推进城乡社会保障制度改革的重点任务：整合城乡居民基本养老保险制度和基本医疗保险制度。把新农保和城镇居民养老保险整合为城乡居民基本养老保险制度，把新农合和城镇居民基本医疗保险整合为城乡居民基本医疗保险制度，实现城乡居民在这两项基本制度上的平等和管理资源上的共享。①

2013 年 7 月 9 日，山东省政府正式研究通过了《关于开展新型农村社会养老保险试点的实施意见》。根据实施意见，参保农村居民和城镇居民的养老保险待遇将实现同步发放、同步增长。实施意见的内容，主要包括提高最低缴费档次、建立丧葬补助政策、调整个人账户计息方式、规定缴费档次上限封顶等。

---

① 尹蔚民：《统筹推进城乡社会保障体系建设》，载《求是》2013 年第 3 期。

2009年，山东省开始启动新型农村社会养老保险（简称新农保）的试点工作；2011年开始进行城镇居民社会养老保险（简称城居保）的试点；同年年底实现新农保和城居保制度的全省覆盖，提前一年完成了国家要求的任务目标。截至2013年6月底，山东省城乡居民社会养老保险参保人数为4412万人（新型农村社会养老保险人数为4216.3万人，城镇居民社会养老保险人数为195.7万人）。其中，60周岁以上人数为1276.6万人（新型农村社会养老保险人数为1179.1万人，城镇居民社会养老保险人数为97.4万人）。参保率在95%以上，基础养老金按时足额发放率100%。

山东省政府出台的《关于开展新型农村社会养老保险试点的实施意见》，将新农保和城居保的参保范围进行了整合，“年满16周岁（不含在校学生），未参加其他社会养老保险的居民，可在户籍地参加居民社会养老保险”。在缴费档次上，全省统一为100—5000元等12个缴费档次（100、300、500、600、800、1000、1500、2000、2500、3000、4000、5000）。最低缴费档次目前设为300元，100元缴费档次仅限于重度残疾人等特殊困难人员。同时，新政策取消了新农保中的家庭联动参保机制，提倡应当参保。实施意见还根据试点实践经验对政策进行了完善，建立了丧葬补助政策。将丧葬补助标准定为500—1000元，具体补助额度由市、县政府确定并承担。此外，居民社会养老保险个人账户计息方式也进行了相应调整，以更好地维护参保人的个人账户权益，避免个人账户储存额缩水。实施意见将“参考中国人民银行公布的金融机构人民币一年期存款利率计息”改为“个人账户储存额按照山东省企业职工养老保险个人账户记账利率计息”，并规定了缴费档次上限封顶。

山东省人力资源和社会保障厅表示，新农保和城居保两项制度合并实施后，参保农村居民和城镇居民的养老保险待遇将实现同步发放、同步增长，逐步缩小城乡差距、改变城乡二元结构。[①]

山东省关于参保农村居民和城镇居民的养老保险待遇将实现同步发放、同步增长的规定，是向城乡社会保障一体化迈出的重要的一步，由此也印证了本

① 赵浩然:《山东合并新农保与城居保，将实现城乡同步发放同步增长》，http://sd.people.com.cn/n/2013/0713/c166192-19066949.html。

文所提出的农村社会保障的发展思路：经济发达省份可以率先实施城乡社会保障一体化的探索和建设；城乡社会保障一体化建设可以分层次、分区域推进，由点到面，最后达到全国范围内社会保障城乡一体的制度安排目标。

从全国范围来看，山东省是经济强省之一，经济总量仅次于广东和江苏，位列第三。2005 年，山东省人均 GDP 突破了 2 万元，达到 20044 元，按时价汇率折算为 2447 美元；全省实现生产总值（GDP）18468. 3 亿元。2011 年，山东全省实现生产总值（GDP）45429. 2 亿元，年均增长 12. 3%；人均生产总值达到 7317 美元，城镇居民人均可支配收入增加到 22792 元，农民人均纯收入增加到 8342 元，城乡居民收入均超过 GDP 的增长速度。2012 年，山东省统计局发布的经济运行数据显示，山东国内生产总值已经突破 5 万亿元大关，达到 50013. 2 亿元；全年经济增速达到 9. 8%。粮食产量连续十年增加；全年总产超过 4500 万吨，比上年增加 85 万吨。全年工业运行也逐渐趋稳，规模以上工业增加值同比增长 11. 4%。城镇居民人均可支配收入 25755 元，实际增长 10. 7%；农民人均纯收入 9446 元，实际增长 11%。

山东省经济的稳步快速增长和城乡居民收入的持续攀升，为城乡一体化社会保障体系的建设奠定了扎实的物质基础。而且，山东省城乡社会保障事业的迅速发展，特别是在 2012 年，新农保制度已经实现全覆盖，也使山东省具有了建设城乡一体化社会保障制度的后劲和基础条件。此外，山东省作为经济发达省份，在完成基本社会保障全覆盖的基础上，进一步向更高层次的城乡社会保障一体化的发展方向迈进，也是以人为本、普惠全民、追求公平、建设和谐社会的需要。只有这样，才能够使山东省的社会保障事业真正达到“调节收入分配差距、促进社会公平、实现共享发展成果”的基本制度安排。

第二章 CHAPTER 2

农村社会保障制度建设与发展评析

◇ 改革开放以来农村社会保障制度的建设与发展

◇ 农村社会保障制度建设与发展的两大制约因素

◇ 农村社会保障制度的发展模式与框架体系

第一节　改革开放以来农村社会保障制度的建设与发展

一、学术界关于农村社会保障制度发展阶段的讨论

根据我国农村社会保障的发展历程和具体实践，学术界对于农村社会保障制度发展、演变阶段的分析和讨论也呈现出一种多样化的局面。总的来看，关于农村社会保障制度的发展、演变主要有五段论、四段论、三段论、二段论等不同的划分阶段。

（一）五段论

五段论认为，新中国成立以来，我国农村社会保障制度的发展大体上经历了五个阶段：以队为基础的集体保障体系的初步建立阶段（1949—1957 年），农村集体保障的进一步巩固、完善阶段（1958—1965 年），农村集体保障的异常发展阶段（1966—1978 年），农村社会保障的调整与恢复阶段（1978—1985 年），农村社会保障的改革与创新阶段（1986—2002 年）。①

（二）四段论

四段论认为，农村社会保障制度的发展经历了萌芽、形成和发展、异常发展、改革四个阶段。第一个阶段，国民经济恢复时期，萌芽阶段。在这一阶段，农村社会保障工作应急性强、社会化程度低，尚未形成制度，总体上来说仍然是以家庭保障为主。而对于超出家庭承受能力的问题，则由政府承担责任。这主要表现在救灾和扶贫两个方面。第二个阶段，20 世纪 50 年代中期至 60 年代中期的形成和发展阶段。随着农业合作化运动的完成，特别是人民公社化运动以后，绝大多数农民都成为人民公社社员，其生、老、病、死依靠集

---

① 方青：《解组与重构——二元社会结构下的农村社会保障》，安徽人民出版社 2006 年版，第 77 - 82 页。

体经济的力量基本上能够得到保障。除此之外，自然就业制度也在农村建立起来，其作为农民基本生活最根本的保障手段构成了农村社会保障制度的基础。第三个阶段，20 世纪 60 年代中期至 70 年代后期，异常发展阶段。在这一阶段，城镇社会保障体系受到了剧烈的冲击，发展停滞，但是农村集体保障却得到了异常的发展，特别是农村合作医疗。20 世纪 70 年代末，其覆盖率达到全国行政村的 90%。第四个阶段，20 世纪 80 年代初期至 90 年代末期，改革阶段。在改革的初期，随着农村家庭联产承包责任制的推行，集体经济逐步解体。这使得农村社会保障失去了赖以生存的经济基础并逐渐走入低谷。在经过了改革的冲动期之后，农村社会保障问题再次被提上日程并且取得了很大的成绩，但是在一些基本的保障项目，比如养老和医疗上，一直没有取得突破性的进展。①

（三）三段论

在农村社会保障制度发展阶段的讨论中，观点比较集中的是三段论。其中，又分为以下两大类：

一类是从农村社会保障提供主体的角度，将农村社会保障制度的发展、演变划分为三个阶段：第一阶段是以家庭保障为主，政府、社区适当辅助阶段；第二阶段是以集体保障为主、国家适当辅助阶段；第三阶段是大力发展社会保障制度阶段。② 与此相类似的是多吉才让和段庆林的观点。多吉才让认为，中国农村社会保障制度建设的历史可以划分为三个阶段：第一个阶段是以家庭保障为主的时期，时间为新中国成立之初；第二个阶段是以集体保障为主的时期，时间为 20 世纪 50 年代中期到 70 年代末期；第三个阶段是改革时期，时间为农村实行"大包干"至今。③ 段庆林认为，我国农村社会保障制度的变迁主要分为三个阶段：第一个阶段，集权化保障时期（1949—1977 年），服从工业化积累资金的需要；第二个阶段，分权化保障阶段（1978—1988 年），分享

① 转引自庹国柱等：《制度建设与政府责任——中国农村社会保障问题研究》，首都经济贸易大学出版社 2009 年版，第 354 页。

② 杨翠迎：《我国农村社会保障制度的演变及评价》，载《西北人口》2001 年第 4 期。

③ 多吉才让：《新时期中国社会保障体制改革的理论与实践》，中央党校出版社 1995 年版，第 273 - 277 页。

经济增长的份额；第三个阶段，制度化保障时期（1989 年以来），抵御市场经济的风险。①

另一类是从时间的角度，将农村社会保障制度的发展划分为三个阶段：第一阶段，1949 年新中国成立至“文化大革命”时期。此阶段是中国农村社会保障制度逐步形成的阶段。在这一时期，我国的农村社会保障制度基本上依靠集体的力量，并且是与当时的人民公社体制相统一的。主要建立了劳动保险、困难补助、生活补贴、社会救济、残废军人福利和农村“五保”供养制度。其中，社会救济主要包括自然灾害救济和生活困难救济。建立起了农村合作医疗制度、针对特殊对象的农村优抚制度以及养老院供养制度。第二阶段，1978 年党的十一届三中全会至 1994 年左右。1978 年，我国农村实行了从人民公社集体经济到家庭联产承包责任制的转型。在这一时期，我国不仅对传统的社会保障救灾救济、优抚安置等工作进行了改革、发展，而且扩大了农村社会保障的覆盖面，开展了农村社会养老保险。第三阶段，1994 年第十次全国民政会议至今。1994 年，国务院召开第十次全国民政会议，提出到 20 世纪末，“在农村初步建立起与经济发展水平相适应的、层次不同、标准有别的社会保障制度”。但是，我国仍然没有一套独立的、完善的农村社会保障制度。② 宋晓梧等人的阶段划分也是如此，认为农村社会保障制度建设的历史可以分为三个阶段，即初创阶段，新中国成立以后到“文化大革命”时期；改革发展阶段，党的十一届三中全会以后到 20 世纪 90 年代初期；体系建设阶段，1994 年第十次全国民政工作会议召开一直到现在。③

（四）二段论

二段论是将中国农村社会保障制度的变迁划分为计划经济下的农村社会保障制度和农村改革时期的社会保障制度两个大的阶段。其中，第一个大的阶段又划分为两个具体阶段：1949 年至 1956 年，这一阶段的农村社会保障主要是

① 段庆林：《中国农村社会保障的制度变迁（1949—1999）》，载《宁夏社会科学》2001 年第 1 期。

② 曹晨：《中国农村社会保障制度的选择》，载《中国保险报》，2006 年 4 月 13 日。

③ 宋晓梧：《中国社会保障体制改革与发展报告》，中国人民大学出版社 2001 年版，第 182 - 186 页。

以家庭保障为主；1956年至1978年，这一阶段的农村社会保障主要是以集体保障为主。① 李迎生的划分也是如此，将我国农村社会保障制度的变迁划分为计划经济下的农村社会保障和市场转型期的农村社会保障两个大的历史阶段。对于这两个大的阶段，又划分为一些具体的阶段，如把第二个大阶段又划分为改革初期、体系化探索时期、今后的发展等具体阶段。②

本书的观点倾向于两段论，也就是以改革开放为标志，将农村社会保障制度的发展、变迁放在计划经济和市场经济两种不同的经济和社会发展背景下加以考察，即以1978年改革开放为分界线，将农村社会保障制度的发展、变迁分为两个大的阶段。第一个阶段，是从新中国成立到改革开放之前，也就是整个计划经济时期。这一阶段是我国农村社会保障制度的初步建立和缓慢发展阶段。从社会保障提供主体的角度来看，这一阶段又是以集体保障为主、国家适当辅助的阶段。第二个阶段，是从党的十一届三中全会之后（改革开放）一直到现在，也就是市场经济的建立和发展时期。这一阶段是我国农村社会保障制度的不断探索和逐步发展、完善阶段。从社会保障提供主体的角度来看，这一阶段又是家庭保障和社会保障并存，并且逐渐向城乡一体化社会保障过渡的阶段。

二、农村社会保障制度的建设与发展

改革开放以来，特别是党的十六大以来，党中央、国务院作出了一系列重大的决策部署，着力推进农村社会保障制度的建设工作。目前，以农村最低生活保障制度、新型农村合作医疗制度、农村医疗救助制度、农村“五保”供养制度、农村自然灾害救助制度、新型农村养老保险制度等为主要内容的农村社会保障体系已经初步形成，被征地农民、进城农民工的社会保障工作也取得了长足的进展，特别是2009年开始的新型农村养老保险制度，已经在试点的基础上在2012年完成了制度全覆盖，比计划中的2020年提前了8年的时间。

---

① 任保平：《中国社会保障模式》，中国社会科学出版社2001年版，第165－168页。

② 李迎生：《为了亿万农民的安全——中国农村社会保障体系研究》，安徽人民出版社2006年版，第32页。

农村社会保障制度的逐步健全和完善，不断地缩小着城乡社会保障的差别，为农民群众的生产和生活提供了基本的保障，成为社会主义和谐社会建立的重要基础。

（一）农村最低生活保障制度基本建立

农村居民最低生活保障制度，是对于家庭年人均纯收入低于当地最低生活保障标准的农村困难居民，由政府按照最低生活保障标准给予差额救助的社会保障制度。通俗地说，就是保障农村困难群众最低生活的制度。这是国家和社会为保障收入难以维持最基本生活的农村贫困人口而建立的一种新型的社会救助制度。建立农村最低生活保障制度，是市场经济发展的客观要求，也是消除城乡差别、健全农村社会保障制度的关键所在；有助于改善农村弱势群体和贫困群体的生活，保障农民群众的基本生活权益，促进农村社会经济的稳定和协调发展，缓和社会矛盾，为经济建设、构建和谐社会创造良好的社会环境。

农村最低生活保障制度的推广和实施，是在先期试点的基础上进行的。1992 年，山西省左云县最早开展了农村居民最低生活保障制度的试点工作。此后，试点范围逐渐扩大，并且在全国范围内迅速推开。作为一项重要的农村社会保障制度安排，党和政府给予了持续的高度关注：2004 年的中央一号文件提出，“有条件的地方，要探索建立农民最低生活保障制度”；2005 年的中央一号文件又提出，“有条件的地方，要积极探索建立农村最低生活保障制度”；同年召开的十六届六中全会也提出，“逐步建立农村最低生活保障制度”；2006 年 12 月的中央农村工作会议和 2007 年的中央 1 号文件明确提出，“在全国范围建立农村最低生活保障制度，各地应根据当地经济发展水平和财力状况，确定低保对象范围、标准，鼓励已建立制度的地区完善制度，支持未建立制度的地区建立制度，中央财政对财政困难地区给予适当补助”。2007 年年初，党中央、国务院正式决定在全国建立农村低保制度，中央财政安排专项补助资金支持财政困难的地方。1 月 9 日，胡锦涛作出重要指示，强调要抓紧建立农村低保制度，为困难群众雪中送炭。3 月 5 日，温家宝在十届全国人大五次会议上指出，在全国建立农村低保制度，是构建社会主义和谐社会的重要举措。5 月 23 日，温家宝主持国务院常务会议，对全面建立和实施农村低保制度进行部署。6 月 26 日，国务院在北京召开全国建立农村最低生活保障制度工作会议，回良玉提出明确要求：今年要在全国农村全面建立低保制度，并确保在年内将最低生活保障金发放到户。7 月 11 日，国务院下发了《关于在全国建立农村最低生活保障制度的通知》，要求当年在全国建立农村最低生活保障制度。这是我国农村低保制度开始全面建立和实施的重要标志。正是在党和政府的强力推动下，低保制度迅速在全国农村地区特别是有条件的农村地区推行。当年年底，民政部宣布农村低保全面建制，基本实现了低保制度的城乡全覆盖。资料显示，2008 年，全国已经有 4281.3 万农村贫困人口被纳入低保制度的覆盖范围。此外，还有 63.2 万农村人口享受传统的农村社会救济，686.5 万人次享受农村临时生活救助。

2010 年，民政部出台《关于进一步规范农村低保生活保障工作的指导意见》，全面规范和完善农村的最低生活保障工作，极大地推动了农村低保工作的开展。到 2011 年年底，全国农村低保对象达到 2672.8 万户、5305.7 万人。全年各级财政共支出农村低保资金 667.7 亿元。其中，中央补助资金 502.6 亿元，占农村低保总支出的 75.3%。低保平均标准每人每月 143.2 元，比 2010 年的 117 元提高了 26.2 元，增长 22.4%。低保月人均补助水平 106.1 元（含一次性生活补贴），比 2010 年的 74 元提高了 43.4%。①

2013 年 6 月 19 日，民政部发布《2012 年社会服务发展统计公报》，公报显示，截止到 2012 年年底，全国农村低保对象为 2814.9 万户、5344.5 万人，比 2011 年同期增加了 38.8 万人，增长 0.7%。全年各级财政共支出农村低保资金 718.0 亿元，比 2011 年增长 7.5%。其中，中央补助资金 431.4 亿元，占总支出的 60.1%。低保平均标准为每人每年 2067.8 元，比 2011 年提高了 349.4 元，增长 20.3%。低保月人均补助水平 104.0 元。②

目前，农村最低生活保障制度已经全面覆盖有农业人口的县（市、区），正在朝着应保尽保的方向和目标稳步推进。

① 《全国共有城市低保对象 2276.8 万人》，见 http://gb.cri.cn/27824/2012/06/21/3365s3738260.html。

② 尹深：《民政部：2012 年全国低保 7488 万人财政支出 1392.3 亿元》，见 http://politics.people.com.cn/n/2013/0619/c1001-21891419.html。

（二）新型农村合作医疗制度全面建立

新型农村合作医疗制度（新农合），是由政府组织、引导和支持，农民自愿参加，个人、集体和政府多方筹资，以大病统筹为主的农民医疗互助共济制度。2002 年 10 月，中共中央、国务院发布《关于进一步加强农村卫生工作的决定》，正式启动新型农村合作医疗制度的试点工作。2003 年，国务院转发了卫生部、财政部《关于建立新型农村合作医疗制度意见的通知》，农村合作医疗的重建工作开始大规模铺开。同年 11 月，民政部、卫生部、财政部联合发布《关于实施农村医疗救助的意见》，要求各地通过政府拨款和社会各界自愿捐助等多种筹资渠道，对患大病的农村“五保户”和贫困的农民家庭实施医疗救助。从此开始，我国农村进入了合作医疗发展的新时期。作为一项重要的农村社会保障制度安排，新型农村合作医疗制度的发展比较迅速。从 2003 年开始在全国部分县（市）进行试点和推广，仅仅用了不到 6 年的时间，到 2008 年年底已经全面覆盖有农业人口的县（市、区）。参加新型农村合作医疗的农民达到 8. 15 亿人，参合率为 91. 5%。全国累计享受补偿的人数达到 15 亿人次，补偿基金支出达到 1253 亿元。其中，有 1. 1 亿人次享受到住院补偿，有 11. 9 亿人次享受到门诊补偿，有 2 亿人次进行了健康体检。参合农民每次住院的平均补偿金额，也从试点初期的 690 元逐渐提高到 1066 元。到 2010 年，新农合已经基本覆盖全国农村居民。2012 年，“新农合参合人数达到 8. 32 亿人”①。

与此同时，农村医疗救助制度的建设也在顺利推进。农村医疗救助是政府和社会对患病但无力就医的贫困农民在医疗费用方面给予适当补助的制度。2003 年年底，这项制度开始实施和推行。从 2003 年到 2008 年，医疗救助制度累计直接救助 2024. 1 万人次，累计资助 9458. 3 万人参加新型农村合作医疗。目前，农村医疗救助制度已经全面覆盖有农业人口的县（市、区）。根据民政部的统计资料，2010 年，全年累计救助贫困农民 5634. 6 万人次。其中，民政部门资助参加新型农村合作医疗 4615. 4 万人次，人均资助参合水平 30. 3 元；民政部门直接救助农村居民 1019. 2 万人次，人均救助水平 657. 1 元。全年用

① 尹蔚民：《统筹推进城乡社会保障体系建设》，载《求是》2013 年第 3 期。

于农村医疗救助的各级财政性资金支出83.5亿元，比上年增长29.2%。其中，资助参加新型农村合作医疗资金14.0亿元，比上年增长33.3%；直接救助资金67.0亿元，比上年增长35.6%。同时，逐步探索和建立特种大病的医疗救助制度，逐步开展提高农村儿童重大疾病医疗保障水平的试点工作。[①]

（三）新型农村养老保险实现制度全覆盖

新型农村社会养老保险（简称新农保）是以保障农村居民年老时的基本生活为目的，建立个人缴费、集体补助、政府补贴相结合的筹资模式，养老待遇为社会统筹与个人账户相结合，与家庭养老、土地保障、社会救助等其他社会保障政策措施相配套，由政府组织实施的一项社会养老保险制度；是国家社会保险体系的重要组成部分。计划经济时期，我国的养老保险制度仅仅局限于城市企业职工、政府机关以及事业单位职工，农村居民基本上没有国家给予的养老保障制度安排。改革开放以来，基于建立覆盖城乡居民的社会保障体系的总体要求，农民的养老保障问题开始提上日程20世纪80年代末期，我国开始进行农村养老保险的初级试点工作。90年代初期，在乡镇一级农村养老保险试点取得成功的基础上，开始提升试点层次，选择山东省的牟平县、龙口市、招远县、荣成市、乳山县进行县级试点。2002年，国家出台《县级农村社会养老保险方案》（试行），开始在全国农村地区进行农村养老保险的更大范围的试点和推广，后因客观条件的制约而陷于停顿。随后，一些地方开始探索不同形式的农村养老保险制度。2008年，根据党的十七大和十七届三中全会的精神，国务院决定，从2009年起开展新型农村社会养老保险（以下简称新农保）的试点，以"保基本、广覆盖、有弹性、可持续"为试点的基本原则，逐步解决农村居民老有所养的问题。

新农保和老农保相比较，有以下两个方面的重要区别和特征：

第一，筹资的结构不同。老农保主要是农民自己缴费，实际上是一种自我储蓄的模式；而新农保与之最大的区别就是个人缴费、集体补助和政府补贴相结合，是三个筹资渠道，特别是国家责任的体现，也就是中央财政对地方进行的补助，而且这个补助又直接补贴到农民的头上。因此说，中央财政的直接补

① 《2010年社会服务发展统计报告》，载《中国社会报》，2011年6月17日。

助是继取消农业税、农业直补、新型农村合作医疗等一系列政策之后的又一项重大的惠农利农政策。

第二，老农保主要是建立农民的个人账户，而新农保在支付结构上的设计则是两部分：一部分是基础养老金，另一部分是个人账户的养老金，而基础养老金是由国家财政全部保证支付的。换句话说，中国农民 60 岁以后都将享受到一份国家普惠式的养老金。

根据国务院的通知要求，新农保于 2009 年进行试点，覆盖面为全国 10% 的县（市、区、旗），以后逐步扩大试点地区，最后在全国范围内普遍实施这项新型的农村养老保险制度，2020 年之前基本实现对农村适龄居民的全覆盖。但是，随着新农保试点的迅速铺开和快速推进，到 2011 年 12 月底，仅仅 3 年的时间，全国试点地区总参保人数已经达到 3.64 亿人。其中，领取养老金的人数达到 1.03 亿人。共有 15 个省区实现了新农保制度的全覆盖。因此，到 2012 年，新农保制度提前在全国范围内实现了全覆盖。十八大代表、人力资源和社会保障部副部长杨志明指出，“截至 2012 年 9 月底，全国基本养老保险已覆盖 7.48 亿人。其中，全国城镇职工基本养老保险参保人数达到 2.99 亿人，‘新农保’（新型农村社会养老保险）和‘城居保’（城镇居民社会养老保险）参保人数达到 4.49 亿人。1.24 亿城乡老年居民按月领取养老金，‘新农保’和‘城居保’在全国范围基本实现制度全覆盖”①。从 2009 年到 2012 年，整个制度的推广和实施大约用了 4 年的时间。

建立新型农村社会养老保险制度，是加快建立覆盖城乡居民的社会保障体系的重要组成部分；对确保农村居民年老后的基本生活，实现农民的基本权利，推动农村减贫和逐步缩小城乡差距，维护农村社会的稳定具有重要的意义。2012 年 10 月 12 日，温家宝在新型农村和城镇居民社保工作表彰大会上指出，做好新型农村社会养老保险和城镇居民社会养老保险工作，意义深远、责任重大。

（四）农村“五保”供养制度进一步完善

作为新中国最早建立的农村社会保障制度，“五保”供养制度是一项主要

---

① 李唐宁、白田田、孙韶华：《十八大报告：将建设更加公平的社会保障体系》，载《经济参考报》，2012 年 11 月 15 日。

面向农村的老、弱、孤、寡、残疾社员，由村集体资金负担，以保吃、保穿、保烧、保葬、保教（孤儿保教）为基本内容的社会保障制度。这项制度贯穿于整个计划经济时期。改革开放以后，随着家庭联产承保责任制的实施和农村经济形势的发展变化，“五保”供养的内容也逐渐发生了变化，由原来的保吃、保穿、保烧、保葬、保教（孤儿）演变为保吃、保穿、保住、保医、保葬（孤儿保教）五个方面。1994 年，国务院正式颁布《农村“五保”供养工作条例》，对农村“五保”供养工作的性质、资金来源等问题进行了明确的规定。这是国家第一次以法规的形式对农村“五保”供养制度进行规范，成为农村“五保”供养工作的基本法律依据。2006 年，国务院新修订的《农村“五保”供养工作条例》颁布，重点修改了有关农村“五保”供养资金渠道的规定；明确今后“五保”供养资金在地方人民政府的财政预算中的安排，中央财政对财政困难地区的农村“五保”供养给予补助。这项规定将农村最为困难的这一部分群众纳入了公共财政的保障范围，从而实现了“五保”供养从农民集体内部的互助共济体制向国家财政供养为主的现代社会保障体制的历史性转变。

根据民政部公布的相关资料，截至 2011 年年底，全国农村“五保”供养对象共有 530. 2 万户，总人数为 551 万人，全年各级财政共支出农村“五保”供养资金 121. 7 亿元。其中，农村“五保”集中供养 184. 5 万人，集中供养年平均标准为 3399. 7 元/人；农村“五保”分散供养 366. 5 万人，分散供养年平均标准为 2470. 5 元/人。[①] 2013 年 6 月 19 日，民政部发布的《2012 年社会服务发展统计公报》显示，到 2012 年年底，全国农村“五保”供养对象为 529. 2 万户、545. 6 万人，分别比 2011 年下降了 0. 2% 和 1. 0%。全年各级财政共支出“五保”供养资金 145. 0 亿元，比 2011 年增长了 19. 1%。其中，集中供养 185. 3 万人，年平均标准为 4060. 9 元/人，比 2011 年增长了 19. 4%；分散供养 360. 3 万人，年平均标准为 3008. 0 元/人，比 2011 年增长了

① 《全国共有城市低保对象 2276. 8 万人》，见 http：//gb. cri. cn/27824/2012/06/21/3365s3738260. html。

21.8%。[①] 农村“五保”对象基本上实现了应保尽保。

（五）农村自然灾害救助制度不断规范、完善

我国自古以来就是一个自然灾害比较严重的国家。农村自然灾害频繁，灾情复杂，受灾地域广泛，受灾人口众多，损失一般都比较严重。因此，自然灾害救助一直是我国社会农村救助制度的一项重要内容。改革开放以来，随着社会转型和经济体制的转轨，国家的救灾体制也发生了相应变化。一是财政分级负责。这是与国家财政体制改革和分税制相配套的制度。这一制度要求，地方政府在财政预算中必须设立专项救灾拨款科目。二是救灾分级管理。救灾分级管理的前提是准确划分灾害等级，一般划分为特大灾、大灾、重灾和小灾等不同等级。根据灾情的不同等级，明确中央政府和地方各级政府应当承担的救灾责任。三是救灾经费包干。这是针对甘肃、宁夏、贵州、青海、西藏、新疆等六省区的救灾经费而言的。在经过科学合理的测算之后，中央给这些省区划拨一定数量的救灾款，一般不再追加拨款。四是中央经费无偿救助与有偿使用并存。这样做的目的，是将救灾与扶贫相结合。无偿救助的资金主要用来紧急抢救灾民，保证其最低生活；而有偿使用的资金则主要用于灾民灾后生产的恢复等方面。

与国家对农村自然灾害救助相配套的，是救灾保险制度、互助互济和生产自救。救灾保险制度是由政府负责组织，以各级财政和社会化集资为物质基础，保障灾民基本生活和恢复其简单再生产的一种灾害保障形式。从1987年开始，民政部门先后在全国的102个县进行了救灾保险的改革试点，对农作物、养殖业生产、农房、农村劳动力等实行救灾保险。具体方法是，由中央救灾经费、地方财政补贴、农民自己缴纳的保险费形成救灾保险基金；当灾害发生时，给予灾民相应的生活、生产等方面的保障与补偿。互助互济是对传统救灾体制的财力机制进行改革的重要内容，即由以前的中央财政单一供款模式向资金来源社会化模式发展和过渡。其形式主要包括两个方面：一是救灾互助储金会，二是救灾互助储粮会。这两种形式都是在农村居民之间自发组织的主动

① 尹深：《民政部：2012年全国低保7488万人财政支出1392.3亿元》，见 http：//politics.people.com.cn/n/2013/0619/c1001－21891419.html。

应对灾害的互助形式。生产自救历来是我国农村救灾工作的重要方针政策。从计划经济时期到改革开放以后的市场经济时期，在我国的救灾方针中始终强调的一项内容就是生产自救、互助互济，同时辅之以国家必要的救济和扶持。这种救灾工作的方针政策和指导思想，是和我国农村人口众多、灾害频发、生产力水平不高等具体国情密切相关的。

2010年6月30日，国务院第117次常务会议通过《自然灾害救助条例》，该条例自2010年9月1日起正式施行。《自然灾害救助条例》的颁布与实施，填补了我国自然灾害救助的行政法规空白，为我国农村自然灾害救助制度的发展、完善和规范运行奠定了重要的基础。也正是由于救灾应急响应、灾民生活救助、灾后恢复重建、备灾减灾、社会动员等机制的逐步建立和完善，农村自然灾害救助的能力不断提高，从而成功地抗击和应对了四川汶川大地震、甘肃舟曲泥石流等特大自然灾害，较好地维护了人民群众的生命财产安全和社会稳定。

（六）农村社会福利事业逐步发展

计划经济时期，伴随着“五保”供养制度的建立和发展，我国农村地区相继建设了一些敬老院和光荣院，以集中供养农村的孤老对象和在乡的老复员退伍军人。改革开放以来，这项工作得到了进一步的发展，在国家的鼓励和支持下，社会力量积极举办农村社会养老机构和社会福利企业，农村社会福利事业逐步发展壮大。1992年，全国建立的以“一院”（敬老院）、“一厂”（社会福利工厂）、“一会”（救灾扶贫互助基金会）以及群众优待（针对优抚对象）和“五保”（针对“三无”对象）统筹为主干的农村基层社会保障网络的乡镇已经达到1.45万个，约占全国乡镇总数的30%。全国平均每100个乡镇拥有敬老院64个、社会福利企业68个。[①] 根据民政部门的统计，截至2008年年底，全国农村共有敬老院29452个，收养孤老、孤残、孤儿158.1万人；光荣院有1336个，收养老复员退伍军人4万人。另外，国家不断提高在乡老复员军人、带病回乡退伍军人的补助标准，进一步加强农村的优待抚恤工作，逐步改善农村残疾人服务设施，定期为生活困难的农村老党员发放补

① 杨翠迎：《中国农村社会保障制度研究》，中国农业出版社2003年版，第48页。

助，向农村困难群众发放一次性生活补贴。到2010年年底，农村养老服务机构达到31472个，床位224.9万张，收养老年人达到182.5万人。①

（七）农村扶贫开发稳步推进

在计划经济时期，我国农村的贫困救助主要是单纯性地发放救济粮款。这是一种消极和被动的救助形式，不能够调动和激发贫困人口自身脱贫致富的积极性，以致形成了“年年救济年年穷”的恶性循环。改革开放以后，随着社会转型和经济转轨，农村贫困救济的方法和手段也都发生了重大的改变，实行贫困救济与扶贫开发相结合。为此，国家相应地制定了开发式扶贫战略来促进贫困地区的发展，以达到彻底消除贫困的目标。从1986开始，中央政府成立专门的扶贫工作机构，安排专项资金，制定专门的优惠政策，在全国范围内开始了有计划、有组织的大规模扶贫开发运动；同时，转变社会救助的理念，将救济的方式由传统的“输血式救济”转变为“造血式救济”或“输血式”与“造血式”相结合的救助，不断加大对农村贫困人口的扶贫攻坚力度。1993年，国家制定《“八七”扶贫攻坚计划》，决定利用7年的时间，到2000年年底基本解决8000万农村贫困人口的温饱问题。扶贫攻坚成效卓著。计划实行之前，按照国家规定的人均年收入400元的贫困线标准，农村贫困人口为8065万人。到1999年年底，这一数字已经减少到了3000多万人，“八七”扶贫攻坚目标基本实现。对此，国际社会也给予了高度的评价，称之为“伟大的脱贫运动”。进入新世纪以来，针对农村扶贫开发形势和格局的发展变化，国家制定了《中国农村扶贫开发纲要（2001—2010）》，明确了新形势下农村扶贫开发的总体思路、主要任务和基本方针，由过去集中解决贫困人口的脱贫问题转变为解决少数绝对贫困人口的温饱问题、解决已经脱贫人口的返贫问题，以确保到2020年实现基本消除绝对贫困现象的奋斗目标。

（八）农民工和失地农民逐步纳入社会保障体系

改革开放以来，特别是进入新世纪以来，农民工和失地农民的社会保障问题越来越引起政府和社会的关注。针对农民工权益的保障和就业环境的改善问题，中央政府先后颁布和实施了一系列政策和措施，逐步完善有关制度，健全

① 《2010年社会服务发展统计报告》，载《中国社会报》，2011年6月17日。

有关法律法规，如《国务院办公厅关于做好农民进城务工就业管理和服务工作的通知》(2003)、《劳动和社会保障部关于农民工参加工伤保险有关问题的通知》(2004)、《国务院关于解决农民工若干问题的意见》(2006)、《劳动和社会保障部关于开展农民工参加医疗保险专项扩面行动的通知》(2006)、《人力资源和社会保障部关于农民工参加基本养老保险办法》(2009) 等，以维护和保障农民工的合法权益。目前，我国农民工总数约为 2.3 亿人。其中，在城市就业的约为 1.4 亿人，与用人单位建立有劳动关系的将近 8000 万人。截至 2008 年年底，全国共有 2400 多万农民工参加了城镇企业职工基本养老保险，4200 多万农民工参加了城镇基本医疗保险，4900 多万农民工参加了工伤保险，1500 多万农民工参加了失业保险。

与此同时，被征地农民的社会保障工作也在稳步推进。资料显示，全国各省市和地区陆续出台了被征地农民的社会保障政策文件，将被征地农民纳入到基本的生活保障制度或养老保障制度当中。2006 年，国务院转发劳动和社会保障部《关于做好被征地农民就业培训和社会保障工作指导意见的通知》，为各地建立失地农民的社会保障制度提供了重要的政策导向，加快了失地农民社会保障工作的开展。近年来，随着社会保障资金不落实不得批准征地、同地同价和先保后征等一系列措施的实施，被征地农民社会保障的对象范围、资金来源和待遇水平逐步规范。到 2008 年年底，总共有 1300 多万被征地农民得到了不同形式的社会保障。国土资源部部长徐绍史的说：“从 2008 年到 2011 年，我国用于征地拆迁补偿、农民补助等支出共计 3.5 万亿元，总共有 2500 多万被征地农民纳入了社会保障。”①

（九）农村社会保障事业的财政投入不断增加

改革开放以来，特别是进入新世纪以来，随着农村社会保障制度的不断发展和完善，国家财政用于农村社会保障方面的投入也在不断增加。按照科学发展观和党的十六届三中全会《中共中央关于完善社会主义市场经济体制若干问题的决定》所提出的“统筹城乡发展、统筹区域发展、统筹经济社会发展、

① 《国土资源部部长：征地拆迁补偿 4 年支出 3.5 万亿元》，见 http://news.xinhuanet.com/fortune/2012-12/26/c_124148072.htm。

统筹人与自然和谐发展、统筹国内发展和对外开放”的“五个统筹”的要求，国家财政支出从原来主要针对城市逐步转向城乡兼顾，支持包括农村社会保障在内的各项农村社会事业发展。2005 年，中央 1 号文件第 22 条明确提出，“按照城乡统筹发展的要求，逐步加大公共财政对农村社会保障制度建设的投入”。根据统计，2003 年至 2008 年，中央财政总共安排新型农村合作医疗补助资金 416 亿元、农村医疗救助资金 66.6 亿元、自然灾害生活救助资金 745 亿元，并且在对地方就业补助资金中统筹安排了农民工就业服务、职业培训和职业技能鉴定补贴等资金。2007 年，中央财政安排 30 亿元补助资金支持财政困难地区建立农村最低生活保障制度。2008 年，中央财政补助规模增加到 93.6 亿元，并在计算农村税费改革转移支付时考虑了“五保”供养这一因素，帮助地方解决“五保”供养资金的来源问题。

三、农村社会保障制度建设与发展的问题分析

（一）总体发展不够平衡

目前来看，农村社会保障制度发展不平衡的问题依然存在。从“五保”供养制度来看，其制度建设的历史比较悠久、相对比较规范。而最低生活保障制度、新型农村合作医疗制度、医疗救助制度、新型农村养老保险制度等建立的时间不长，农民工的社会保险制度、被征地农民的社会保障制度等制度建设正在逐步推进。从全国范围来看，一是保障水平和保障项目的发展不平衡，东、中、西部的农村社会保障水平差距比较大。一般来说，经济比较发达的东部地区，农村社会保障的水平比较高。而经济欠发达的西部地区，则集中了我国大多数的贫困人口；有些农村人口甚至连温饱问题都没有解决，农村社会保障的总体水平仍然很低。即使在经济比较发达的东部和东南部地区，不同农村地区保障项目的发展也是不平衡的。而在西部贫困落后的农村地区，社会保障项目的不健全和发展的不平衡更是如此。二是城乡发展不协调。农村社会保障事业的发展明显滞后于城市。农村社会福利服务设施的建设尤其匮乏，特别是在中西部欠发达地区，城乡社会保障发展不协调的问题更为突出。而且，由于城乡收入差距的加大，对增加农民来自社会保障的转移性收入也就提出了更高的要求。目前来看，农民的收入主要是来自农副产品、外出打工、各种农业补

贴以及社会保障的转移支付。但是，由于农业生产成本的刚性上升等方面的原因，农民增收的难度比较大。在这种情况下，作为增加农民转移性收入的重要渠道，需要更加突出农村社会保障在调节城乡收入差距、保障农民群众基本生活方面的作用。这也就给农村社会保障制度的发展带来了更大的压力。

（二）制度建设依然滞后

改革开放以来，农村社会保障制度建设虽然得到了一定程度的发展和完善，但是受经济社会发展水平、城乡二元结构、制度建设起步较晚等诸多因素的制约，我国农村社会保障事业总体上还是比较滞后的，保障面比较狭窄，保障水平偏低，一些政策措施的刚性不强，资金难以得到有力的保证，与农民群众的实际需求还有一定的差距。随着农村各项社会保障制度的逐步建立和发展，需要财政负担的金额也在不断增加，财政支付的压力特别是地方财政的支付压力也在逐年加大。如果没有合理的财政投入机制和稳定的资金投入，势必将影响到农村社会保障制度建设的可持续发展。此外，农村社会保障的政策衔接和统筹层次，也处于比较低的水平。从目前进行城乡统筹试点的浙江、重庆等地来看，他们基本上是采取针对不同群体制定不同政策的方式，如与农民相关的养老保险就有城乡居民社会养老保险、农民工养老保险、被征地农民养老保险等。这样的制度安排在当前尽管有其合理性，但缺乏更高层面的统一规划和统筹设计，不利于未来更高水平的统筹管理。而且，部分地区还存在着政策落实不到位、政策执行有偏差等问题。特别是农村社会保险筹资机制不健全，筹资成本和组织管理成本较高，影响了农民参保的积极性，一定程度上制约了农村社会保障水平的提高。

（三）法制化水平不高，政策配套、信息共享不够

从目前来看，我国农村的社会保障工作，只有《农村“五保”供养工作条例》这一部专门法规，而且还是一部行政法规。养老、医疗、低保等工作均停留在政策层面，尚未上升到法律法规的高度。必要的法律依据和法律保证的缺失，致使现阶段农村社会保障制度的整体建设和发展的法制化、规范化水平不高，强制性不够，约束力不强，而且也增加了政策制定和实施的难度。由于没有形成完整的农村社会保障的法律体系，这种零星的、“头疼医头，脚疼医脚”式的法规政策，势必会造成法律法规之间的矛盾与混乱，影响农民群众参加社会保障的信心和热情。此外，在农村社会保障的政策配套方面，也存在很多问题，且

信息沟通和共享程度不高，相互之间缺乏协调协作，没有能够形成合力。因此，迫切需要加强农村社会保障的法律法规建设，形成系统规范的农村社会保障法律制度与法律体系；制定和出台规范的农村社会保障配套政策，整合完善新农保、新农合、最低生活保障等信息系统，逐步实现区县、乡镇、村三级联网，实现社保信息的互通和共享，使农民群众能够享受就近、便捷和优质的社会保障服务。

（四）管理分散，特别是基层管理薄弱，责任不够明确

在农村社会保障的管理方面，比较突出的问题是多头管理，也就是农村社会保障的各项内容分别归口不同的部门管理。如新农保归口地方劳动保障部门，新农合归口地方卫生部门，农村低保、“五保”供养和医疗救助归口民政部门。这种多头管理的现象不仅导致了管理职能的分散和管理资源的浪费，容易出现漏管和重复管理的问题，而且也极大地增加了农民群众理解政策和办事的难度，不利于政策执行的衔接。不仅如此，受诸多因素的制约，农村基层社会保障管理机构不健全、工作力量薄弱、设施条件简陋等方面的问题也比较突出，特别是在基层社会保障服务网络和能力建设方面的投入严重不足，难以满足农村社会保障事业的发展需求。目前来看，农村社会保障制度的建设和扩面工作发展比较迅速，但基层社保的服务能力建设却没有能够及时跟进。部分地区的基层社保服务网点人员配备和信息化水平明显滞后，不能够满足农民群众日益增长的社会保障服务需求。从全国新农合经办业务来看，平均每一个县级新农合经办人员要具体负责30000名左右的农民的参合经办工作，许多乡镇没有设立专门的社会保障机构；负责多项社会保障工作的民政岗位仅配备1名助理员，有的还是兼职。管理水平比较低，制度不够完善，致使农村社会保障在资格审核、资金发放等方面存在着不够规范、随意性较大等问题。而且，在事权划分及其财政支出方面，责任也不够明确，对上级政府和下级政府的支出责任缺乏合理的界定，不利于更好地调动各级政府发展农村社会保障事业的积极性，而且也容易出现下级依赖上级、地方依赖中央的现象。

（五）政府财政投入依然不足

长期以来，我国农村社会保障一直存在着政府投入严重不足的问题。从中央到地方，政府财政投入的不足成为导致农村社会保障建设进程发展缓慢的重要因素。改革开放以来，尽管国家对农村社会保障事业的财政投入在不断增加，投

入力度在不断加大，但是由于历史欠账太多，加之农村社会保障基础薄弱，且有限的资金投入主要集中在农村扶贫和民政救济方面，国家财政投入并不能满足整个农村社会保障事业发展的实际需要。从资金投入的比例来看，国家对农村社会保障的投入只有城市的1/8，农民人均占有国家社会保障投资的份额仅为城镇居民的1/305。2006年，我国财政实际支出为41543.65亿元；而农村社会保障支出仅占财政总支出的0.735%左右，仅为当年财政社会保障总支出的零头。[①] 资料显示，2008年，国家对社会保障项目的财政支出为6804.29亿元，而国家财政的总支出为62592.66亿元，社会保障的资金投入只占财政总支出的10.87%。和发达国家相比，这是一个相当低的比例。[②] “从中央财政对农村社会保障的支出来看，中央财政用于社会保障的支出占中央财政总支出的比例，加拿大为39%，日本为37%，澳大利亚为35%，我国只占10%左右，而这10%的投入也是绝大部分给了城镇职工。”[③] 另外，从国家对社会保障的支出占GDP的比重来看，2011年，我国社会保障的支出仅占GDP总量的2.4%，而美国社保支出占GDP的比重则在16.8%左右，瑞典和芬兰甚至分别达到了35%和38%。[④] 政府财政投入的不足，是农村社会保障事业发展的一个重要的现实困境。从公共财政的角度来看，中央政府集中较大部分财政收入的关键目的，在于实现地区之间公共产品供给的均等化。因此，要维护农民应当享有的社会保障权利，逐步实现城乡社会保障的一体化，就需要打破传统的城乡二元分割的社会保障体系，将国家财政用于社会保障的支出按照一定的比例在城乡居民之间进行合理的分配。

第二节　农村社会保障制度建设与发展的两大制约因素

一、农村人口老龄化问题

人口老龄化已经成为当今世界一个突出的社会问题，受到全球的普遍关

① 刘峰：《农村社会保障建设中政府资金来源研究》，载《改革与开放》2010年第3期。

② 孙维亮：《我国农村社会保障体系建设中的资金问题探析》，载《中国集体经济（下）》2010年第12期。

③ 李文君：《论我国财政对农村社会保障支出的责任》，载《山东财政学院学报》2003年第5期。

④ 李慧翔：《社保缴费率高低要看保障水平》，载《新京报》，2012年9月12日。

注。人口老龄化是总人口中老年人口比例相应增长的一个动态过程，主要有两个方面的含义：一是指老年人口相对增多，在总人口中所占比例不断上升的过程；二是指社会人口结构呈现老年状态，进入老龄化社会。国际上通常的看法是，一个国家或地区60岁以上的老年人口数占人口总数的10%，或65岁以上的老年人口数占人口总数的7%，即意味着这个国家或地区已经进入老龄化社会。按照这个标准，中国在1999年就已经进入了老龄化社会。

根据2000年我国第五次人口普查的数据，60岁以上的老年人口达到1.3亿人，占总人口的10.2%；65岁以上的老年人口已经达到8811万人，占总人口6.96%。以上比例按国际标准衡量，均已表明我国进入了老年型社会。2010年第六次人口普查的数据表明，中国60岁及以上人口约为1.78亿，占13.26%。其中，65岁及以上人口为1.19亿，占8.87%。数据表明，中国不仅是较早进入老龄社会的发展中国家之一，而且还是老龄化速度最快的国家。根据联合国的预测，1990—2020年，世界老龄人口的平均年增速度为2.5%，同期我国老龄人口的递增速度则为3.3%；1995—2020年，世界老龄人口占总人口的比重从6.6%上升至9.3%，同期我国老龄人口的递增速度则由6.1%上升至11.5%。无论是从增长速度还是从所占比重来看，我国都超过了世界老龄化的增长速度和比重。2020年，中国将步入严重老龄化阶段，成为世界上老年人口最多的国家；65岁以上老龄人口将达到1.67亿人，约占全世界老龄人口6.98亿人的24%。全世界每四个人中就有一个是中国老年人。到2050年，中国将步入超高老龄化国家的行列。从发达国家来看，各国老龄化的进程一般都长达几十年，甚至超过100多年。如法国用了115年，瑞士用了85年，英国用了80年，美国用了60年。而我国只用了18年（1981—1999年）的时间，就进入了老龄化社会，而且老龄化的速度还在不断加快。2006年，全国老龄工作委员会办公室发布的《中国人口老龄化发展趋势预测研究报告》，对中国人口老龄化自身的特殊性和中国老龄化的特征进行了高度的概括：第一，老年人口规模巨大；第二，老龄化发展迅速；第三，地区发展不平衡；第四，老龄化程度城乡倒置显著；第五，女性老年人口的数量多于男性；第六，老龄化超前于现代化。

从世界范围来看，一个普遍的规律是，发达国家社会进入老龄化时，人均

GDP 一般在 5000 美元以上，有的甚至达到 8000 美元，已经具备了一定的经济实力，有能力解决老龄化所带来的各种社会问题。国家统计局的数据显示，2000 年中国进入老龄化社会的时候，人均 GDP 为 7078 元，按当年的汇率折算约 856 美元。到 2003 年时，我国的人均 GDP 也才只有 1000 多美元，与发达国家相比差距很大。在我国经济发展水平尚处于世界中下水平的时候，老龄化的程度却已经进入发达国家行列，从而呈现出了典型的“未富先老”的特征。按照胡锦涛总书记在十七大报告中所提出的到 2020 年要实现人均国内生产总值（GDP）比 2000 年翻两番的目标，那么届时人均 GDP 应该达到 3500 美元左右。但是，这个标准依然不能达到发达国家进入老龄化社会时人均 GDP 的一般水平，也就是 5000 美元。

问题的严峻之处在于，我国老年人口的大头主要集中在农村，农村老年人口所占的比重高达 70% 以上，城乡人口老龄化程度严重倒置。因此，相对于城市，我国农村人口老龄化的形势更为严峻。统计数据显示，2009 年年底，在我国 1.67 亿 60 岁以上的老年人口中，农村老年人占了 1.05 亿人，其规模是城市的 1.69 倍。另外，从老年人口的比重来看，城市老年人口的比重为 7.97%，而农村老年人口的比重已超过 18.3%，农村人口老龄化的程度是城市的 2.3 倍。到 2011 年 9 月，我国农村人口老龄化的程度已达到 15.4%，比全国 13.26% 的平均水平高出 2.14 个百分点，高于城市老龄化的程度。[①] 不仅如此，在我国农村，由于经济发展水平比较低，人口老龄化程度比较高，“未富先老”的矛盾更为突出，相对落后的经济发展水平难以承受快速人口老龄化带来的挑战。从现在开始到 21 世纪中叶，综合人口老龄化状况和经济社会发展的承受能力来看，我国农村将成为全球人口老龄化问题最为严峻的地区之一。

“我国农村老龄问题研究”课题组的研究报告指出，我国已进入老年型国家的行列，人口老龄化尤其是农村人口老龄化深刻影响着经济社会发展。总体来看，我国农村人口老龄化将在 2011—2020 年快速发展，2021—2033 年高速

① 刘建华：《聚焦老龄化：农村人口老龄化带来发展动力不足》，载《人民日报》2012 年 4 月 10 日。

攀升，2034—2060年持续高位运行。一方面，人口流动加深了农村人口老龄化程度，增大了应对农村人口老龄化的难度。大量的农村青壮年劳动力外出务工，在降低城市老年人口比重的同时提高了农村人口老龄化程度，增加了农村老年人与儿女的分居比例和空巢比例。随着城镇化进程的加快和人口迁移流动的加速，农村老龄问题将更加突出。城乡发展不平衡和经济社会发展不平衡的矛盾相互交织，增加了老年群体同其他社会群体之间、不同老年群体之间共享经济社会发展成果的难度。另一方面，农村高龄老年人口比例的快速提高，加剧了农村老龄问题的严峻性。老年人口的高龄化，意味着失能、残疾、带病的老年人口越来越多。2000年，我国农村80岁以上高龄老年人为900万人，占农村老年人总数的9.8%；到2009年年底，农村80岁以上高龄老年人已经增加到1100万人，占农村老年人总数的11.3%。此外，还有1894万人的失能老人。预计到2045年，我国农村80岁以上的老年人占农村老年人的比例将超过22%。[①]

正如浙江省社会科学院社会学研究所的杨建华所指出的，“农村不像城镇那样，老年人享有各种社会保障。原先集体供养老人的制度随着集体经济的解体而瓦解，农村养老主要通过家庭赡养自行解决，而农村家庭养老受到他们子女本身经济实力和是否具有孝心两个方面的影响，老年人赡养纠纷和因赡养引起的自杀事件时有发生。农村老年人口普遍缺乏养老、医疗、照料服务等基本社会保障，因此出现老人因病致贫、因病返贫，最后看不起病的问题。这在我国中西部贫困地区尤为突出，影响社会的和谐发展和小康社会的建立。随着老年人口的增加和寿命的延长，因疾病、伤残、衰老而失去生活能力的老年人显著增加，给国家、社会和家庭带来沉重负担，因此亟需解决好社会保障问题”[②]。

农村人口的老龄化、高龄化，老年人口数量庞大、贫困、“未富先老”等问题，成为制约农村社会保障制度建设和发展的一个重要因素。“人口众多、

---

① 陈昱阳：《应对农村人口老龄化——积极构建城乡统筹的社会保障体系》（“我国农村老龄问题研究”课题组），载《人民日报》2011年4月29日。

② 参见傅宏波：《中国如何面对社会老龄化》，载《观察与思考》2005年第18期。

结构老化、总体小康、有所分化，是我国新时期必须面对的基本国情。因此，应尽快从战略高度完善相关政策，积极构建城乡统筹的社会保障体系。”①

二、地区发展不平衡问题

中国是一个地区发展、城乡发展存在巨大差异的农业国家，东部地区特别是长江三角洲和珠江三角洲的农村地区与西部、西南部贫困落后的农村地区在经济发展水平方面有着天壤之别。这种情况无疑极大地增加了统一的、城乡一体的社会保障制度建设的难度。

改革开放以来，随着我国社会主义市场经济体制的不断完善和促进地区协调发展战略的相继实施，地区经济总体上呈现出增长加快、活力加强、区域协调的良好态势。但是，受自然、历史、经济基础等因素的影响，各地区经济增长速度快慢不一，区域经济发展中的不平衡现象日益突出。东部发展最快，中部弱于东部，西部又弱于中部，农村更弱于城市。地区发展不仅差距悬殊，而且有越来越严重的趋势。按照国家发改委地区经济司副司长王新怀的说法，即“改革开放初期大于新中国成立初期，当前大于改革开放初期”。地区发展的不平衡，不仅成为全面建设小康社会和构建和谐社会的重要影响因素，而且也成为统筹城乡发展，建立全国统一的、城乡一体的社会保障制度的重要制约因素。

从区域经济的发展来看，其差距主要体现在以下五个方面：

1. 沿海与内地。

从新中国成立到1978年的30年间，政府一直在致力于平衡发展战略，各种投资政策和财政支付转移明显地向边远和落后地区倾斜，然而效果并不理想。改革开放以后，政府在区域经济的发展战略上进行了大转变，从平衡发展战略转向不平衡发展战略，优先发展沿海地区。发展和开放政策明显地向沿海地区倾斜，从而使得沿海地区迅速发展起来，沿海与内地的经济发展差距开始拉大。从2003年的地区生产总值来看，广东省为13626亿元，约相当于3个

① 陈昱阳：《应对农村人口老龄化——积极构建城乡统筹的社会保障体系》（“我国农村老龄问题研究”课题组），载《人民日报》2011年4月29日。

湖南（4639 亿元）或 10 个贵州（1365 亿元）或 35 个青海（390 亿元）。从 2003 年的人均地区生产总值来看，浙江为 20147 亿元，3 倍于江西（6678 元），4 倍于甘肃，5.6 倍于贵州。

2. 东、中、西部。

20 世纪 30 年代，我国著名的人口地理学家胡焕庸教授用一条简单的线条描述了中国的自然地理、人口地理与经济地理分布不平衡的特点：从东北黑龙江省瑷珲县到西南云南省腾冲县之间，用一条近乎直线连接起来，把中国分为东西两个部分。西部面积占全国总面积的 49.2%，人口却只有全国总人口的 3.7%；东部面积占全国总面积的 50.8%，而人口却占全国总人口的 96.3%。相应地，西部贫穷，东部富裕。"胡焕庸线"只是大体上形象地描述了幅员辽阔的中国东西部的地理分界。现在，对中国区域经济的划分主要是按照行政省区来进行的，辅之以经济发展水平，主要是将中国划分为东、中、西部三大经济地带。在这三大经济地带，其经济发展水平由东向西呈阶梯递减状态。

3. 省区之间。

仍以 2003 年为例，在地区生产总值中，最高的广东达 13625.9 亿元，而最低的西藏只有 184.5 亿元，广东是西藏的 74.7 倍；在地区工业总产值方面，排在前五位的广东、江苏、山东、浙江、上海，分别为 21513.5 亿元、18036.7 亿元、15380 亿元、12864.2 亿元、10342.8 亿元。排在后五位的是西藏、青海、海南、宁夏、贵州，分别只有 21.4 亿元、247.9 亿元、333.5 亿元、352.8 亿元、977.6 亿元。排在前五位的都在 10000 亿元以上，而排在后五位的仅在 1000 亿元以下，相差达 9000 亿元。

4. 南北之间。

计划经济时期，我国北方地区的经济发展领先于南方地区。改革开放初期，北方地区仍然领先于南方地区，而且差距进一步拉开。20 世纪 90 年代以后，南方地区经济迅速崛起，人均 GDP 年均增长速度达到 27.2%，北方地区经济发展的领先地位受到动摇。南方地区后来居上，不仅在增长速度上超过北方地区，而且在人均 GDP 的绝对值上也超过了北方地区，从而使南北地区之间的静态不平衡差距迅速拉大，并且呈现出进一步扩大的趋势。

5. 城乡之间。

造成中国城乡差别的主要因素是城乡二元结构，而城乡差距的实质则是城乡居民收入的差距。从世界范围来看，中国城乡居民的收入比远远高于大多数国家 1.6∶1 的水平。按照国际劳工组织 1995 年发表的 36 个国家的相关资料，城乡差距超过 2∶1 的国家只有 3 个，中国便是其中之一。从农民与城镇居民人均年收入的绝对差距来看，1978 年，农民年人均收入与城镇居民收入相差 209.8 元。之后，几乎每年都在扩大。1992 年，两者的差距突破千元大关，达到 1242.6 元。2000 年则达到 4027.0 元，2003 年更达到 5850.0 元。

从各地区农民的人均纯收入的绝对差距来看，2000 年，东部最高（上海）比西部最高（四川）多 3692.77 元；2004 年，东部最高（上海）与西部最高（四川）的差额扩大为 4547.40 元。2000 年，东部最低（广西）比西部最低（西藏）多 533.70 元；2004 年，东部最低（广西）与西部最低（贵州）的差额扩大为 577.67 元。从相对差距来看，2000 年，东部最高（上海）是西部最高（四川）的 2.94 倍；2004 年，东部最高（上海）是西部最高（四川）的 2.81 倍。2000 年，东部最低（广西）是西部最低（西藏）的 1.40 倍；2004 年，东部最低（广西）是西部最低（贵州）的 1.33 倍。另外，从各地区城镇居民人均可支配收入的绝对差距来看，2000 年，东部最高（上海）比西部最高（西藏）多 4291.69 元；2004 年，东部最高（上海）与西部最高（重庆）的差额扩大为 7461.86 元；2000 年，东部最低（辽宁）比西部最低（宁夏）多 445.39 元；2004 年，东部最低（海南）与西部最低（宁夏）的差额扩大为 517.91 元。从相对差距来看，2000 年，东部最高（上海）是西部最高（西藏）的 1.58 倍；2004 年，东部最高（上海）是西部最高（重庆）的 1.81 倍。2000 年，东部最低（辽宁）是西部最低（宁夏）的 1.09 倍；2004 年，东部最低（海南）是西部最低（宁夏）的 1.07 倍。①

上述材料说明，各地区农民人均纯收入和各地区城镇居民人均可支配收入的绝对差距都在继续扩大。其相对差距尽管有所缩小，但相差也都在一倍以上，而且这种差距在短期内是难以改变的。

---

① 参见王新怀（国家发改委地区经济司副司长）：《我国地区发展差距现状及区域协调发展的建议》，载《财经界》2006 年第 7 期。

地区发展不平衡的现实存在和持续扩大、城乡居民收入的不均衡和巨大差别，一方面增加了农村地区，特别是中西部广大农村地区社会保障制度建设和发展的难度，另一方面也极大地制约了适用于全国各地城乡统一的社会保障制度模式的建立。正如《中共中央关于制定“十一五”规划的建议》中所提到的，“全面建设小康社会的难点在农村和西部地区”。也可以这样说，农村社会保障制度建设和发展的难点，特别是建立城乡一体的社会保障制度的难点也在农村和西部地区，尤其是西部农村地区。

第三节　农村社会保障制度的发展模式与框架体系

一、农村社会保障制度的发展模式分析

从世界范围来看，由于各国经济发展水平、政治体制、文化背景以及所遵循的社会保障理念等的不同，决定了其所选择的社会保障制度的发展模式的差异。普遍保障型国家遵循的是普遍性和统一性原则。其社会保障面向全体国民，包括农民在内的所有社会成员普遍享受均等的社会保障待遇。而有些国家则把农民的社会保障制度安排与解决农业问题结合起来，因而选择了专门针对农民的农村社会保障制度安排。不仅如此，在立法方面，各国农村的社会保障制度安排也均有相应的国家立法作为支撑和保障，如德国的《老年农民援助法》（1957）和《农业社会改革法》（1995）、日本的《农业合作组织法》（1947）和《农民养老保险基金法》（1970）等，有法可依、有章可循，因而农村社会保障制度的发展也就比较完善和规范。

总体来看，农村社会保障制度的发展模式主要有以下四种：

统一模式。也就是在社会保障制度的安排上，强调社会保障的普遍性原则，将农民与城市居民纳入统一的社会保障体系当中。不论是社会保障的内容还是社会保障的形式，城乡完全一致，没有什么区别。农村居民和城市居民一样，享受同等水平的社会保障待遇。代表性的国家主要有英国、澳大利亚、新西兰以及北欧各国。

专门模式。社会保障的制度安排城乡各异，分为城市社会保障制度和农村

社会保障制度两个部分，但是在实质上，城乡并没有什么差别。城乡社会保障的待遇标准基本上是一样的，只是在制度安排上是两套制度。代表性的国家主要有法国、德国、波兰等国家。

以法、德等国家为代表的专门制度型模式，主要是根据本国农业的特点建立的。社会保障体系一开始也没有顾及农民，只是在社会经济发展到一定阶段后，迫于农业的特殊情况而制定的，由此形成了城市和农村不同的社会保障制度安排，并且在组织和管理方式上呈现出多样性的特点。

统分结合模式。社会保障制度有统有分，有共同的地方也有各自不同的地方。所谓统，就是在一般的社会保障制度当中包括农民；所谓分，除了一般的社会保障制度之外，再为农民、工人、公务员等群体建立与其职业相关联的专门的社会保障制度（职业年金）。代表性的国家主要有日本。

在日本，国民最基本的老年待遇和医疗待遇是全国统一的，这就是“国民皆年金”、国民皆保险（医疗保险）。也就是全体国民共享统一的基本养老金、基本医疗保险，农民也包括在内。从日本社会保障制度的发展历程来看，一开始也只是针对城市居民，后来才逐渐涉及农村居民，而且在初期，农民的社会保障项目不仅比较少，保障范围也不大。后来随着日本经济社会的发展，农村居民与城市居民的社会保障待遇水平差距开始逐渐缩小，最终过渡到城乡养老和医疗保障制度的统一。

城乡分治模式，或者叫做城乡二元模式。这种模式主要是在一些发展中国家存在。在这些国家中，由于经济社会发展的城乡二元结构比较明显，城乡经济社会的发展差距比较大，因此在社会保障的制度安排上，也呈现出明显的二元结构，城乡差别很大。代表性的国家主要有中国、朝鲜、印度等国家。

从国外农村社会保障制度不同的发展模式和发展道路来看，农村社会保障制度的建立，主要是基于本国的实际情况。其制度发展模式的设计安排要与国家的经济发展水平和具体国情结合起来进行考虑。从中国目前的情况来看，城乡二元结构在一定时期内还会继续存在，城乡一体化在短期内还不可能实现，这就是现实的国情。因此，从我国目前城乡经济社会发展的实际情况出发，在农村社会保障制度的发展模式上，也应该分两步进行：

第一步，在目前城乡分治模式的基础上，采取以专门制度型为主、统分结合型为辅，多法并行、保障水平多层次的具有中国特色的农村社会保障制度发展模式。在立法方面，根据我国目前农村社会的实际情况，可以采取多法并行的模式。通过制定和颁布适合现阶段农村社会实际情况的法律法规，与其他社会保障法律法规一起构成我国完整的社会保障法律体系。在保障水平方面，鉴于目前我国的城乡差异和地区差异都比较大，短期内很难达到统一的保障标准，因此可以维持一种多层次保障水平混合的发展模式，在保持并不断提高现有保障水平的基础上，随着社会经济发展水平的提高和城乡差异、地区差异的缩小，逐渐向统一的保障标准过渡。

第二步，在专门制度型、统分结合型的基础上，过渡到统一模式，最终实现城乡一体的统一模式。

二、农村社会保障制度的框架体系

社会保障体系是国家通过立法建立的既相互独立又相互联系的各项社会保障子系统的总和。简而言之，就是由各项社会保障子系统所构成的社会保障制度的整体。社会保障体系一般包括社会保险、社会救助、社会福利等保障制度。其中，社会保险是社会保障体系的核心制度和基本制度，之所以如此，原因主要有两个：一个是从费用的支付来看，社会保险的费用支付在整个社会保障支出当中占据着最大的比例；另一个是从保障的人群来看，社会保险所保障的人群主要是创造社会财富的这一部分劳动者。

农村社会保障体系是我国整个社会保障体系的重要组成部分，是专门针对农村地区和农村居民的各项社会保障制度的总和。从我国农村社会保障制度的实施状况，特别是作为社会保险核心内容的新型农村养老保险制度的试点、推广与制度全覆盖来看，目前我国已经初步形成了以新型农村养老保险制度、新型农村合作医疗制度、农村医疗救助制度、农村最低生活保障制度、农村“五保”供养制度、自然灾害生活救助制度等为主要内容的较为系统完整的农村社会保障体系。

关于农村社会保障体系的建设问题，学术界和政府实际工作部门对此有着不同的观点和看法。一种观点认为，根据农村经济的发展状况，中国现阶段尚无能力建立全国范围内统一的农村社会保障体系。杨翠迎、张晖等人在对中国农民社会养老保险的经济可行性进行分析后认为，目前建立全国范围的农村社会养老保险是不可行的，只有东部和中部一些省份才具备开展这项工作的条件。另一种观点认为，建立全国范围内统一的农村社会保障体系是可行的，但是要与当地的经济发展水平相适应，分步骤、分阶段、“渐进式”发展。任保平认为，应从实际出发，走“渐进式”发展的路子，坚持社会保障范围由小到大、项目由低到高，积极稳妥地建立起低水平、全方位、不遗漏、多层次的农村社会保障体系。从经济因素对构建农村社会保障体系的影响来看，一种观点认为，经济发展水平是制约农村社会保障发展的重要因素，因此制定农村社会保障体系的实施目标必须以经济发展水平为重要依据，社会保障水平必须与经济发展水平相适应。另一种观点认为，不能片面地夸大经济因素对构建农村社会保障体系的影响。经济因素并非是建立城乡一体化社会保障体系的唯一充分条件，政府在社会保障中的主体地位和作用是搞好农村社会保障体制建设的重要保障。[①]

对于农村社会保障体系的建设和完善，其重要的指导思想和原则就是要立足于统筹城乡发展的总体思路，充分考虑农村发展的现实状况，兼顾地区差别和城乡差别，多层次、分阶段地推进和完善农村社会保障的制度建设和体系建设，逐步实现城乡社会保障制度与体系的整合，最终建立起覆盖城乡居民的统一的社会保障制度体系。全国人大农业与农村委员会主任委员王云龙在《关于农村社会保障体系建设情况跟踪检查报告》中指出，尽管社会保障制度在一个时期内不可能消除城乡差别，但无论是农村社会保障各项制度的设计，还是城镇社会保障制度的完善，都要为实现城乡统筹打好基础。用城乡统筹、公平共享的思路指导社会保障的制度建设，朝着实现基本公共服务均等化的方向努力。制度设计要有利于缩小城乡差距，而不是扩大差距。要为今后各项制度之间的衔接留出接口，如新农保、被征地农民社会保障、农民工社会保障、农村低保、农村“五保”等制度，都有一个制度衔接问题；有的还有一个关系转续的问题。对于农村低保与农村社会救济、新农合与农村医疗救助、计划生

---

① 参见李丙金：《浅述我国农村社会保障政策制定背景、研究现状和意义》，载《华章》2007年第9期。

育奖补政策等，也都需要统筹考虑、有机衔接。总之，应以新型农村社会养老保险制度为重点，逐步推进制度统一、保障水平适度、相互协调且互为补充的农村社会保障体系。①

基于统筹城乡发展的基本思路，一个完善的农村社会保障体系应在着眼于制度整合的基础上，形成多层次目标的组合模式，而且各个子目标的待遇标准可以相互衔接和换算，从而为城乡相互衔接的社会保障体系的过渡奠定基础。总的来看，农村社会保障体系的建设和完善应该分为以下四个层次目标；

首先是基本保障制度的建设，也就是生存保障。这是最低层次的保障，也是其他一切保障的基础。从社会公平的角度来讲，这也是城乡最应该统一、最有必要统一的保障制度，而生存保障的核心就是解决贫困农民温饱问题的最低生活保障制度和最低层次医疗保障的医疗救助制度。其次是普遍保障制度的建设，也就是农民的养老、医疗、自然灾害等风险保障以及乡镇企业农民工人和进城务工的农民工的工伤、失业等风险保障。再次是福利保障制度的建设。这是农村最高层次的保障，也就是旨在提高农村居民的物质生活和精神生活水平的公益性保障。最后是补充保障，也就是针对农业生产和农村居民的各种商业性保障。

以上四个层次的具体内容如下：

第一个层次：基本保障，也就是农村居民的生存保障。

主要内容：最低生活保障和医疗救助，保障不能解决温饱和最低医疗问题的农村居民、农村特困家庭的最低生活需要和最基本的医疗需要。

第二个层次：风险保障，也就是针对农村居民所面临的各种风险的补偿保障。

主要内容：养老保险（新农保），医疗保险（新农合），乡镇企业的农民工人、进城务工的农民工的工伤保险和失业保险，农村自然灾害生活保障。

第三层次：福利保障，也就是旨在提高农村居民物质生活和精神生活水平

① 孙文盛：《全国人民代表大会农业与农村委员会关于农村社会保障体系建设情况跟踪检查报告——2009 年 12 月 24 日在第十一届全国人民代表大会常务委员会第十二次会议上》，载《中华人民共和国全国人民代表大会常务委员会公报》2010 年第 1 期。

的公益性保障。

主要内容："五保"供养（集体福利—国家供养），老年人、残疾人集体供养（养老院、敬老院、福利院），高龄老人补贴，军烈属优抚，妇幼保健与疾病预防。

第四层次：补充保障，也就是针对农业生产和农村居民的各种商业性保障。

主要内容：农业保险（农作物保险、农民住房保险）、大病医疗保险、人寿保险。

众所周知，农民的土地收入是不稳定的，特别是那些自然条件比较恶劣的贫困落后的农村地区。一些农民甚至连基本的温饱问题都还没有解决，不像城镇居民那样，拥有一份比较固定的工作和工资收入，能够依靠工资收入维持自己的生存，并且能够正常地缴纳各种保险税费。因此，对于农村居民来讲，应该把解决温饱和生存问题放在一切保障的首位。所以说，基本保障首先应该是生存保障，也就是目前正在实施的农村最低生活保障和医疗救助。这是农村社会保障体系建设的基础和前提。在满足基本保障的基础上，提高社会保障的实施层次，也就是风险保障；针对农村社会成员面临的养老、医疗、自然灾害等风险的侵袭进行保障。这是农村社会保障体系建设的核心。试想，一个连基本的温饱和生存问题都不能解决的农民个人或农民家庭，还奢谈什么主要依靠个人缴费的养老保险和医疗保险，更遑论什么旨在提高物质生活和精神生活水平的更高层次的福利保障了。当然，由于地区经济发展的不平衡，一些已经解决了温饱问题的、富裕起来的、有条件的农村地区可以越过基本保障阶段，直接进入风险保障和福利保障阶段。因此，在农村社会保障的制度设计和体系建设上，必须具有一定的层次性，要有轻重缓急和主次之分，而且要与当地农村的经济发展水平相适应。这是一个不能回避和忽视的关键问题。

第三章 CHAPTER 3

国外农村社会保障制度的安排与经验借鉴

第一节　日本农村社会保障制度

一、日本农村社会保障的制度安排

日本是实施农村社会保障比较成功的国家之一。二战以后，日本高度重视并较早建立起了覆盖全体农村劳动者和农村人口、在许多方面享有与城市居民同等待遇的农村社会保障体系①，从而有效地解决了农村社会中存在的一些问题，为维护社会稳定、构建和谐的农村发展格局创造了良好的条件。

（一）日本农村社会保障制度的建立与发展

二战以前，随着工业化和城镇化的发展，日本城乡差距越来越大，农村相对于城市来说仍然是落后的，农村的社会风险也日益凸显。因此，日本自然地把农村社会保障制度的建立和完善作为社会保障制度建设的重点和难点。总的来看，日本农村社会保障制度从萌芽起步到完善并逐步形成完整的社会保障体系，大致经历了四个时期。

萌芽期。医疗保险是日本农村社会保障的起源。为了解决农村医疗条件落后和医疗负担沉重等问题，1938 年 7 月，日本首次制定了以面向农村居民为主的《国民健康保险法》。该法的制定和颁布，标志着农村居民公共医疗保险的起步，同时也标志着日本农村社会保障制度萌芽的产生。但是，在这一时期，日本农村社会保障仅限于国民健康保险，其他社会保障还没有开始实施。

形成期。二战以后，日本政府进一步修改和完善《国民健康保险法》，保险的覆盖范围不断扩大，保险待遇也不断提高，农村医疗保险被迅速地普及和推广，几乎所有的市町村都实施了国民健康保险。到 20 世纪 60 年代，

① 李欢：《日本农村养老保险制度及其对我国的启示》，载《四川省干部函授学院学报》2009 年第 3 期。

日本开始进入国民皆保险、国民皆年金的时代，标志着日本农村社会保障制度的初步形成。

完善期。从20世纪70年代到90年代，日本农村社会保障体系得到较大的改革和完善。这一时期，随着经济和社会的发展，各项农村社会保障有关的法律和制度，如《儿童津贴法》、《老人保健法》、《国民养老金法》、《老人医疗费支付制度》等不断建立或修改完善。到20世纪90年代，日本已经建立起了覆盖全部农村的，包括公共医疗、养老、护理等各类保险在内的，比较完善的农村社会保障体系，尤其是对老年群体的保障，使得老人在农村也可以像在城镇一样安享晚年。

转型期。20世纪90年代以后，随着城镇化的发展和人们生活水平的不断提高，日本老龄化问题越来越严重，日本的社会保障制度在不断地调整和完善，农村社会保障制度也随着社会的发展进行相应的调整和转型，以适应人口老龄化特别是农村人口老龄化的需要。

（二）日本农村社会保障制度的框架体系

日本的农村社会保障制度是在借鉴西方发达国家经验的基础上，结合本国的实际建立起来的，并且形成了较为完善的农村社会保障体系。日本农村社会保障制度属于保险型社会保障，保险型社会保障制度又称投保资助型社会保障，德国、美国等许多发达资本主义国家都采用这种社会保障模式。该模式的优点在于能够缓解贫困，使社会保障社会化。日本农村社会保障制度的框架体系，主要包括社会保险、公共援助、社会福祉等几个方面。

1. 社会保险。

日本农村社会保险主要包括医疗保障制度、养老保险制度和护理保险制度三个方面。首先，日本农村的医疗保障制度不是以地域，而是以职域划分的，国民健康保障的对象是农民、个体经营者、无业者等没有固定职业的人群，他们每月必须定期到当地的社会保障事务所缴纳国民健康保险费。保险费率根据各个家庭的收入水平进行调整，按每户不同定额收取国库补助保险费的50%。该比例远远高于其他各类医疗保险。[①] 其次，日本农村的养老保

① 黄雄：《日本农村社会保障的特色及启示》，载《亚太经济》2001年第3期。

险制度主要包括国民年金制度和农民年金制度两个方面，其显著特点在于确立了一个多层次的养老保险制度。在具体运作上，日本农村的年金制度属于确定给付模式，根据养老金的给付水平决定基金的缴费率。最后是日本农村的护理保险制度，这项制度主要是基于农村老龄化问题而确立的，其保障对象是年满40周岁以上的公民和农村的所有农业生产经营者，其费用主要是由国家、地方政府和个人共同出资。

2. 公共援助。

日本农村社会的公共援助内容主要包括生活保护，如医疗、住宅、教育、分娩、生产、丧葬等；保障主体是全体国民。这是覆盖全体国民的最低生活保障体系。公共援助的运作，主要是根据需要生活保护者的年龄、性别、家庭成员的构成以及所在地区的类别等来确定最低生活费标准，然后根据这个标准给予未达到标准的国民适当的补助。补助的经费的3/4主要来源于国家，其余由地方政府承担。

3. 社会福祉。

社会福祉主要包括老人保健和儿童津贴两个方面。老人保健主要是针对农村人口老龄化而制定的，其保障对象是70岁以上的老人，保障内容主要包括老人在家保健和老人保健设施两个方面。老人在家保健包括老人的日常服务、在家服务和养老院服务；老人保健设施主要是建立不同类型的养老院，健全养老院的设施和提供服务。老人保健的经费由6种公共医疗保障机构负担66%，由国家负担23%，由地方政府负担5.5%。从2001年开始，70岁以上高龄老人看病的医疗费用，由个人负担医疗费总额的10%，上限为每月3000日元。儿童津贴主要是针对家庭收入低于规定标准的以及单亲家庭在儿童抚养方面的津贴补助。该项制度规定生育第一个和第二个孩子者，在儿童未满6岁之前，每月每个儿童给予5000日元的生活津贴；若再生育第三个孩子，每月每个儿童可获得一万日元的津贴。单亲家庭的儿童在年满18周岁之前都可领取生活津贴。此外，由于日本是一个自然灾害频发的国家，农业又是日本农村社会的重要组成部分，因此农业灾害救助制度成为日本农村社会保障制度中的一个特殊的组成部分。日本政府采取了民间非盈利团体经营、政府补贴和再保险相扶持的模式，组成中央政府农林水产省、都道府县农业共济组合联合会、市町村农业共济组合三级联动的农业共济保险体系。[①] 该项灾害保障制度对保障农业发展和促进农村经济社会的稳定发挥了重要的作用。

二、日本农村社会保障制度存在的问题

虽然日本已经建立起了较为完善的农村社会保障制度，而且从理论上说，日本的农村社会保障体系也已经较为成熟。但是，随着日本人口老龄化、少子化社会的到来，日本农村社会保障制度也面临着保障经费迅速增长、医疗与养老保险负担日益沉重、各类公共保险机构赤字增加等严峻问题。[②]

（一）财政赤字严重，财政压力巨大

随着人口老龄化的发展和少子化社会的到来，日本农村社会保险经费支出迅速增长，而收入却随着高龄化人口比例的增加而越来越少。同时，由于20世纪末日本经济发展缓慢，居民收入降低，国民保险福利过大，使得社会保障赤字严重，给日本政府造成巨大的财政压力。再加上全球经济危机的影响、财政资金运作环境的恶化，这一切都对日本农村社会保障的财政产生了消极的影响。

日本农村社会保障的财政赤字主要表现在以下两个方面：一是社会保险收不抵支，日本农村社会保障的大部分保障对象是低收入者或高龄者，国家从保障对象手中收得的费用极少，特别是国民健康保险赤字更加严重。资料显示，从2008年引入高龄者医疗制度以后，国民健康保险就连年出现赤字，再加上国民健康保险管理难度较大，从而导致政府在社会保障方面的财政压力越来越大。二是由于人们对社会保障的信任度降低，社会保险欠费率较高，资金缺口较大。由于国民养老保险金主要是靠保障对象缴纳保险费来维持的，如果国民欠缴或不缴纳养老保险费用，国民养老保险基金就达不到基本运作所需的费用，将会导致国民养老保险出现赤字。

---

① 《福建社会科学院“日本社会保障制度考察团”访日报告》，转引自黄雄《日本农村社会保障制度的特色及其启示》，载《亚太经济》2011年第3期。

② 芮茜、赵力、李玉英：《少子高龄化对日本社会保障制度的影响》，载《中国煤炭工业医学》2011年第4期。

（二）社会不公平现象仍然存在

虽然日本一直强调城乡一体化发展，但是由于工业化和城镇化的发展，城市发展在一定程度上优于农村，因而不论在经费负担还是在保障水平和保障待遇上，城市和农村之间仍然存在一定的现实差异。一方面，由于现实水平的差距，在农村，农民生活水平较低，大多数农民的收入不稳定，各项设施设备不完善，需要的补助自然较多，保险费、医疗费的负担也较为沉重，甚至很多地区的农民无法享受国民各项社会保险。另一方面，社会保障制度在一定程度上仍然倾向于城市。农民加入养老保险达到40年且年满65周岁的每月平均可领取养老金的最高限额为6.7万日元，而工薪阶层加入的养老金制度每月可领取的最高限额为18.6万日元，二者相差悬殊。制度的倾斜必然会导致城乡社会保障不公平的现象。这不仅不能缩小城乡差距，实现城乡一体化，而且会使农民失去对社会保障的信任，从而阻碍农村的发展和社会的和谐稳定。

（三）国家对农村的补助负担日益严重

一方面，随着农村老龄人口的增加，需要补助的老年人口越来越多，国库负担加重。在大部分农村社会保障项目中，国库补助占所有补助的大部甚至是全部。如农村公共援助的经费由国库补助3/4，儿童津贴国库负担2/3，国民健康保险国库负担50%。国家对几乎所有的社会保障都给予一定的补贴。再加上需要补助人口的增多，国库不论是在补助比例还是在补助金额上都大大增加。另一方面，随着经济发展水平和科学技术的提高，医疗技术的进步也在一定程度上使国家补助的金额呈上升趋势。另外，由于国库资金分散，管理难度大、资金滥用的现象频繁发生。2012年，据《日本经济新闻》报道，日本会计检察院通过一年多对全国600多处污水处理设施的调查发现，250亿日元的国库补助金被滥用。国库资金的滥用，不仅会导致国库财政赤字，增加国库负担，而且会使人民失去对政府政策的信任，不利于农村社会保障制度的实施。

（四）农民个人的保险费税负担严重

农村社会保障制度建立的初衷在于减轻农民的负担，缩小城乡差距，防止社会矛盾的发生，促进农村社会的发展。但是，受全球经济危机和通货膨胀的影响，日本农民个人在税收、养老保险、医疗保险方面的负担率逐年增加。据统计，国民对于社会保障的负担率已经接近50%。日本虽然不属于高福利的国家，但是日益增加的国民社会保险负担率，不仅没有使农民的生活得到改善，反而使得农民对实施农村社会保障的积极性不高。国民社会保险负担率增加的另一个原因，是政府期望通过增加国民的负担来缓解政府在社会保障方面的财政赤字现象，解决社会保险收入与支出之间的矛盾，提高社会保险的缴费率。然而，这一方法不仅没有减轻政府的财政压力，反而使国民失去对政府的信任。因此，对于日本政府来讲，应该通过宣传教育，鼓励农民自愿投保入保；同时鼓励民间团体、协会增加对农村社会保障金的投入，成立专项的民间基金，并且加强对基金的规范管理，拓宽财政投入渠道，从而增加财政投入。这样不仅可以解决国库入不敷出的现象，也可以减轻农民的负担，从而使农村社会保障制度的实施有良好的财政基础。

三、日本农村社会保障制度的经验启示

日本农村社会保障制度有很多值得我国借鉴的地方，其原因在于以下几点：一是中日同属亚洲国家。受传统的儒家文化的影响，两者不论在传统文化还是在思想观念上都有相似之处。二是农民、农业、农村问题都是两国经济社会发展的瓶颈，是两国经济社会发展的重点和难点问题。虽然日本不存在城乡二元结构的问题，但是日本农村发展程度也远远低于城市。三是日本农村社会保障制度建设的起步较早，到如今已经发展得比较完善，并且受西方发达国家福利观念的影响较深，对我国农村社会保障制度的建设和发展具有重要的借鉴意义。同时，对于日本农村社会保障的不足之处，我们也应该引起足够的重视，以防止类似失误的发生。

（一）农村社会保障制度的建立应因地制宜，与经济发展相适应

日本农村社会保障制度的建立最初是各种社会矛盾日益凸显的结果，但是随着经济发展和老龄人口的增多，日本农村社会保障制度也在不断地发展、补充和完善，最终形成了覆盖全体农民和农村的比较健全的社会保障体系。尽管其间日本经济发展的低迷和居民生活水平的降低，使日本农村的社会保障制度面临着巨大的财政压力，但日本农村社会保障制度的经验表明，社会保障事业的发展是与国家经济发展水平相适应的，经济发展会促进社会保障事业的发展，但是社会保障事业如果与经济发展不相适应，就会成为经济发展的负担，

不仅会使社会保障的目标落空，还会阻碍经济社会的发展。与日本的国情不同，受经济发展水平、观念意识等因素的制约，我国农村社会保障制度的建立不能全盘借鉴日本，而是要根据我国人口众多、幅员辽阔、地区差异大的实际国情，坚持自愿投保入保的原则，建立起有中国特色的农村社会保障制度。

（二）农村社会保障制度要有完善的法律体系做保障

法律是社会保障实施的基础，农村社会保障制度的发展必须有完善的法律体系作保障。日本农村社会保障的各类制度都是通过立法建立的，按照社会保障的各类项目构建相对应的法律制度。例如《国民健康保险法》、《生活保护法》、《儿童鼓励法》、《国民年金法》、《农民养老金基金法》、《老人保健法》等，都是针对各项保障制度而建立的法律规范。建立在法律基础上的日本农村社会保障制度的实施具有强制性，和各种社会保障措施共同形成一种法定义务。[①] 将社会保障的政策上升为法律规范，可以用法律的规范性和权威性来弥补政策实施过程中的不确定性，使农村社会保障工作能够有法可依，有效防止政策实施过程中的随意性，从而使农村社会保障在运作过程中更具理性。此外，法律规范可以明确实施主体的责任以及被保障者的保障内容，有效防止实施主体因主观判断而导致的不公平现象，在一定程度上也可以增加农民对农村实施社会保障的积极性和信任程度。我国现行的农村社会保障体系缺乏明确的法律规范。借鉴日本的经验，我国应该加快农村社会保障的立法工作，建立健全农村社会保障法律体系，对农村各项社会保障制度的内容、对象、范围、资金来源等作出明确规定，使社会保障的程序更加规范，使农村社会保障朝着法制化、规范化的方向发展。

（三）加大农村社会保障的资金投入，拓宽经费投入渠道

随着日本农村社会保障制度的不断完善以及人口老龄化问题的出现，农村社会保障制度的顺利实施需要更多的财政支持。日本在建设农村社会保障体系的过程中，充分强调了政府的供款责任。[②] 政府提供更多的财政支持，适当调

---

① 黄雄：《日本农村社会保障的特色及启示》，载《亚太经济》2001 年第 3 期。

② 李巧莎、贾美枝：《日本农村社会保障制度的演变及其启示》，载《日本问题研究》2008 年第 2 期。

整财政支出结构，把支持重点转向农村，加大对农村社会保障的资金投入，为农村社会保障制度的完善和实施提供良好的经济基础。除了政府自身增加财政投入外，日本政府还积极拓宽财政投入的渠道，鼓励个人、团体、组织支持农村社会保障事业，通过多种方式筹措资金。

我国是一个农业大国，农业的发展关系着我国社会的全面发展。据统计，我国中央政府用于社会保障的支出占中央财政总支出的比例仅为10%左右，而10%的投入也是绝大部分给了城镇职工。① 由此可见，我国应借鉴日本采取以政府负担为主，个人负担为辅，并鼓励企业、团体、组织支持农村社会保障事业的做法，以改变投入渠道过于单一的局面，减轻国家负担，从而防止国家财政入不敷出和恶性循环现象的发生。同时，要加强财政监督，防止政府官员以权谋私，滥用财政资金，从而确保农村社会保障基金充分发挥其自身的效益。

（四）明确职责，规避风险，确保农村社会保障政策的实施

在实施农村社会保障的过程中，为确保相关政策的有效实施，日本地方政府在基层统一建立起了专门负责协调管理农村社会保障工作的机构，即“福祉事务所”，并明确各部门和工作人员的责任，提高了政策执行的效率。由于政策具有不稳定性，因此日本政府在制定政策的过程中充分考虑到了政策未来的发展变化情况，建立风险规避机制，防止因突发情况而使农村社会保障工作陷入困境。

就我国而言，农村社会保障工作更是一个复杂的系统工程，其覆盖范围广，涉及的政策法规和相关部门多，因此更要切实明确职责，加强部门之间的协调与合作。借鉴日本经验，我国应建立专门的农村社会保障管理机构和风险规避机制，不断提高管理水平，培养专门的风险规避人员，以促进农村社会保障工作的顺利实施和农村社会保障制度的稳定发展。

（五）协调城市与农村的关系

日本虽然不存在城乡二元结构的问题，但城乡不公平的现象仍然存在。这容易引发社会冲突。因此，应注重协调农村社会保障与城市社会保障之间的关

① 刘书鹤：《农村社会保障的若干问题》，载《人口研究》2005年第5期。

系，尽量在农村与城市之间做到公平公正。同样，随着我国城乡一体化进程的加快，如何协调农村社会保障制度与城市社会保障制度之间的关系，应该成为我国农村社会保障工作的重点与核心问题。我国农村社会保障工作面临着许多复杂的问题，既要抓紧建立健全农村社会保障制度，又要做好农村社会保障与城市社会保障制度衔接的协调发展，因此，在追求城乡一体化的过程中，我国农村社会保障制度的建立不能完全照搬城市社会保障的模式，要因地制宜，根据农村社会的实际情况分步实施，逐步实现城市与农村社会保障的共同发展。

总的来说，日本农村社会保障制度之所以发展得比较完善，其主要原因在于日本农村社会保障制度不搞“一刀切”，并不是全盘照搬西方发达国家的成功经验，而是从本国实际情况出发，在吸收借鉴他国经验的基础上，在制度上有所创新，根据不同的利益群体制定不同的社会保障标准，从而满足社会各个群体之间的利益需求。

第二节　德国农村社会保障制度

一、德国农村社会保障的制度安排

德国是世界上最早建立社会保障制度的国家。德国的社会保障制度属于保险型社会保障。该项制度最早是由德国首相俾斯麦提出的，后来被美国、日本效仿。其与就业密切相关，应用保险技术应对公民社会中可能出现的风险。由于工业化的兴起和阶级矛盾的激化，俾斯麦实行了“大棒加胡萝卜”的政策，一方面残酷镇压工人运动和反动势力，另一方面加快关于社会保障的立法工作。1881 年，在俾斯麦的建议下，德意志帝国的皇帝威廉一世颁布了《社会保障法》，开创了世界各国通过法律建立社会保障的先河。

（一）德国农村社会保障制度的建立与发展

1886 年 5 月，德国颁布了《关于农业企业中被雇佣人员工伤事故保险法》，为农业从业人员提供风险保障。这标志着德国开始实施农村社会保障政策。1957 年，德国建立农民老年援助制度，并制定了《农民老年援助法》。该项制度确立的目的，主要是在年老的农民将庄园交给其继承人后，保留下来自已使用的住房等财产，并向他们进行现金补贴。农民老年援助制度的建立，标志着德国开始对独立经营的农业企业主及其共同从事农业生产的家庭成员实行一种特殊的老年保障制度[①]，由此迈出了建立独立的农业社会保障制度的第一步。1972 年，德国开始实行农民疾病保险制度。1986 年实施的《联邦养育子女法》也开始适用于农民，不仅减轻了农民的负担，也使农民子女的受教育程度大大提高。1995 年，又颁布并实施了被称为"社会保险第五大支柱"的《社会护理保险法》。该项法律也把农民纳入了保障的行列。由于社会护理保险填补了社会保险体系中的最后一块空白，所以被人们称作"社会保险宏伟建筑物上的拱顶石"。[②] 更为重要的是，1995 年 1 月 1 日生效的德国《农业社会改革法》，对农业老年保障进行了大幅度的改革，将农民老年援助中的"零花钱"发展为有收入补充功能的一种真正意义上的部分养老保险，将制度的名称也由原来的农民老年援助改变为农民老年保障。这意味着农民老年保障被归入社会保险领域而不再是社会救济领域。[③] 1997 年，《事故保险法》修订后，对一般事故保险和农业事故保险也作了规定。至此，德国的农村社会保障制度在不断完善的过程中，建立起了包括老年保障、疾病保险、事故保险、护理保险、生育保险等六个项目在内的比较健全的农村社会保障体系，可以为农民提供全面、充分和及时的保障。

（二）德国农村社会保障制度的特点

学术界对于德国社会保障制度的总体研究比较多，但对于德国农村社会保障制度的研究则相对较少。武汉大学世界经济系教授周茂荣认为，德国社会保障制度具有以社会保险为主、法律法规健全、承保多元化、对社会保险实行自治管理的四大特点。[④] 中国海洋大学王冶英教授认为，德国的社会保障模式具有权力与义务对等、资金自助、现收现付、立法参与、社会化管理以及注重发

---

① 徐嘉辉、郭翔宇：《德国农村社会保障制度及其借鉴》，载《商业研究》2009 年第 6 期。

② 布吕姆：《德国社会福利法导论》，《中德劳动和社会法合作文集（1996—1999）》，中国劳动社会保障出版社 1999 年版，第 51 页。

③ 邓微：《中国转型期农村社会保障问题研究》，湖南人民出版社 2006 年版，第 401 页。

④ 周茂荣：《德国的社会保障制度》，载《世界经济》1998 年第 7 期。

挥市场机制的作用等特点。[①] 与德国社会保障制度的特点相一致，具体来说，德国农村社会保障制度主要有以下几个特点：

1. 体系完整独立，保障内容广泛。

从德国农村社会保障制度的内容来看，通过不断地发展和完善，德国已经建立起了一套包括生、老、病、残、死等风险在内的成熟的农村社会保障制度。在农业社会保险中，除了失业保险，其他保险项目都包括在内。其内容较为完整。德国农村社会保障的内容广、范围宽，集救济、保险和福利于一体，几乎包含了所有的农业人口，为农民的生产、生活提供了切实的保障。但与其他福利国家不同的是，德国实行的不是包括农民在内的一元化的社会保障政策，而是将农民与其他从业者区分开来，建立起了一套自成体系的单独的农村社会保障制度。农民以其农业劳动者的具体身份获得相应权益。[②]

2. 实行责任分担，政府、社会、农民个人共同承担。

德国农村社会保障制度中的一个重要原则就是责任分担，个人、政府与社会共同分担责任。在德国，为了确保受保人在遭受风险时能在“在我负责”的基础上获得基本的生活保障，德国农村社会保障的相关法律规定，参加农村社会保险是农民的法定义务，养老、医疗保障等都采取强制性的保险政策，以此加强被保险人的自我负责意识。同时，政府是实施社会管理的主体，在进行社会保障的过程中也承担着一定的责任，给予需要却没有能力参加社会保险的农民一定的补贴，确保全体农民能够享受农村社会保障。

3. 充分考虑农村和农业自身发展的特殊性。

由于农业的风险性和不确定性比较大，收入难以确定，因此德国农村社会保障的各项费用一般不与农民个人的收入相挂钩。比如，德国农民养老保障的所有受保人都缴纳相同数额的保险费，实行“统一保险费”的原则，并且根据农业发展的需要，对于不同的农村社会保险项目给予不同的支持和援助。

---

① 王冶英、矫立辉：《德国社会保障制度的成功经验及对我国的启示》，载《聊城大学学报》2008 年第 2 期。

② 韦红：《德国农村社会保障政策的特点与启示》，载《新视野》2007 年第 3 期。

4. 管理体制多层次，管理的自治性和独立性强。

对于德国农村社会保障的管理，由中央到地方各级形成了一个庞大的社会保障管理网络。在实施社会保障的过程中，德国政府只负责监督和发挥协调作用，社会保障制度的运作和管理则由专门的社会保险机构进行。社会保险机构实行自治管理，在法律上享有自主权，是德国社会保障的一大特色。各社会保险机构独立存在，自主经营、自主管理，具有很强的自治性和独立性。德国的这种社会保障管理体制充分体现了社会自治的原则，有助于协调社会保障工作，使各项社会保障政策具有弹性，促进社会保障工作的顺利进行。

5. 政府给予更多的财政支持，农民获得的津贴较多。

在德国社会保障制度中，政府为农民老年保险提供保险费津贴，并且在发生农业事故时，提供企业帮手或者家庭帮手，安排顶替人员。[①] 此外，德国政府还根据农业发展的需要，给予不同的农村社会保险项目不同程度的财政支持和援助，并将重点放在了农民养老保障和医疗保障这两个项目上。在德国，政府对养老和医疗保障的援助是最多的，其开支分别占各类福利公共总支出的43%和23%；而直接的贫困救助开支所占比例最低，只有4%。[②]

二、德国农村社会保障制度的问题分析

德国农村社会保障制度的建立和完善，有效地促进了德国经济社会的发展，在一定程度上缩小了贫富差距，缓和了阶级矛盾和社会矛盾，促进了社会的和谐稳定。但是，随着经济衰退和人口老龄化的发展，德国农村社会保障不论在其制度本身还是在制度实施的过程中，都出现了一些问题。

（一）社保支出增长过快，加重了政府的财政负担

德国的农村社会保险虽然主要实施资金自助的方式，但是当农民老年保险的经费不足时，由政府给予一定的财政补贴或援助。这样，随着社会保障制度的完善和人口老龄化问题的加剧，政府用于社会保障方面的支出也越来越庞大，社会保障的支出增长率逐渐超过了国民生产总值的增长率。1992年，德

---

① 邓微：《中国转型期农村社会保障问题研究》，湖南人民出版社2006年版，第400页。

② 何春雷：《社会保障制度的国际比较》，法律出版社2001年版，第158页。

国社会保障的总费用已达1.014万亿马克，而德国的GDP不到3万亿马克[①]，德国用于社会保障的费用已经达到政府整个财政预算支出的1/3。农村社会保障过大的社会福利加重了政府的财政负担，扩大了政府的财政赤字，长此以往，可能会影响政府运用经济手段刺激经济发展的能力，削弱政府职能，阻碍经济发展。

德国农村社会保障支出的增加主要表现在以下几个方面：第一，农民老年保险支出增加，养老保险的费用入不敷出，其主要原因在于老年人口增加，人均寿命延长，领取退休金的人数逐渐增加，就业人数与养老人数出现结构性失调，政府难以支付越来越多的养老保险补贴。第二，医疗保障费用开支过大，缺乏制约机制，其原因在于：一方面，人口老龄化的发展，使更多的老人需要进行医疗消费，医疗的技术水平也亟需提高，因而，用于医疗社会保障的费用就越来越多；另一方面，参加医疗保险的受保人到医院看病时，是由医生或医院直接与保险公司结算，并不是由个人结算的，这就容易造成医生和投保人贪污浪费的现象，从而导致医疗保障费用的大幅上涨。第三，失业人口增加，失业保险领域支出快速增长。失业率的增加无疑增加了政府用于社会保障的财政负担。虽然德国农村没有关于失业的社会保障制度，但是失业人口的增加，使一部分人无法缴纳保险费用，从而使农村的法定社会保险金大大减少，增加了政府的财政负担。

（二）社保费用大幅提高，增加了劳动力成本，提高了失业率

德国工业部门的劳动成本在其社会保障所缴纳的总费用中占20%以上。因而，随着德国农村社会保障费用的大幅度上升，德国的劳动力成本也随之增加。劳动力成本的提高必然导致产品价格上涨，从而导致其产品的国际市场竞争力降低，最终会影响主要依赖国际市场的国民经济的发展。德国农村社会保障费用的提高也增加了政府的财政负担，使工人就业更加困难，造成了结构性失业，从而导致失业率的增加。同时，优厚的社会福利和工资水平的提高使得雇主对雇佣人员的聘用更加谨慎和要求更加严格，这也在一定程度上造成了失

① 张文祥：《德国社会保障制度及其对我国的启示与借鉴》，载《河北经贸大学学报》1998年第6期。

业人口的增多。另外，僵化的劳动力就业政策和劳资协议机制以及昂贵的劳动力成本在2005年还导致了超过500万人以上的高失业率和德国国际竞争力的下降，从而使德国陷入了恶性经济社会循环。①

（三）过高的社会福利在一定程度上造成了资源浪费和社会惰性

过高的社会福利在一定程度上造成了社会资源的浪费，这种现象主要表现在以下几个方面：首先，德国失业保障规定，失业工人可以得到其原来工资的53%—67%的失业救济，再加上其他的社会保障补助，有相当一部分失业工人所获得的社会福利待遇甚至可能超过一般家庭收入者的收入。在这种情况下，不免会有人在家中待业，以获得更多的社会福利。这不仅加大了政府的财政负担，也造成了巨大的社会劳动力资源和社会保险金的浪费。其次，德国的医疗保障制度容易使医生和投保人贪污医疗保险金，从而造成医疗保障支出的增加和社会保障资金的大幅度浪费。此外，优厚的社会福利也在一定程度上造成了社会惰性，比如上文提到的部分失业者宁愿在家待业也不愿到工资待遇较低的职位就业。而且，过高的农村教育补助虽然可以提高农民子女的受教育水平，但也不乏为了拿到教育补助而有意拖长完成学业年限的现象的存在。另外，德国的社会保险实行社会化管理，容易造成机构臃肿、效率低下等问题。这也是社会惰性的重要体现。

（四）农民的负担日益加重

德国的社会保障以高税收为基础，其社会保障税约占德国整个税收的2/5。再加上德国老龄人口的增多和农村社会保障费用的逐年增加，政府只有通过增加税收才能保证社会保障资金的有效运转，防止和避免社会保障基金出现入不敷出的现象。但是，高税收必然会造成一定的消极影响：一方面，高税收增加了农民的社会负担，削弱了农民参与农村社会保障的积极性，不利于农村社会保障制度的顺利实施；另一方面，高税收必然导致生产成本的增加和商品价格的提高，从而削弱其在国际市场中的竞争力。

（五）农村社会保险机构林立，办事效率低下

德国农村社会保障工作的管理和制度的运作，都是由专门的社会保险机构

① 王川：《德国社会保障制度现状以及对我国的启示》，载《行政与法》2007年第11期。

进行的。在德国，每一种法定社会保险都对应着一个保险机构；每一个社会保险机构下面又有许多地区和行业机构[①]，并且实行自治化管理，拥有法律上的自主权，可以比较灵活地运作。但是，社会保险机构管理的自治性和独立性也使得一部分社会保险机构存在机构臃肿、效率低下、官僚主义严重的现象。而且，各保险机构相互独立也会导致透明度不高，政府无法对其实施有效的监督，从而造成一部分保险机构或其工作人员以权谋私、贪图私利而损害受保人利益的问题。

此外，两德统一后，东西部地区在社会保障水平和制度上存在的差异，给德国农村社会保障制度带来了一些新的问题。例如，如何将两种社会保障制度有机统一起来，如何促进西部社会保障制度在东部的推行，如何解决东部的失业人口问题。这些问题的存在或者处理不当，也会引发其他的社会保障问题。

三、德国农村社会保障制度的成功经验

德国是最早建立社会保障制度的国家。其制度的建立具有一定的创新意义，对其他国家具有很强的经验借鉴。美国、日本等资本主义国家的社会保障制度就是借鉴德国的保险型社会保障模式而建立的。虽然我国的农村社会保障制度不能照搬别国的社会保障体系和政策，但是德国农村社会保障制度的建设及其运作对我国农村社会保障制度的建设和发展、完善仍然具有重要的经验启示。

（一）既具有独立的社会保障体系，又与其他社会保障体系相互关联

韦红教授曾经说过："农村社会保障制度必须自成体系，同时又与其他社会保障体系相通，方能最大限度地保障农民无后顾之忧。"[②] 二战以后，德国农村社会保障制度开始建立。德国政府根据德国农村社会自身的特点以及新的农业经济发展形势的需要，逐步建立起了一套独立完整的农村社会保障制度。由于农业发展更加容易受自然环境以及人为条件的影响，而且农业自身也具有

① 张文祥：《德国社会保障制度及其对我国的启示与借鉴》，载《河北经贸大学学报》1998 年第 6 期。

② 韦红：《德国农村社会保障政策的特点与启示》，载《新视野》2007 年第 3 期。

较大的风险性，发展很不稳定，政府给予了农村更多的财政支持和资金补助。德国农村的社会保障虽然自成体系，但又不是孤立的，是与其他社会保障体系相互联系的。这样既能保证农村社会保障体系自身特殊性的充分发展，又能带动整个德国社会保障体系的健全和完善；既能促进德国农业经济社会的发展，又能推动和促进整个德国的经济发展。

在我国，大量农业人口的存在以及城乡二元结构的制约，要求我国必须建立起独立完整的但又与城市社会保障制度密切联系的农村社会保障体系。德国自成体系的农村社会保障体系对我国农村社会保障制度的建立具有重要的借鉴作用。目前，由于我国的农村社会保障制度还不是很完善，处于关键转型期的中国，不仅要补充完善农村自身的社会保障制度，还要注意农村社会保障体系与城市社会保障体系之间的良好衔接，以促进整个社会保障体系的充分发展。

（二）较好地处理了国民基本生活保障与农民自力更生之间的关系

德国农村社会保障的优厚福利给农民提供了基本的生活保障，使农民不论在社会生活还是在农业生产，不论在生、老、病、残、死还是在工作、学习等方面都有了基本的社会保障。再加上政府政策上向农村的倾斜，德国农村社会保障在很大程度上缓解了农村社会的贫困状况，缩小了贫富差距，缓和了社会矛盾和冲突。德国农村社会保障的指导思想是以预防为主的，因此德国比较重视事前预防和风险预警，注重防止因优厚的福利待遇而使农民产生对社会保障的依赖，从而影响农民生产、工作和学习的积极性。此外，德国政府还通过各种途径，给予农民自力更生的机会，从而提高其生活和生产水平。我国农村社会保障制度的全面建立虽然刚刚起步，还未达到较高的保障水平，但是也应该提前做好预防工作。要在保障农民基本生活的基础上，增加农民的就业机会，提倡农民靠自己的努力来提高生活水平，大力宣传“自己动手，丰衣足食”而不能单纯依靠政府的社会保障的观念。

（三）较好地界定了国家、社会、农民个人三者之间的责任

在德国农村社会保障制度的构建和运行过程中，国家政府起着主导作用，并且担负着一定的补助社会保险金的责任。在德国，农村社会保障制度实行资金自助模式，农民个人必须缴纳参加各项社会保险所需的部分费用，缴纳的费用占总费用的20%到50%不等；社会团体、组织和企业也在国家的鼓励下给

予农村社会保障制度必要的财政支持。这种国家、社会、农民个人之间共同分担的责任机制增加了社会保险金的收入金额，大大减轻了政府的财政压力。德国的经验表明，社会保障制度的建立和完善不能完全依赖国家提供优惠政策和财政支持，农村社会保障也是每个农民应该承担的义务。在我国，农村社会保障也应该坚持国家、社会、农民个人三者共同负担的原则。但是，根据我国农村的现实状况，目前还是应该以国家和社会负担为主，以农民个人负担为辅，因为我国农民的收入水平、生活水平和生产力水平仍然较低。更为重要的是，我国要充分发挥社会团体特别是非政府组织和民间组织的力量，增加对农村社会保障的资金投入，为农村社会保障制度的顺利实施提供充足的资金来源。

（四）拥有较为完善的立法，确立了权利与义务对等的关系

与日本的农村社会保障制度相似，德国农村社会保障制度的每个项目都是通过立法而建立的，并且在实施农村社会保障的过程中也是依据法律法规进行的。由于法律具有一定的权威性和强制性，实施社会保障的主体必须按照法律规定执行，农民个人参加各种社会保障项目也就成为了一种法定义务。这就实现了农民参加社会保障制度的权利与义务之间的平衡，防止政府机构过多地进行行政干预，提高了农村社会保障的制度化和规范化程度。

德国社会保障制度的相对成功离不开完善的法律体系的支撑，而我国社会保障的法制建设尚任重而道远。[①] 我国目前并未建立起农村社会保障的法律体系，从而使得农村社会保障工作无章可循，随意性较大，缺乏规范性和有效的监督。只有建立起完善的法律体系，才能明确农村社会保障主体的权利、义务、范围和职责，农村社会保障制度才能更加规范地实施。因此，必须加快我国农村社会保障的法制化进程，使农村社会保障工作有法可依、有章可循；同时，以法律的权威防止滥用国家权力和徇私舞弊现象的发生。

（五）由专门的社会保险机构进行自治管理

德国社会保障体制最具特色的地方，是由专门的社会保险机构负责，并实行自治管理。德国农村的社会保障由专门的社会保险机构管理，政府并不

---

① 王冶英、矫立辉：《德国社会保障制度的成功经验及对我国的启示》，载《聊城大学学报》2008 年第 2 期。

直接参与。社会保险机构具有独立的法人地位，能更好地代表农民个人的利益，较为专业，有利于提高管理工作的规范化，防止政府工作人员从中谋取私利。但是，德国农村社会保险机构林立，机构和人员繁杂，也在一定程度上降低了工作效率。

目前，我国的社会保障管理制度呈现出“劳动部门管理城镇企业社会保险，人事部门管理机关事业单位社会保险，民政部管理社会救济、社会福利、优抚安置和农村（包括乡镇企业）社会保障，这样一个社会保障管理体制的‘三驾马车’的基本格局”①。我国大部分农村地区还没有设立专门的社会保险机构，仍然由地方基层政府承担着管理农村社会保障的工作。由于部分基层政府工作人员的专业素质和能力较低，并不能很好地行使管理和运作社会保障的责任，借鉴德国的经验，我国应该设立专门的农村社会保障机构，建立农村社会保险基金，规范农村社会保险基金的收支，以保证农村社会保险基金的良好运转。

第三节　加拿大农村社会保障制度

加拿大是一个奉行自由主义福利体制的国家，其社会福利体制相当发达。这与加拿大已经形成的一套完整和规范的社会保障制度是分不开的。目前，加拿大社会保障制度已成为国家经济和社会生活的一个重要组成部分，起着稳定经济和安定社会局面的重要作用。加拿大拥有先进的农村社会保障体系，而农村社会保障体系的核心就是农村社会保险制度。

一、加拿大农村社会保障制度的建立与发展

加拿大的社会保障制度起步虽然比较晚，但是发展很快，如今已经形成了一套包括养老、医疗、就业、救济等保险项目在内的比较完善的社会保障制度，在世界上享有很高的声誉。第一次世界大战以后，西方各个国家的经济发展遇到很大的阻碍，经济危机带来的失业问题日益严重。同时，随着人口老龄

① 刘文海：《发达国家社会保障制度》，时事出版社2001年版，第244页。

化问题的发展，加拿大公民特别是老年退休者的基本生活难以保障。一方面，靠工业发展起来的资本家拥有大量资产；另一方面，越来越多的公民受资本家的压迫和剥削，难以维持家庭的基本生活。贫富差距拉大，激化了阶级矛盾，增加了社会不稳定因素。于是，“自由放任”和个人主义理念受到社会公正和对整个群体利益关心的观念之挑战。[①] 因此，加拿大政府不得不在全国范围内实施社会保障制度，以增加公民的社会福利，保障公民的基本生活需求，尽量缩小贫富差距，维持社会稳定。当时社会保障计划的内容比较单一，仅对年满70岁以上的老年人给予一定的补助。这就是当时通过的《老年补助法》。[②] 之后，1929—1933年的全球经济危机加剧了社会动荡，市场经济的弊端日益凸显，政府不得不对国家经济进行一定的干预。这就促使加拿大的社会保障制度有了进一步的发展。二战以后，加拿大逐渐发展并建立起了比较完善的社会福利制度。

20世纪40年代到50年代，是加拿大社会保障制度的设计期。加拿大开始规划社会保障体系的原因在于以下几个方面：第一，受经济危机和二战的影响，加拿大国内经济萧条，失业率大增，加上政治上人们开始对资本主义制度产生怀疑，甚至要求建立“社会主义”的政府，因此政府只有加强对国家经济的干预，重视并规划社会保障工作，减少失业率，复苏国家经济，才能使公民看到希望，才能稳定社会秩序。第二，经济危机的发生引起了越来越多的政治、经济学家的思考和反思。“政府干预”的思想以及实施社会保障的理论引起了公众和政府的广泛关注，为加拿大社会保障制度的规划和实行提供了思想理论基础。

20世纪50年代到60年代，是加拿大社会保障制度的发展期。以1951年议会通过的《老年保障方案》为标志，加拿大政府依次建立了老人所得保障、联邦政府注册退休储蓄计划、国民年金、职业灾害保险、社会救济等社会保障制度，特别是在残疾人的社会保障方面有了较大的进步。这一时期的加拿大社会保障制度形成了基本的社会保障框架，增加了社会保障的种类，扩大了社会

① 杨晓锋：《论美国加拿大的社会保障制度》，载《人民与法》2011年第11期。

② 张彬：《加拿大社会保障制度及改革趋势》，载《世界经济》1996年第11期。

保障的覆盖范围。所以，至今人们普遍认为这一时期是加拿大社会保障制度发展的“黄金年代”。[1]

加拿大农村社会保障制度的建立和发展，经历了一个从以社会救济为主到以社会保险为主的转变过程。由于农业生产的特殊性，不易判断农民是否失业，因此农民不能加入失业保险；农民因无固定雇主，不能受职业灾害保险和职业团体年金制度的保障，但从政治和社会的角度考虑，又不能忽视农民的福利，因而，加拿大于50年代末期逐步设立农民所得“安全网计划”。[2] 20世纪70年代以后，加拿大农村社会保障制度随着社会环境的变化而不断地改革和完善。到20世纪90年代，加拿大所实施的农村社会保障政策一直是以社会救济为主。90年代以后，政府开始分担农民的社会保险费用，以支持和帮助农民参加各项社会保险。农村社会保障制度开始转向以社会保险为主。政府对农民社会保险的支持和帮助，提高了农民参与社会保障的积极性，扩大了农村社会保险金的投入，使农村社会保障制度逐步健全和完善，农村社会保障工作也更加顺利地实施。

二、加拿大农村社会保障制度的主要内容

加拿大农村社会保障制度是一个复杂的系统，覆盖面比较广泛，既有面向全体农民的，也有针对不同群体的。当前，加拿大政府实行的农村社会保障制度主要有失业保险、养老保险、医疗保险、儿童福利、家庭津贴和残疾抚恤等。然而，由于加拿大农业人口占加拿大总人口的比例较少，农业的发展较为缓慢，因而政府需要给予农民更多的补贴。

（一）养老保险制度

加拿大的农村养老保险制度主要包括三个方面的内容。一是老年收入保障计划，其保险费用来源于国家税收，这部分收入主要占退休前工资的14%。该项计划主要有三项支出：第一，老年保障金，其受益者是年满18周岁以后

---

① 尹世洪：《加拿大社会保障制度沿革》，载《江西社会科学》1995年第8期。

② 丁文萱：《加拿大农民所得政策及对我国农村社会保障制度建设的启示》，载《东方论坛》1999年第3期。

在加拿大居住10年以上且年龄达到65岁以上的退休职工（包括农场职工）；第二，收入保障补贴，主要对象为低收入的老年人，比较有针对性；第三，配偶或鳏寡补助金，在某些特定的情况下，对其配偶或者对鳏寡老人给予补助，保障其基本的生活。二是退休金计划，这项保障费用来雇主和雇员的缴费。政府规定凡年满18周岁已参加工作的雇员须缴纳工资收入的2.95%作为将来退休的福利，雇主也按照同样的比例出资。这主要占退休前工资的25%。三是私人养老金，该项社会保险金主要占退休前工资的35%。其在农民群体中最常见的一种形式就是加入国家提供的类似年金的储蓄计划，另外，农民如果有足够的经济基础也可以自己投保，制订一个属于自己的个人养老金计划。据统计，一个加拿大人退休后，其基本收入每年平均为27000加元至28000加元。①

（二）医疗保险制度

加拿大实行全民医疗健康保险制度的指导思想是人们不应该因为没有钱或缺乏使用医疗机构和医务人员的便利条件而得不到必要的服务。加拿大的医疗保险制度以公费医疗为主。其资金筹集的23%来源于联邦政府，52%来源于省政府，35%来源于私人医疗保险费。加拿大的医疗保险制度主要包括医院提供的住院和私人医生提供的门诊医疗等服务。但是，农民在住院和医疗保健期间所用的药费则由自己承担，年满65周岁的农民可免收药费。加拿大联邦政府虽然从法律上规定了医疗服务的标准，但是并不直接实施管理，而是由省政府根据联邦政府制定的法定标准提供医疗服务，管理医疗保险事业。在具体工作上，省政府根据每个医院安装的设施水平和功能，核定批准预算，拨款给医院。无特殊情况，医院不得追加预算，也不得拒绝为农民看病。加拿大的农村医疗保险制度使农民的费用负担很少，不会使农民因医疗、疾病等问题而降低其生活水平。

（三）公共救助

公共救助计划是加拿大最早的社会保障形式之一，是以家庭收入调查为基础来确定救助对象的一种社会救助计划，也是自由主义福利体制国家的一个长期的传统。其主要内容包括贫困救助、儿童救助、妇女救助和老人救助等。加

① 仇雨临：《加拿大社会保障制度对中国的启示》，载《中国人民大学学报》2004年第1期。

拿大的农村社会救助主要是针对没有达到最低生活保障的农村社会弱势群体的救助，救助的资金来源于各级政府的税收，给予生活贫困或亟需帮助的农村家庭或个人一定的补贴，从而使他们达到最低限度的生活水平。

（四）农村家庭补助金和教育福利

家庭补助金是针对加拿大所有未满 18 周岁子女所在的家庭以及单亲家庭提供的一项全民福利计划，不论其家庭条件是否优越都可以获得此项津贴。津贴每年为 300 多加元，成为加拿大家庭的一项收入。同时，为了减轻农民的家庭负担以及保障儿童受教育的权利，加拿大农民或永久居民的农民子女从小学到中学全部是免费教育，并且可享受高水平津贴的高等教育。其经费主要来自房地产税收和政府的补助。这项制度不仅提高了全民的受教育水平，而且也大大减轻了农民家庭的教育负担，切实保障了农民的利益。

（五）残疾抚恤制度

对残疾人的补助和抚恤是加拿大社会保障制度的一大特色，其对象为，在工作期间至少缴纳了 4 年保费的 18 岁到 65 岁之间的残疾人和其未成年子女，与其他的社会保障制度不同，该项制度补贴需要申请并且经过批准后方能得到。抚恤金的最高金额为每月 883 加元。该项社会保障制度保障了那些因残疾而无法正常工作的人的生活水平，特别是对于残疾农民来说，是很大的一笔收入。

三、加拿大农村社会保障制度的问题分析

众所周知，加拿大是世界上社会福利比较优厚的国家之一，其社会保障覆盖范围广，社会保险种类多。但是，随着国际和国内环境的发展变化，较高的社会福利给加拿大政府和社会带来了巨大的负担。目前，加拿大的农村社会保障主要面临着两个突出的问题。

第一，人口老龄化问题的加剧以及加拿大自身高福利的农村社会保障，加重了政府的财政压力。人口老龄化问题的加剧不论在养老保险还是在医疗保障方面都产生了巨大压力。一方面，人均寿命的延长和老年人口的增多使得领取养老保险金的人数和年限都大大增加。这在很大程度上增加了政府用于养老保障的社会补助，从而增加了政府的财政开支，容易造成财政赤字。另一方面，

老年人口需要的医疗保障和服务较多，再加上医疗技术的进步，使得加拿大医疗保障方面的资金大大增加。另外，失业问题的日益加剧不仅使政府的财政支出增加，也不利于人力资源的合理利用和社会稳定。

第二，优厚的农村社会福利只能以高税收为基础，增加了农民的负担。在任何国家，高福利的社会保障一般都是以高税收为代价的，因为政府很难独立支付较多的社会福利和社会补助。优厚的社会福利增加了政府的财政负担。在1994—1995年财政年度，加拿大联邦和各省的负债已达7800亿加元。[①] 因而，政府不得不通过增加赋税和提高农民个人缴纳保险费的比例来减轻自身的财政问题，防止财政赤字。这样做不但未能有效地缓解加拿大农村社会保障制度存在的资金短缺问题，反而使农民失去了对政府的信任，降低了农民参加社会保险的积极性。此外，较高的社会福利导致农民个人产生惰性，只想收获，不愿付出；只想享受权利，不想履行义务，以致一些经济学家呼吁改革加拿大现行的社会保障制度。

另外，加拿大的农村社会保障制度还存在妇女社会保障问题和医疗体制的问题。在妇女社会保障问题上，老年女性的收入水平较低，对老年女性的保障明显不足。由于有些老年女性不参加工作，养老保障制度则把这部分人排除在外，使其不能享受国家提供的社会保障。在医疗体制上，缺乏竞争和利益约束机制。虽然加拿大实行城乡一体化社会保障制度，但是在管理方面却实行分层管理，容易导致资源分配不均，不利于农村社会保障制度公平合理地实施。

从理论上来讲，解决上述问题的根本在于减少社会福利，缩减政府开支，加大政府投入，加强财政监督，增加农民税收。但是，这些做法在实际的实施过程中容易引发其他连锁反应，使国家的财政陷入恶性循环的状态。这是因为，各种做法之间虽然可以相互补充，但也会造成矛盾冲突。首先，增加农民税收会给农民带来更加沉重的负担，使农民对社会保障产生反感的心理，也不利于经济的发展。其次，要想加大政府投入，就必须保障国家经济社会的有效发展。再次，减少社会福利既破坏了构建农村社会保障制度的初衷，也不利于社会和谐稳定。最后，缩减政府开支不利于社会其他政策项目的发展。总的来

① 郑定栓：《加拿大的社会保障制度》，载《财政》1995年第5期。

看，要处理好政府与市场之间的关系，一方面，要继续实施农村社会保障政策，尽量不破坏农民的利益；另一方面，要充分发挥市场的调节作用，逐步改革农村的社会保障制度，使其更好地适应国家的发展和农民的需要。

四、加拿大农村社会保障制度的成功经验

虽然加拿大社会保障制度从起步到发展、完善只有短短 40 多年的时间，但是加拿大目前已经成为发达资本主义国家中社会保障制度较为完善的国家之一。其社会保障体系也有自己的特点，覆盖面广，保障水平高，社会福利优厚，保障经费由国家、社会和个人共同承担。最主要的是并没有照抄照搬别国的做法，而是在借鉴他国经验的基础上，从本国实际出发，不断健全和完善社会保障制度，在社会保障制度发展和理论创新方面做出了重要的贡献。具体来说，加拿大农村社会保障制度具有以下的成功经验和启示：

（一）明确的价值理念

价值观念是行动的指标，对人们的行为具有重要的导向作用。加拿大农村社会保障制度一直秉持着公平、民主、责任、互助的理念，并在其政策实施过程中也一直坚持着这些价值观念。这些理念为加拿大农村社会保障的实施指明了方向。加拿大农村社会保障制度自建立起就与整个社会保障体系相统一，并且逐渐形成了包括公平、权利平等、自由等在内的价值观念。有评价说：“加拿大是一个将公民的福利放在资本主义利润之上的国家，所有人的生命平等比几个经济繁荣更重要。”① 虽然加拿大农村社会保障制度仍处于不断地调整和变革的过程中，但是其基本的价值理念并没有改变。对于我国来说，城乡二元结构的存在，更加需要我们在构建农村社会保障制度的过程中，确立明确的方向，坚持公平、民主的原则，制定长期的战略目标和计划，为分步骤地完善和更好地实施农村社会保障制度奠定良好的思想理论基础。

（二）联邦政府、省政府及市政府共同管理

加拿大农村社会保障制度的管理机构主要由联邦社会福利部、各省的社会服务局和县市的分支机构组成。由此可见，加拿大农村社会保障是由联邦政

① Joanne C. Turner&Francis J. Turner：Canadian Social Welfare. Pearson Education Canada，2001。

府、省政府以及市政府共同管理的。在职责分配上，加拿大的相关社会保障法律规定，联邦政府主要负责制定全国的社会保障计划，规定联邦的福利、保障项目以及享受的条件；省市政府必须统一执行联邦政府制定的社会保障计划；此外，省市政府还可以通过地方立法来确定本地区的社会福利项目。这种管理体制是社会保障管理体制的一种比较有特色的管理形式。对于我国而言，农村社会保障制度要注重把握好政府、社会和农民个人之间的关系；由中央和地方互相配合，共同分担责任；同时充分发挥社会和农民个人的作用，加强农民和社会对政府部门及其相关工作人员的监督，以防止他们在管理的过程中滥用职权，破坏农村社会保障制度本身的公正性。

（三）全面多样的制度形式和多元化的社会保障

纵观加拿大社会保障制度的结构，其特点之一就是它是全民性的。[①] 其中，最典型的就是加拿大医疗保险制度实施全民医疗，所有的加拿大公民都可享受此项社会福利政策。同时，加拿大的农村社会保障制度形式多样，不仅有公共性质的，还有私营服务；不仅有覆盖全体农民的，还有针对个别农民群体的保障制度，并且充分依靠政府与市场、政府与非营利组织的分工合作，通过政府、社会、个人共同分担的方式，实现了多元化的农村社会保障，在为农民提供多种选择路径的同时也促进了社会的交流、和谐与稳定。我国目前的农村社会保障体系主要由政府同时充当政策制定者和执行者的角色，没有充分发挥社会的力量，没有使社会团体、企业和农民个人参与到农村社会保障计划的制订和执行中。政府要充分发挥社会团体、企业和农民个人的作用，为他们提供参与的途径和渠道，充分听取他们的意见和建议，鼓励他们支持农村的社会保障事业。这样，我国的农村社会保障制度才能朝着多样化、全面化的方向发展。

（四）与经济协调发展

传统观念中，经济发展与社会保障制度似乎是一对矛盾。一方面，社会保障制度占用了更多的经济资源，增加了劳动力成本，削弱了国家的经济竞争力；另一方面，社会保障制度又弱化了人们工作的动机和竞争意识，使人变得

① 仇雨临：《加拿大社会保障制度对中国的启示》，载《中国人民大学学报》2004 年第 1 期。

更加懒惰，造成人力资源的浪费。[①] 但是，加拿大的经验表明，社会保障制度的健全和完善与经济的发展是可以相互协调、相互促进的。因此，我国在构建农村社会保障制度的过程中，仍然要始终坚持发展是硬道理的原则，不断解放和发展生产力，大力发展农村经济。一方面，这为我国的农村社会保障事业的顺利进行创造良好的物质基础；另一方面，这使我国的农村社会保障的各项政策能够与经济的发展相互协调，使农村社会保障制度的实施产生更好的效果。

第四节　国外农村社会保障制度建设与发展的经验启示

一、农村社会保障制度的建立要与我国的经济发展相适应

国外农村社会保障制度建设对我国的最大启示，就是在构建农村社会保障制度的过程中要有明确的理念和方向，并且从本国的实际出发，适应本国的发展需要，而非照搬别国模式。农村社会保障制度的建立和实施与经济社会的发展存在密切的联系。一方面，农村社会保障制度的建立和完善是经济社会发展到一定阶段的产物。经济社会的持续发展有利于解决人口老龄化带来的农村社会保障资金严重缺乏的问题，也有利于提高农村居民的生活水平，进而提高农村自身的社会保障水平。另一方面，农村社会保障制度的完善和顺利实施有利于促进农村经济社会的发展，并且在一定程度上起到稳定社会经济秩序的作用，成为促进经济发展的条件和基础。由此可见，农村社会保障制度的建立和完善必须与社会经济发展水平相适应。农村社会保障制度的建立过快或过慢，保障水平过高或过低，都不利于农村经济的发展。农村社会保障水平过高，国家难以承受，会增加政府、社会和农民个人的负担；农村社会保障水平过低，不能满足农民的社会保障需求，不仅不利于农村社会的稳定，最终会造成农民对政府的不信任，而且不利于社会稳定和经济发展。

立足本国的实际，我国在构建农村社会保障制度的过程中，要充分考虑本

① 仇雨临：《加拿大社会保障制度对中国的启示》，载《中国人民大学学报》2004 年第 1 期。

国的经济、政治、文化因素，特别是农村地区的现实因素的影响；树立明确具体的价值观念。与国外农村的现实情况不同，虽然近几年，我国农村的经济发展水平有了较大提高，但与国外发达资本主义国家相比，我国农村人口占总人口的比重较大，农村的经济发展仍然比较落后，经济承受能力较低，因此我们还不能完全照搬国外构建农村社会保障制度的实践经验，要在借鉴国外成功经验的基础上，从我国农村的实际出发，构建适合我国国情的、具有中国特色的农村社会保障体系。更为重要的是，我们不能仅仅看到国外农村社会保障制度成功的方面，其在构建和完善的过程中也存在不足，因此我们不仅要借鉴国外农村社会保障制度的成功经验，更要重视其失败教训，重视研究其产生问题的原因以及解决的对策，做好预防工作，以防止类似问题的发生。

具体来说，要使我国农村社会保障制度建设与农村社会经济发展水平相适应，必须坚持循序渐进的原则，分步骤、分阶段地实施农村社会保障工作，逐步推进我国农村社会保障事业的发展。国外农村社会保障制度的成熟和完善也不是一蹴而就的，在不同的发展阶段实施不同的政策，进行相应的改革。因此，我国应在制定社会保障总体发展战略的基础上，随着经济的发展而不断调整政策，适度发展农村社会保障，使我国的农村社会保障能够适应经济社会的发展，发挥其最优效应。此外，国家的经济实力才是提高农村社会保障和农民福利水平的关键。我们应该大力发展经济，提高我国的经济实力和国际竞争力，以逐步提高我国农村的社会保障水平。

二、农村社会保障制度应有明确的立法作保障

要确保农村社会保障制度在实施过程中的规范性和稳定性，并充分发挥其积极作用，就必须通过一定的法律形式来进行调整和规范。从各国农村社会保障制度的产生和发展来看，法律先行是一个显而易见的事实。[①] 各国都制定了关于农村社会保障制度方面的法律法规，通过立法明确规定了农民享受社会保障的权利，对各类社会保险的项目、对象、费用来源、管理机构等都以法律形

① 周振、谢家智：《国外农村社会保障制度比较及对重庆的启示》，载《重庆社会科学》2007年第12期。

式确定下来，并确立了政府、企业、团体组织以及农民个人的责任和义务。值得关注的是，大部分发达资本主义国家都是通过颁布法律规范的形式来建立农村社会保障制度的，特别是日本的农村社会保障，几乎每项社会保险都有相对应的法律规范作保障，并且都是通过法律法规来确定的。也就是说，国外农村社会保障是先有了法律，然后再有农村社会保障制度。从某种意义上说，法律法规孕育了农村社会保障制度。在实际的运作过程中，农村社会保障的法律法规主要起到以下三个方面的作用：第一，法律法规使农村社会保障不论在其制度本身还是在政策的实施上，都更加规范、稳定，提高了农村社会保障的制度化水平。任何制度都具有突发性和随意性，而法律的规范性可以弥补农村社会保障制度的不确定性，使农村社会保障朝着有序、规范的方向发展。第二，有利于对农村社会保障工作的监督。法律法规规定了实施农村社会保障的具体程序以及保险基金的来源。规范透明的程序能够有效避免社会保障资金去向不明以及相关部门工作人员乱收保险费用的现象，也能够有效规范政府行为的随意性，防止因主观意愿而损害农民基本的社会保障权利。第三，法律法规的制定能够在农村形成良好的法治环境，增强农民的社会保障意识。法律法规让农民能够明确自己的社会保障权利和义务。这样在农民的社会保障权利受到侵犯的时候，农民为了维护自己的权利可以向相关机关提起申诉。同时，法律法规的规定可以让农民充分了解农村社会保障制度给农民的各项福利政策，增强农民支持和参与社会保障的积极性，提高农民的社会保障意识。

目前，我国农村社会保障制度的发展进程比较缓慢。其中一个重要原因就是没有建立起统一完善的农村社会保障法律体系，农村社会保障的相关法律法规滞后。因此，要加强我国农村社会保障的法律建设，建立一个严明的法律环境，分别制定农村社会保障项目的法律法规，明确农民各项社会保障的范围、获得保障的标准或资格以及经费来源等，进一步规范农村社会保障的基金运转程序，使农村社会保障工作切实做到有法可依、执法必严、违法必究。此外，也要规范政府行为，防止农民的合法权益受到侵害。农村社会保障法律体系的建立和完善，能够促进我国社会保障的法制建设，保证农村社会保障的长期性、有效性和可持续性，保证农村社会保障工作的规范化，促进社会和谐稳定。

三、农村社会保障管理体制方面的借鉴

农村社会保障管理体制是确保农村社会保障各项政策有效实施的关键所在。从国外来看，各国都非常重视建立和完善农村社会保障的管理体制，但由于经济、政治、文化等方面因素的差异，各国所采取的社会保障管理模式是不相同的，归纳起来主要有以下三种模式：

一是政府直接管理模式。政府直接管理模式是指农村社会保障制度主要由中央政府部门统一管理，并且实施统一的社会保障管理体系。不论是农村社会保障制度的资金运转还是政策实施都由政府直接管理。政府不仅负责制定农村社会保障的一系列政策法规，管理农村社会保障的具体事务，还要保证农村社会保障的正确实施，并对农村社会保障的运作过程进行必要的监督。这种模式又分为两种类型：一种是集中管理，由一个专门的社会保障管理机构统一管理农村的社会保障工作。英国是该种类型的典型代表。另一种是分散管理，由几个相互独立的社会保障管理机构和部门分头管理，各自拥有一套管理体制。德国是这种类型的代表。

二是政府与非政府组织共同管理模式。政府与非政府组织共同管理农村社会保障事务。在责任分配上，政府主要负责农村社会保障工作的政策和立法工作，并进行监督；非政府组织主要负责具体的农村社会保障事务管理。农村社会保障管理委员会一般由雇主、雇员和政府三方代表组成，在管理方式上实施立法监督与具体事务相分离的原则。法国是该模式的典型代表。

三是以私营公司为主的管理模式。这种管理模式是在农村社会保障立法和政策制定的前提下，由私营公司来管理农村社会保障的具体工作。政府不介入社会保障的具体管理工作，只需进行一般的监督。这种模式独立性较强，以智利为代表，实行完全基金制的私有化管理。国家的作用已经从直接提供养老保险转变为只制定法规、实施监督和某种程度上对私有化养老金制度的担保，这也是世界农村社会保障改革的一种趋势。

综上所述，国外农村社会保障管理体制的社会化、科学化、系统化和规范化，不仅能够有效地提高农村社会保障制度的运作效率，而且对农村社会保障制度的可持续发展具有重要作用。因此，借鉴国外经验，我国应注重农村社会

保障管理体制的建设。目前，我国农村社会保障管理体制主要存在权责划分不明晰、政策缺乏统一性、管理和监督能力低等问题，从而导致我国农村社会保障制度管理混乱，有些农村社保项目没有真正落实等不良后果。借鉴国外农村社会保障的管理模式，结合本国农村实际，我国应该建立集中与分散管理相结合的管理模式，科学地进行制度设计，建立一套统一的农村社会保障管理体系，正确处理好中央与地方的关系，提高政府特别是基层政府的管理能力；在统一的社会保障管理思想的指导下，由各基层政府或者社会公共组织管理农村社会保障工作的具体事务，建立权责分明、相对统一的农村社会保障管理机构，既能保证农村社会保障的统一管理，又能调动地方实施社会保障工作的积极性，为我国实施农村社会保障工作提供良好的基础。

四、建立多层次、多元化的农村社会保障模式

目前，世界各国的社会保障主要有以下四种模式：以德国、美国、日本为代表的保险型社会保障模式，以英国、瑞典等国家为代表的福利型社会保障模式，以新加坡、印度、马来西亚等国家为代表的储蓄型社会保障模式，最后一种模式则是以中国、朝鲜、蒙古为代表的国家型社会保障模式。有些国家的农村社会保障统一于国家的总体社会保障体系，有些国家的农村社会保障则独立区别于其他的社会保障体系。总体来说，国外对我国农村社会保障制度的经验借鉴主要体现在以下方面：首先，发达资本主义国家实施的多层次社会养老保障制度以及在农村医疗保障机制上的创新对我国构建新型的农村社会保障模式具有一定的借鉴意义。多层次的社会养老保障制度使农村养老保障的覆盖范围更加广泛，对各种条件和情况的农民都有了一个比较全面的规定。惠及全民的医疗保障体系更加体现了农村社会保障制度的优越性。其次，国外比较重视政府与农民个人的责任分担，也注重社会保障制度与市场机制的结合，充分发挥市场的作用，使农村社会保障的实施主体向多元化方向发展。最后，农村社会保障的政策制定要量力而行，模式的选择要适合本国国情。我国应借鉴美国等实行最低生活保障的经验，量力而行，努力探索和建立有利于社会主义市场经

济发展的多形式社会保障体系，即国家建立起能维持最低生活水平的基本保障。①

借鉴国外的农村社会保障模式，我国应该采取多层次、多元化的农村社会保障模式。但是，我国农村与国外农村所面临的具体情况不同。这就决定我国在农村社会保障的各项具体政策上不能照搬国外模式，要根据我国农村的特征，建立具有中国特色的农村社会保障模式。首先，我国农村人口占总人口的70%左右，农村人口压力大；而国外发达资本主义国家的农村人口占总人口的比重较小。这就决定我国不能采取国外政府高补贴的农村社会养老模式。其次，由于我国非农业化趋势的发展，土地收入在我国农村家庭收入中的比重逐步减少，我国的农业生产和土地保障面临着政策制定难、实施难的问题，各项制度标准难以确定；而国外农村社会生产能力和现代化水平较高，其对农业和土地的各种社会保险比较容易实施。最后，随着人口老龄化问题的产生以及我国工业化、城镇化的发展，农村的社会经济结构发生较大变化，家庭保障的功能逐步弱化，难以适应农村老年人口增加的现状。

建立覆盖全体农民的多层次、多元化的农村社会保障模式是一项长期而艰巨的任务。要在借鉴国外成功经验的基础上，根据我国农村经济社会发展的现状，将农村社会保障制度与市场机制相结合，充分发挥家庭保障与土地保障的作用，建立具有中国特色的多层次、多元化的农村社会保障发展模式。

五、农村社会保障资金的管理与筹措

农村社会保障资金是保障农村社会保障制度落到实处的财政基础，因而我国应该加强对农村社会保障资金的管理，拓宽农村社会保障资金的筹措渠道。目前，大多数西方发达国家在农村社会保障的实施中都给予了强有力的财政支持，对促进农村社会保障制度的发展起到了积极的作用。在社会保障资金的运营和管理上，发达国家大多采取积累式的基金制，通过科学测算，制定出各项社会保险的合理标准；然后将筹集的资金集中起来建立各项基金，事先储存，

① 许康平等：《借鉴国外社会保障模式经验，构建中国特色社会保障制度》，载《大众科技》2008年第10期。

为今后的保险给付作充分准备。[①] 这种方法有效保证了资金的运转效率，但是有些国家也存在农村社会保障资金匮乏、浪费严重的现象。结合国外经验，我国应该建立一个统一的农村社会保障基金管理体制，规定统一的管理标准，防止分散管理带来的资金管理混乱和私自挪用资金的现象，提高社会保障基金的管理效率，加强对农村社会保障资金的监督，保障农村社会保障资金切实用到实处。

在农村社会保障资金的筹措上，发达国家虽然大都采取了多渠道的筹措方式，但还是以政府补助为主。借鉴国外农村社会保障资金筹措的经验和教训，我国应该建立政府、集体和农民个人相结合的多元化的农村社会保障资金筹集方式。具体来说，主要包括以下几点：首先，加大政府的资金投入。政府在农村社会保障的工作中仍然承担着主要责任，因而应该加大对我国农村社会保障的支持力度；同时，建立健全农村社会保障资金预算机制，以促进农村社会保障资金筹集的规范化。其次，加强农村社会保障资金筹集的社会化建设，探索农村社会保障基金保值增值的新渠道，鼓励、支持社会集体或个人为农村社会保障工作做贡献。再次，开征社会保障税是大多数国家采取的筹集农村社会保障资金的主要方法。到目前为止，世界上建立社会保障制度的 170 多个国家中，约有 140 个国家开征了社会保障税。[②] 借鉴国外经验，我国应该适时开征农村社会保障税，以增加我国农村社会保障的资金来源，稳定农村社会保障的财政收入，防止出现财政赤字。最后，我国农村社会保障资金是否充足还依赖于我国的经济实力和综合国力的强弱。因此，我国应该大力发展经济，以经济建设为中心，为我国农村社会保障的实施提供良好的经济基础。

六、城乡一体化的问题

国外大多数发达国家拥有比较完善的城乡一体化的社会保障体系，其农村社会保障制度的确立深刻体现了公正、公平、平等的原则。1942 年的《贝弗里奇报告》在社会保障制度的发展历史上，第一次提出了建立覆盖全体国民、

① 余小平、王玲：《社会保障资金管理体制的改革与对策》，载《财政问题研究》1997 年第 4 期。
② 朱德云：《国外社会保障制度及对我国的借鉴意义》，载《中国机关后勤》2002 年第 4 期。

城乡一体化的社会保障制度，也为其他国家此后的社会保障建设描绘出了初步框架。① 由于经济社会发展和二元结构的长期存在，我国在城乡社会保障制度的建立上产生了较大的差异，并没有真正体现公正公平，导致城乡差距进一步扩大，使农村社会保障制度的实施效率和效益都大大降低，引起了广大农民群众的普遍不满。因而，借鉴国外农村社会保障的成功经验，我国应该积极推进城乡一体化建设，在兼顾效率与公平的同时，保障我国城乡居民同等享受社会保障的权利。

长期以来，我国社会保障制度的建设主要侧重于城市，农村社会保障制度的建设工作才刚刚起步。由于农村人口比重较大，经济发展水平和生活水平落后于城市，因此我国应该把社会保障的侧重点由城市转移到农村，使社会保障政策和制度更多地倾向于农业和农民，从制度上消除城乡经济社会协调发展的障碍。目前来看，如何实现城乡社会保障制度之间的有效衔接成为我国城乡一体化建设的重中之重。在我国社会保障的制度设计上，应该更加注重城乡社会保障制度之间的协调与衔接，促进城乡经济协调发展。加快农村经济发展，缩小城乡差距，也是促进城乡之间和谐统一的必要策略。最后，也是最重要的是要加大政府在农村社会保障制度建设的资金投入，保证农村社会保障工作的顺利实施，从而逐步推进我国城乡社会保障体系的一体化进程。

① 李芳凡、廖成丽：《我国建立城乡一体化社会保障体系的时机选择——借鉴西方发达国家的历史经验》，载《南昌大学学报》（人文社会科学版）2008 年第 6 期。

第四章 CHAPTER 4

农村养老保障制度

◇ 农村人口老龄化与养老需求

◇ 农村养老保险制度

◇ 农村养老保障制度的辅助性安排

第一节 农村人口老龄化与养老需求

一、我国已经进入人口老龄化社会

（一）对我国是否进入人口老龄化社会的判断

1. 人口老龄化的概念。

人口老龄化（aging of population）是指总人口中因年轻人口数量减少、年长人口数量增加而导致的老年人口比例相应增长的动态过程。[①] 人口老龄化的具体标准是国际上通常把60岁以上的人口占总人口比例达到10%，或65岁以上人口占总人口的比重达到7%作为国家或地区是否进入老龄化社会的标准。

人口老龄化包括两个含义：一是指老年人口相对增多，在总人口中所占比例不断上升的过程；二是指社会人口结构呈现老年状态，进入老龄化社会。[②] 国际上的通常看法是，一个国家或地区60岁以上老年人口占人口总数的10%，或65岁以上老年人口占人口总数的7%，即意味着这个国家或地区的人口处于老龄化社会。

2. 我国已进入人口老龄化社会。

截至2011年年底，我国60岁及以上老年人口达1.85亿。预计到“十二五”末期，全国老年人口将增加4300多万，达到2.21亿。届时80岁及以上

---

① 侯晓娜：《从人口老龄化谈现代社会的养老保障体系》，载《传承》（学术理论版）2010年第9期。

② 侯晓娜：《从人口老龄化谈现代社会的养老保障体系》，载《传承》（学术理论版）2010年第9期。

的高龄老人将达到2400万，65岁以上空巢老人将超过5100万。[①] 按照国际上对人口老龄化社会的通常判断，无论是60周岁以上人口所占全部人口比例，还是65周岁以上人口所占全部人口比例，我国实际上已经进入人口老龄化社会。[②]

现在，人口老龄化问题是一个全球化问题，正纳入各国社会和经济发展战略之中。发展中国家的老龄化问题特别值得关注。正如前联合国秘书长安南所说的，“全世界正在经历着前所未有的人口转变。从现在起到2050年，老年人口的数量将从6亿增加到20亿左右”[③]。

（二）我国人口老龄化的特点

1. 提前达到高峰。

计划生育政策是我国的一项基本国策。为了控制人口的迅速增长，我国从20世纪后期开始推行计划生育政策，使得人口出生率迅速下降，加快了人口老龄化的进程。由于21世纪前半叶，人口压力仍然沉重，我国的计划生育基本国策不会发生变化，还要继续坚持。我国人口出生率从新中国成立后一直到2008年的近60年时间里，一直呈现持续下降状态。其结果将不可避免地使中国提早达到人口老龄化高峰。

中国人口出生率[④]

年份	人口出生率（‰）	少子化程度
1949	36.00	超多子化
1965	37.88	超多子化
1970	33.43	超多子化
1975	23.01	超多子化
1980	18.21	多子化

① 刘吉香：《日本“穷忙族”问题对中国经济发展的启示》，载《科技致富向导》2012年第3期。

② 贺小武：《长沙市社区居家养老服务模式与发展策略研究》，中南大学学位论文，2008年。

③ 聂华林、杨建国：《中国西部农村社会保障概论》，中国社会科学出版社2002年版，第254页

④ 2009年中国卫生统计年鉴。

（续表）

年份	人口出生率（‰）	少子化程度
1985	21.04	超多子化
1990	21.06	超多子化
1992	18.24	多子化
1993	18.09	多子化
1994	17.70	多子化
1995	17.12	多子化
1996	16.98	正常
1997	16.57	正常
1998	15.64	正常
1999	14.64	少子化
2000	14.03	少子化
2001	13.38	少子化
2002	12.86	严重少子化
2003	12.41	严重少子化
2004	12.29	严重少子化
2005	12.40	严重少子化
2006	12.09	严重少子化
2007	12.10	严重少子化
2008	12.14	严重少子化

注：人口出生率，21.0‰以上为超多子化；21.0‰—19.0‰为严重多子化；19.0‰—17.0‰为多子化；17.0‰—15.0‰为正常；15.0‰—13.0‰为少子化；13.0‰—11.0‰为严重少子化；11.0‰以下为超少子化。

2. 提前进入老龄化。

先期进入老龄化社会的一些发达国家，目前人均国民生产总值达到20000美元以上，呈现出“先富后老”的状态。这为解决人口老龄化带来的问题奠定了经济基础。而中国进入老龄化社会时，虽然经济总体实力较强，但因人口众多，人均国民生产总值仅约3000美元，呈现出“未富先老”的状态。根据国家统计局2012年8月15日的报告，在我国2011年人均GDP达5432美元的情况下，我国在世界各国中仅仅排名第84位。[①] 再加上我国经济实力还不强，更增加了解决老龄化问题的难度。

3. 问题多、解决难度大。

十八大报告指出，我国在中国共产党成立一百年时要全面建成小康社会，在新中国成立一百年时要建成富强、民主、文明、和谐的社会主义现代化国家。要想完成这项光荣而艰巨的任务，建立和完善社会主义市场经济体制，任务非常繁重。经济和社会要可持续发展，社会要保持稳定，各种矛盾错综复杂，使得解决人口老龄化问题相对于发达国家和人口少的国家更为艰巨。[②]

（三）人口老龄化带来的挑战

随着人口老龄化进程的加快，人口老龄化对我国经济、社会、家庭等各方面产生的影响逐渐显现。人口老龄化给我国带来如下挑战：

1. 社会保障体系面临严重挑战。

由于城乡户籍二元制的存在，我国目前实行的社会保障制度，形成养老保险为三大类人群共存的局面。这三类人群相对应的社会保险为城镇职工参加的城镇职工基本养老保险、农村居民参加的新型农村社会养老保险和城镇居民参加的城镇居民社会养老保险。截至2011年年底，全国参加城镇职工基本养老保险人数为28391万人。其中，农民工参保人数为4140万人。全国27个省、自治区的1914个县（市、区、旗）和4个直辖市部分区县纳入国家新型农村社会养老保险试点，总覆盖面约为60%，共计3.58亿人参加新农保；全国27个省、自治区的1902个县（市、区、旗）和4个直辖市部分区县及新疆兵团开展国家城镇居民社会养老保险试点，总覆盖面约为60%，参保人数达到539万人（不含已开展城乡居民养老保险地区）。从基金结余角度分析，截至2011年年底，城镇职工基本养老保险基金累计结存19497亿元，新型农村社会养老保险年末基金累计结存1199亿元，城镇居民社会养老保险年末基金累计结存32亿元。[③] 如果参保人员和现有基金保持不变，基金结余较多，基金能够满足

① 资料来源于中华人民共和国统计局网站，http：//www. stats. gov. cn/。

② 谢益聪：《人口老龄化背景下西安市老年残疾人护理体系的研究》，西北大学学位论文，2010年。

③ 资料来源于人力资源和社会保障部官方网站，http：//www. mohrss. gov. cn/。

参保人员的待遇支出，但人口老龄化进程加快，老龄人口的不断增加意味着基金的支出随之增加。在基金保值增值能力不强，且CPI居高不下，人民群众期待获得更高养老保险待遇的情形下，人口老龄化给我国目前的社会保障体系带来了严重的挑战。

2. 对计划生育政策的质疑。

由于我国人口老龄化进程加快，社会各界对计划生育政策的质疑一直没有停过。有两种声音代表了计划生育政策对人口老龄化产生的影响。一种声音为放开二胎政策，缓解人口老龄化压力。一直呼吁我国人口政策调整的中国改革发展研究院教授易富贤，在一次题为《大国空巢——中国社会老龄化危机》的演讲中表示，中国实行的计划生育政策不利于可持续发展，应尽快停止。对中国未来经济发展而言，控制人口一方面会导致有效劳动力的减少；另一方面也影响人口增多带动的内需扩大，从而减少社会提供更多的就业机会。这使得劳动力短缺和劳动力过剩两种局面将在中国长期共存。南开大学人口与发展研究所所长李建民认为，“调整计划生育政策只是应对老龄化的措施之一。更长远的举措是完善教育体制，提高劳动者素质；同时不断完善劳动力市场，以及整个国家的医疗、养老等社会保障制度”①。还有一种声音为预计到2040年前后，中国老年人口将达到4亿人的峰值，占总人口的31%左右。目前，我国的人口出生率是1.7%—1.8%，即一对夫妇平均生1.7—1.8个孩子。即使从现在开始实行普遍的二胎政策，将出生率提高到2%，到2040年，也只能将老年人口在峰值时的比重由31%下降到29%，意义不大。② 所以，放开二胎政策对缓解老龄化可谓杯水车薪。不管专家如何认为，人口老龄化对计划生育政策的讨论一直在持续，应当引起关注。

3. 劳动力短缺导致就业受到影响。

在劳动力需求总数一定的情况下，适龄劳动力的供给与需求成正比。就业就越充分，经济就会可持续发展；若适龄劳动力数量减少，劳动力需求上升，则劳动关系就会出现问题。根据国家统计局2010年第六次全国人口普查主要

① 付毅飞、陈磊：《“人口老龄化”挑战我们该如何应对》，载《科技日报》2010年7月11日。

② 资料来源于中华人民共和国国家统计局官方网站，http://www.stats.gov.cn/。

数据公报（第1号）报告，大陆31个省、自治区、直辖市和现役军人的人口中，0—14岁人口为222459737人，占16.60%；15—59岁人口为939616410人，占70.14%；60岁及以上人口为177648705人，占13.26%。其中，65岁及以上人口为118831709人，占8.87%。同2000年第五次全国人口普查相比，0—14岁人口的比重下降6.29个百分点。[①] 因此，从长远来看，我国经济要可持续发展，尤其是要维持每年8%左右的经济增长速度，适龄劳动力短缺问题就会变得越来越严重，从而阻碍经济发展。

4. 社会负担重。

2009年，我国有1.62亿60岁以上的老人，也就是说七八个中国人养一个老人。根据估算，到2020年的时候，约有2.48亿60岁以上的老人，占总人口的17%，大约是四五个人要养一个老人。而到2050年时，约有4.37亿60岁以上的老人，不到三个中国人就要养一个老人。对于这么重的养老负担，如何解决确实是一个亟待解决的问题。[②] 尤其是现在的“80后”、“90后”，一方面，他们要养老，同时他们自己又慢慢老去。到2050年时，“90后”也到60岁了，他们又如何自己养自己呢？比如说现在22岁的大学毕业生，把他的支出降低到合理最低标准，假定每月支出2500元，每年的支出大概就是3万元。暂且将其38年后退休养老金支出折现值作为计算的基础，我们再看一下“80后”、“90后”退休以后还能存活多长时间。有学者计算，中国人的平均年龄为男性72岁，女性74岁。从保守的角度来讲，即使规划25年或者30年，就是活到85岁到90岁，如果退休以后还有30年的话，按照现值计算，3万乘以30也有90万元。这90万元是按照此时此刻今天的价值来计算的。如果考虑到通货膨胀的话，从现在算起，假如说每年有5%的通货膨胀率，我们可以计算30年以后，这个养老数字将达到1336.37万元。这是一个非常大的养老支出。这个计算仅仅是考虑到老人没有买房的压力，不需要再向子女支出任何额外费用。刚才我们考虑2500元钱的时候，也没有考虑到老年人随着健康状况下降，日趋增加的医疗费用。因此，整个社会的养老压力会非常大，负担非

---

① 资料来源于国家统计局网站，2010年第六次全国人口普查主要数据公报（第1号）。

② 资料来源于中华人民共和国国家统计局官方网站，http：//www. stats. gov. cn/。

常重。

5. 社会养老服务不到位。

一方面，老年人口不断增加；另一方面，实际状况却是没有足够的社会养老机构。据统计，2011 年年底，我国各类养老机构的床位为 315 万张，占老人总数比例仅为 1.77%。[①] 僧多粥少的情况下，在老年人口数量不断增加的同时，我们的社会养老服务机构数量不够。国家虽然已对发展社会福利事业及养老服务机构，在资金投入、土地供应、税费减免、社会融资、政府补助及供水、供电、供热等方面出台了一系列优惠政策，但无论服务机构的数量，还是服务机构的质量，都远远不能应对人口老龄化带来的一系列挑战。此外，居家养老和社区养老也存在诸多问题。社会养老服务不到位，是人口老龄化带来的又一个我们不得不面对的困难。

二、农村养老保险模式选择的理论依据

如何选择新时期中国农村养老模式，不能凭人们的主观臆断来想问题办事情，而必须探寻其发展的科学理论依据，按养老保险模式的发展规律办事，使得所选择的养老保险模式贴近中国实际现状，符合其客观规律。

（一）养老保险模式的演变是社会工业化、城市化的产物

纵观世界各国社会养老保险的发展，已经形成了两种主要的养老保险模式：家庭养老保障和城乡统一的社会养老保险。[②] 家庭养老保障是以血缘关系为基础，由老年人的子女、配偶或其他直系亲属为老人提供经济上的供养、生活上的照料和精神上的慰藉，以保障老年人的基本生活的一种养老模式。城乡统一的社会养老保险是以国家为供养主体，依据一定的法律法规和规章政策的规定，通过国民收入的分配与再分配政策，为保障社会老年成员的基本生活权利而提供经济资助或服务的综合性事业。当一个国家的养老保险制度从家庭养老保障发展到社会养老保险、从城市社会养老保险覆盖到农民的时候，该国都

① 《中国社会养老现状无法乐观，呼唤多元化服务体系》，载《光明日报》2012 年 4 月 16 日。

② 陈树文：《转型时期中国农村社会养老保险模式研究》，载《大连理工大学学报》（社会科学版）2004 年第 3 期。

是处在工业化、城市化程度较高的阶段。在这一阶段上，农业社会被工业社会所取代，农业人口相对一国的人口总数所占比例低于城市人口相对一国的人口总数所占比例，传统的家庭结构解体，传统的家庭养老保障日渐瓦解而代之以城乡统一的社会养老保险。如日本在1941年就提出了面向城市企业劳动者的厚生年金保险，而直到1971年才推出了面向农业从业者的年金保险制度。这时，日本的城市化水平已达到70%以上，农业从业人口还不到20%。[①] 我国正处在农业社会向工业社会转移的中期，我国城市化水平1997年是18.23%，2000年才达到36.09%；农民占全国总人口的70%以上。根据中国社会科学院最新发布的数据，我国近30%的农业户籍人口已经居住在城镇，城镇化过程对农业人口具有巨大吸引力。2011年，中国城镇人口占总人口的比重，数千年来首次超过农业人口，达到50%以上[②]，标志着中国数千年来以农村人口为主的城乡人口结构在2011年发生了根本的逆转。根据国家统计局第六次全国人口普查结果，2010年年底之前，全国城镇人口就已经达到49.68%。按照目前的城市化速度，2011年年底，这一比例已经超过50%。我国农村人口从2000年到2012年的12年间，发生了重大而具有根本性的转变，但其工作和居住在城市中的农业户籍者大多处于“半城市化”状态，也就是成为城市中的非农就业人口或常住人口，却难以像本地的非农户口居民那样分享到城市化带来的城镇居民的社会待遇。他们面临着劳动保障和社会保障覆盖不足等困境。如何从政策方面实现城乡统一的社会养老保险模式，是一个亟待解决的重要课题。

（二）社会保障水平必须适应经济发展水平

社会经济发展水平是制约社会保险选择何种模式的核心因素。这是发展社会保障事业必须遵循的一条客观规律，也是我们构建农村社会养老保险模式的一个理论依据。从世界各国社会保障事业发展的历程看，社会养老保障基金主要来源于三个渠道：国家、集体和个人。而这三者均受制于社会经济

① 陈树文：《转型时期中国农村社会养老保险模式研究》，载《大连理工大学学报》（社会科学版）2004年第3期。

② 2012社会蓝皮书《2012年中国社会形势分析与预测》。

发展水平。所以，社会经济发展水平是社会保障制度产生的基础和发展的源泉。①

世界各国或同一国家城乡之间在社会养老保险模式方面的差异，虽然具体原因有所不同，但归根到底是由各国或同一国家城乡之间不同的经济发展水平所决定的。当一个国家经济发展水平高时，国家财力充裕，企业和国民支付能力强，社会养老保险筹资的社会化、保险对象的社会化和保险服务的社会化程度就比较高。反之，养老保险的社会化只能是低度发展。从我国国情来看，随着市场经济体制改革不断深入，中国从一个贫穷落后的国家逐步走向一个繁荣稳定的现代化国家，经济发展水平的迅速提高为社会保障提供了发展的机遇和条件。但是，我国经济和社会发展水平还不是很高，各项事业和项目都需财力的支持，国家财政拿不出充足的钱来解决农民养老问题。我国农村总体上生产力又不发达，农民可支配收入低，集体经济实力薄弱。所以，我国目前全面建立城乡统一的高度社会化养老保险模式受到经济发展水平较多限制，只能选择保障水平和社会化服务水平相对而言较低的养老保险模式。②

（三）社区化的养老保险是社会化养老保险的过渡

社会保障的科学机理是“大数法则”，即多数人分摊少数人的风险。覆盖面越大，每个保障对象遭遇风险的概率越小，补偿越稳定。贝弗里奇在1942年提出了社会保障的“全面普遍性原则”，要求社会保障的对象要覆盖全体国民；同时也提出了“区别对待原则”，要求根据不同的社会成员采用不同的社会保障模式，制定不同的社会保障标准。③ 由于我国是一个典型的二元经济社会结构国家，社会保障城乡分割，而且我国农村广大地区之间经济发展又不平衡，经济社会发展的多层次性极其明显。历史因素的积累和现实条件的局限，决定了中国现阶段农村的社会养老保险不可能采取一个模式，更不能一步到位建立起城乡统一的企业职工社会养老保险模式，而应“区别对待”，选择适合当地实际情况的养老模式。

---

① 陈树文：《转型时期中国农村社会养老保险模式研究》，载《大连理工大学学报》（社会科学版）2004年第3期。

② 甘曦之：《转型期我国农村社会养老保险模式研究》，载《科技与管理》2007年第3期。

③ 贝弗里奇：《贝弗里奇报告——社会保险和相关服务》，中国社会保障出版社2008年版。

三、传统养老方式的挑战及农村养老需求、方式选择

随着数以亿计的农民工前往城市打工，农村常住人口基本上剩下老（老年人）、弱（虽处于劳动年龄内，但因技能、年龄等各种原因无法在城市谋生的人）、病（因身体残疾或患病）、小（中小学生、儿童等未成年人）等人群。年轻人前往城市打工，儿童在农村或者在父母打工城市就近入学，老年人独自在农村生活。由于城镇化和小城镇化的发展，农村耕地越来越少；再加上土地资源的制约以及老年人年老体弱等原因，农村靠种地种粮换取收入来源的生活方式一去不返。老年人的收入来源主要是外出务工子女的打工所得，这是绝大部分农村老年人的生活现状。但与此同时，打工子女逐渐融入其所在城市，慢慢由农民的角色转化为城市居民的角色。越来越多的打工者不会种地，不想回到农村居住，也不愿回到农村居住，但由于城市住房价格居高不下，在城市买得起房子的打工者并不多。绝大部分打工者靠租房而非自买住房解决居住问题，导致打工者很难将父母接到城市一起居住。由于子女不在身边，农村随之而来的养老问题接踵而来。如何养老、谁来养老、怎么养老等现实问题，一直困扰着政府部门。如果解决不好，这些问题将会阻碍中国城镇化和现代化进程。

（一）传统农村养老遇到的挑战

随着农村经济体制改革的深入、商品经济的发展，以及经济结构、产业结构、劳动力结构与人口结构的变化，传统的养老方式遇到了愈来愈严重的困难和挑战。这些挑战主要表现在以下几方面：

1. 小城镇化进程的加快，给传统养老方式带来了革命性挑战。

党的十六大把加快城镇化进程作为全面建设小康社会的重要任务，并强调指出，“要逐步提高城镇化水平，坚持大中小城市和小城镇协调发展，走我国特色的城镇化道路”。党的十八大提出“坚持走中国特色新型工业化、信息化、城镇化、农业现代化道路，推动信息化和工业化深度融合、工业化和城镇化良性互动、城镇化和农业现代化相互协调，促进工业化、信息化、城镇化、

农业现代化同步发展”的总要求。[①] 加快城镇化进程，是实施可持续发展的正确选择，不仅有利于解决一部分农村剩余劳动力的转移问题，化解农村深层次的矛盾，而且有利于城镇化的长远发展。与此同时，小城镇化给传统养老方式带来了革命性挑战。由于资源环境的局限，我国缺乏大规模发展大中城市的地理条件，不可能走只发展大城市和农村劳动力都涌进大城市的路子。农村剩余劳动力滞留在有限的土地上，即使土地回报率很高，收入总量也难以有较大增长。一方面，大批农业劳动力从农业生产劳动转到工业生产，促进了社会经济结构和生产方式的变更，但是弱化了土地保障作用；另一方面，工业生产劳动方式的重大转变，在一定程度上影响了劳动者作为养老义务承担者的角色，使家庭赡养和生活照料功能随之受到削弱。[②]

2. 生活水平提高，消费支出扩大，给传统养老方式带来了巨大挑战。

虽然农民收入较之前有了提高，生活水平不断提高，消费支出占整个支出的比重不断扩大，农村在吃、穿、住、行、用方面的消费支出较多，但劳动者的收入所占比例与整个国家收入相比还是太低，与城市劳动者的收入提高相比还不成正比。随着农民收入提高，商品性支出消费的增加改变了以实物支付为主的传统的老年人供养方式，子女对老年人的供养主要表现为货币支出。自给性消费向商品性消费的转变使老年人经济供养来源对市场的依赖性加大。老年人供养状况直接受子女货币收入的影响，缺乏稳定性并隐藏着风险。[③] 一旦子女固定收入无法保证，不仅子女本人受到影响，其父母养老的问题也随之而来。

3. 农村劳动力到城市迁移打工，子女不在身边给农村养老带来诸多不便。

随着改革开放和市场经济的发展，我国不同地区呈现出了不同的发展态势。由于独特的地理环境和各方面的原因，城市、沿海地区出现了加速发展的态势。它们吸收外来劳动力的能力日渐增强。同时，农村经济体制的改革，使原先隐藏在集体出工劳动方式中的大量剩余劳动力开始涌现出来；而户籍制度

---

① 徐黎丽：《中国陆疆人口问题治理模式初探》，载《思想战线》2013 年第 1 期。

② 吴红乔：《关于农村养老问题与对策的探讨》，载《前沿》2004 年第 10 期。

③ 肖丽：《中国农村养老保险现状分析及对策研究》，复旦大学学位论文，2005 年。

和粮食统购统销政策改革，使农村劳动力大规模地向城市、县城和沿海发达地区流动和迁移成为可能。[①] 据最近的调查，全国所有大中小城市（镇）中，没有城市户口的居民估计至少有 7000 万人。这些流动人口绝大部分来自农村。人口流动反映了社会的文明水平和进步程度，是中国工业化、城市化、现代化过程中的必然现象。但这些进城务工人员“离土又离乡”、“进城又进厂”，长年在外，势必影响对老人的供养，对传统家庭产生诸多负面影响。

4. 家庭规模小型化，两个子女供养四个老人给农村养老带来现实困难。

伴随着人口老龄化趋势及家庭“四、二、一”人口结构的形成，家庭小型化也在发展，农村家庭人口结构也将出现以下变动趋势[②]：一是已婚子女与老年人分居的现象逐渐增多，老年人单身户或一对夫妇比重提高。二是特殊老年群体大量出现。特殊老年群体主要分为三类：第一类是丧偶老人群体，第二类是独生子女父母家庭，第三类是两代老人家庭。以上这些纯老年人与特殊老年群体，在居家养老方面均有不同程度的困难，需要社会予以关怀。

（二）农村养老方式的选择

农村养老方式目前主要有家庭养老、自我养我、社区养老和社会养老四种方式，其具体内容：

1. 家庭养老方式。

中国一直以儒家思想为主导，长期以来形成了“家庭养老”的传统模式。赡养老年人已成为国人责无旁贷的责任，“养儿防老”，“父母在，不远游”，“百行孝为先”等都是孝道伦理在人们日常生活中的反映。父母养育了子女，子女就必须赡养老年的父母；否则，将受到道德舆论的谴责。这就是费孝通教授 1983 年提出的中国养老的“反馈模式”。这种以孝文化为传统的赡养方式，两千多年来一直由家庭单位直接承担，早已根深蒂固于国人的思维之中。所谓家庭养老，即以家庭为单位，由家庭成员主要是年轻子女或孙子女赡养年老家庭成员的养老方式。养老内容包括三个方面：经济上供养、生活上照料、精神上慰藉。新中国成立以来，农村经济虽然有了很大的发展，经济和社会结构也

① 肖丽：《中国农村养老保险现状分析及对策研究》，复旦大学学位论文，2005 年。
② 肖丽：《中国农村养老保险现状分析及对策研究》，复旦大学学位论文，2005 年。

发生了较大的变化，党和政府努力在农村建立和发展新的社会保障体系，但家庭在养老中的地位并未发生根本动摇，其作用也未被其他养老方式所取代。为了巩固保障老人的合法权益，有些地方采取了行政或法律手段巩固和强化家庭养老，如实行村厂挂钩（通过订立公约的形式促使乡镇企业职工赡养父母）、签订赡养协议书（从法律上保证子女对老年人的供养）等。① 还有些地方鼓励低龄健康老人开展老有所为，走积极养老之路。一些乡镇将部分山林、鱼塘划给老年人经营，鼓励他们运用丰富的生产经验从事种养殖业，将劳动收入作为养老费用。② 这是在目前家庭供养老人出现困难，而社会化养老制度又未形成的情况下采取的强化家庭养老功能的手段。

2. 自我养老方式。

自我养老方式，是指老年人通过自己的储蓄或其他定期待遇等供养自己。由于农村家庭也多是一个独生子女，越来越多的农村老年人为了减轻子女的经济负担，总是省吃俭用、节约开支，期望通过多攒钱来解决自己的养老问题。这就导致老年人在衣食住行方面不敢花钱，直接影响了其生活品质。自我养老方式，在一定程度上确实减轻了子女的负担，但因老年人没有固定的生活收入来源，加上老年人生病或者人情世故等原因，自我养老方式根本无法在实际生活中实现。

3. 社会养老方式。

新中国成立后，党和政府非常重视农民的社会保障和生活福利问题。早在1956 年第一届全国人民代表大会第三次会议通过的《高级农业合作示范章程》和 1962 年颁布的中共中央《农村人民公社工作条例修正草案》中，对于如何在农村建立社会保障和生活福利制度都作出了原则规定。③ 根据这个规定，全国各地陆续对孤寡老人实行了带有救济性质的“五保”制度，一些乡村还建立了养老退休制度。改革开放以来，特别是党中央提出“七五”期间要建立社会保障制度雏形以后，政府有关部门以及保险业务部门普遍重视农村社会化

---

① 穆光宗：《中国传统养老方式的变革和展望》，载《中国人民大学学报》2000 年第 5 期。

② 肖丽：《中国农村养老保险现状分析及对策研究》，复旦大学学位论文，2005 年。

③ 章群安：《农村养老保障：现状、困境及出路》，华中师范大学学位论文，2012 年。

养老的研究和探索，并进行了大量试点工作，取得了可喜成绩。

4. 政府养老方式。

政府养老，是指政府通过建立农村社会养老保险的方式，在农民达到一定年龄时，国家给予的定期物质帮助。民政部门从1991年开始，根据国务院的决定，在农村经济发达和比较发达地区推行农村社会养老保险试点。[①] 其主要做法是，根据农民自愿，在政府组织引导下，从农村和农民的实际出发，保险资金以农民个人交纳为主，集体补助为辅；国家予以政策扶持；实行储备积累的模式，建立个人养老保险基金账户，根据积累的资金总额和预期的平均领取年限确定养老金的领取标准，交纳标准和支付标准实行多档次。养老保险基金以县为单位统一核算、统一管理；本着安全增值的原则，主要用于购买国债。1995年，国务院办公厅转发民政部《关于进一步做好农村社会养老保险工作的意见的通知》，对这项工作进行了规范，并提出了明确的要求。[②]

一些集体经济比较发达的乡镇或村，从集体积累中列支养老基金，对已进入老年的农民按月支付一定的养老金，建立了范围较窄、标准较低、不很规范的农民退休养老制度。一些地区还对老年人医药费按一定比例给予报销。从全国范围来看，享受养老退休金的范围大致分为四类。[③] 第一，凡是达到规定退休年龄的农民都可以享受退休待遇，定期或不定期地从乡村经济组织中领取相应的养老退休金。实行这种办法的，主要是沿海靠近大中城市的郊区或经济条件比较好的乡村。第二，对那些因工伤残、丧失劳动能力的农民定期发放一定金额的养老金。第三，对少数年事已高、不能继续胜任工作的老干部、老党员、老模范，实行养老退休办法。第四，对乡镇企业职工发给数量不等的退休金。这种按照类别实行社会养老的办法尽管只是在少数农村执行，况且该办法在保障范围、退休金发放水平等方面还不是很稳定也不规范，但却是农村养老方式由家庭养老迈向社会化养老模式的一种有益探索。

---

① 中华人民共和国民政部：《1998年民政事业发展统计公报》，见 http：//www. mca. gov. cn/artical/20041010155408. html。

② 章群安：《农村养老保障：现状、困境及出路》华中师范大学学位论文，2012年。

③ 肖丽：《中国农村养老保险现状分析及对策研究》，复旦大学学位论文，2005年。

第二节　农村养老保险制度

一、农村养老保险模式分析

我国农村养老保障模式的发展方向是，在家庭养老的基础上，家庭养老和社区养老二者有机结合，最终实现社会化的城乡相统一的社会养老。目前，农村养老保险的模式主要有家庭养老模式、社区化养老模式两种。但这两种模式各有利弊，应尽快建立统筹城乡、覆盖全民的城乡统一的一体化社会养老模式。

（一）家庭养老模式分析

社会是由不同的家庭组成的。家庭成员为家庭老年社会成员提供必要的物质帮助，提供必需的养老精神需求。这种方式目前是我国农村地区最重要也是最传统的养老方式。如传统意义上的“养儿防老”，即老年人由其儿子赡养，就是这种模式的一种突出表现形式。① 这种模式存在的问题，主要表现在以下几方面：

1. 保障水平不高。

目前，仍以农业种植为主的农村经济，不仅受到诸如天气、自然灾害等自然条件的限制，还受到市场需求、国际市场价格等因素的影响。因此，此种养老模式很难满足市场经济条件下社会养老对诸如精神和物质的需求。

2. 供养关系有所变化。

我国目前实行的计划生育政策，导致三代同堂的大家庭已经慢慢消失。在小家庭增多的情况下，成年夫妇不仅要抚养未成年的孩子，更重要的是还要赡养双方各自的老人。家庭支出增加，家庭负担加重，家庭供养能力削弱。

3. 人口流动带来不利影响。

在农村经济不能满足农村年轻劳动力对劳动收入增加需求的情况下，越来

① 陈树文：《转型时期中国农村社会养老保险模式研究》，载《大连理工大学学报》（社会科学版）2004 年第 3 期。

越多的年轻农村人离开生活已久的农村，前往城市进行以劳动报酬为主要生活来源的劳动。但这些农村进城务工人员，受到学历水平、业务技能、工作经验等方面的影响，往往在城市里很难做到像在农村照顾老年人时一样。其精神慰藉的主要方式不是和老年人团聚，而是通过电话等方式进行，大大降低了农村家庭的养老保障功能。

（二）家庭和社区相结合的养老模式

农村社区是以自然村或乡镇为单位形成的空间形态。农村社区是不同农村老人居住的场所，也是农村老人活动的主要空间。所谓家庭与社区相结合的养老保险模式，就是在政府的宏观指导和政策扶持下，以家庭养老为基础，以自然村、乡镇社区为依托单位，从而建立以家庭为基础、以社区为依托的养老模式。

1. 组织机构。

省级设立管理全省农村社区养老的工作机构，负责全省农村社区养老保险基金的统筹、管理、运营及业务指导；市级在省里的指导下，设立农村社区养老保险管理处（办公室），负责全市农村社区养老保险基金的筹集、管理和协调各级组织的运作；县（区）级设立农村社区养老经办机构，负责本县行政辖区内农村社区养老保险基金的征缴、管理和给付；乡镇设立农村社区养老保险管理所，受县里农村社区养老经办机构的委托，具体承办农村社区养老各项业务。

2. 服务体系。

服务体系重在通过有关养老场所提供各项服务。通过老年公寓、托老所等场所，解决老年人在哪里养老的问题；通过老年保健室、基层乡镇卫生院和乡村卫生室等医疗机构，解决老年人病有所医的问题；通过提供老年人活动中心、老年人休闲娱乐中心等场所，解决老年人看书、阅读等精神需求问题；通过开发老年人呼叫系统，利用社区一卡通或社区志愿者等方式，快速解决老年人有病在床无法外出、无人做饭或生病无人知晓的问题，做到在社区里就能够病有所医、老有所养和老有所乐。

3. 模式评价。

（1）优点。联合国组织非常重视社区在养老中的作用。1982 年，联合国

《老龄问题国际行动计划》指出，“社会福利服务应以社区为基础，并为老年人提供范围广泛的预防性、补救性和发展方面的服务，以便使老年人能够在自己的家里和他们的社区里尽可能独立生活，继续成为参加经济活动的有用公民”。1991 年《联合国老年人原则》强调，“老年人应得到家庭和社区据每个人社会的文化价值体系而予以照顾和保护”。1992 年召开的联合国第 47 次大会再次提出，“把社区作为改善养老环境的目标，要求支持以社区为单位，为老年人提供必要的照顾，并组织有老年人参加的活动”。因此，这一模式的优点是养老资源不是家庭单方的提供，还有来自社会和社区的支持；精神需求能获得比家庭子女提供的要多得多的互动，基本满足老年人的精神孤独问题。

（2）缺点。并不是说这种模式全是优点而没有缺点，这种模式的缺点也比较明显。一是对集体经济的高度依赖性。如果农村集体经济不发达，显然村委会将无力建造老年人的有关场所，无法解决老年人的社区养老问题。二是模式没有明确的法律依据。在没有哪部法律要求村委会应当建造活动中心或托老所的情况下，单凭村委会主任或村支书的一方热情，显然不是长久之计。三是乡村人口数量和养老机构不匹配。一个乡村的人口数量是有限的，养老机构的建造和乡村的老年人口数量未见得相匹配，即有养老机构的可能没有多少人，人多的乡村未见得有实力建造养老机构。因此，这种模式无法担负起农村养老的重担。

社会保障的对象，不仅仅是城市居民，更重要的是农村居民。在前两种养老制度还未完全覆盖到全体公民的情况下，显然，统筹城乡、覆盖全民的城乡统一的一体化社会养老模式，才是社会养老保障制度的发展方向。在城乡统一的社会养老模式下，社会保险能做到全覆盖。无论是城市居民还是农村居民，都将能享受到改革开放带来的成果。并且，这种带有福利性质的成果是公平的、均等的，这也是政府为之努力的方向。

二、农村养老保险制度安排与反思

在改革开放前，我国仍处于计划经济社会，农村与城市户籍转移要求严格，“农转非”条件苛刻，农民世世代代以种地为生，老年人主要靠子女供养为主，农村社会养老保险根本无从谈起。改革开放后，随着农村家庭承包联产责任制的实行，农民开始在种地之余的闲暇时间到工厂打工，出现了所谓的“亦工亦农”现象，即农时忙农，闲时打工。一部分农民开始到城市打工，慢慢形成了中国的第一代农民工。第一代农民工仍保留了农村的土地，但同时没有享受到城市居民的各种福利待遇。诸如医疗卫生、子女入学入托、本人社会保障等问题都没有解决。随着市场经济的发展，地区间农村经济发展不平衡现象加剧，农村居民的收入差距不断扩大，导致对社会保障的要求有所差异，且这种差异化在较长时间内仍存在。到了20世纪90年代，国家注意到，仅靠传统的家庭养老模式已经无法满足人民群众日益增长的物质需求，社会化养老被提到议事日程上来。

（一）老农保的发展历程

1. 老农保制度的建立阶段。

我国的老农保是相对于新农保而言的一种制度。从1986年开始，我国一些经济发达地区的农村开始了农村社会养老保险的试点。1991年，国家民政部制定了《县级农村社会养老保险基本方案（试行）》[①]。该基本方案对农村社会养老保险的指导思想和基本原则，保险对象及其缴纳、领取保险待遇的年龄，保险资金的筹集、缴费标准、支付及变动，基金的管理与保值，立法、机构、管理和经费，与各项养老办法的衔接等内容作出了规定，为建立农村社会养老保险制度提供了政策依据。基本方案自1992年1月起在全国公布并实施后，确定以县为单位开展农村社会养老保险。养老保险基金的筹集，坚持以个人交纳为主，集体补助为辅，国家给予政策扶持的原则。

2. 老农保制度的推广阶段。

为规范农村养老保险的管理，1997年9月，国家民政部发布了《关于推行农村社会养老保险全程规范化管理的通知》（民险函〔1997〕174号），对农保的管理机构设置、具体业务管理、财务管理、基金管理、档案管理等方面作出了较为详细的规定。1997年10月，民政部又制定下发了《县级农村社会养老保险管理工作规程（试行）》，从国家制度层面加强了规章制度建设，强

---

① 中华人民共和国劳动和社会保障部网站，http：//www.molss.gov.cn/gb/ywzn/2006－02/15/content_ 106552.htm。

化了财务、基金管理，使农保工作沿着健康、有序、规范、安全轨道发展。截至 1997 年年底，全国已有 8000 多万农村人口参加保险。[①]

3. 老农保制度的整顿阶段。

1998 年，国务院机构改革，农村社会养老保险工作由民政部门移交给劳动和社会保障部门。1999 年，国务院下发的《国务院关于批转整顿保险业工作小组保险业整顿与改革方案的通知》（国发〔1999〕14 号）[②] 中明确指出，当前我国农村尚不具备普遍实行社会保险的条件；对民政系统原来开展的“农民社会养老保险”，要进行清理整顿，停止接受新业务，区别情况，妥善处理，有条件的可以逐步将其过渡为商业保险。整顿和规范农村养老保险的具体办法，由劳动和社会保障部、民政部会同保监会等有关部门另行制定。在这个阶段，由于多种因素的影响，全国大部分地区的农保工作出现了参保人数下降、基金运行难度加大等困难，一些地区甚至陷入停顿状态。在整顿阶段，多数地方的农村社会养老保险工作处于职能移交、等待观望、业务陷入停顿或半停顿状态。

（二）对老农保制度的基本评价

曾被无数农民寄予厚望的老农保，现在最终变成几无价值的鸡肋而被迫取消。老农保制度也被新农保制度所替代，这证明了老农保制度的失败。

1. 老农保制度的基本特点。

老农保制度最显著的特点就是，其不拘泥于传统的现收现付的社会保险模式，也没有照搬国外的做法，而是从我国实际出发，创立一种新的农村养老制度。

（1）制度设计新颖。创建了储蓄积累、自我保障的机制后，养老保险资金主要来源于个人缴费和村组织集体经济补助，基金自求平衡，国家给予政策扶持，目的是不给国家增加包袱。

（2）运行机制公平。突出效率，兼顾公平。设立了个人账户，个人和集体补助全部计入个人账户，明确了权利和义务。养老金领取标准取决于积累总

---

① 赵殿国：《农村养老保险工作的回顾与探索》，载《社会保障制度》2003 年第 2 期。

② 中国保险监督管理委员会网站，http：//www. circ. gov. cn。

额，多缴多得，权利与义务紧密挂钩。建立了10年保证期制度，保证参保人员最低领取10年养老保险金，并实行长短寿之间的互济。对于领满10年后仍健在者，按原标准继续领取，直至身故。

（3）资金筹集灵活。在资金筹集的形式上，个人缴费与集体补助相结合的标准具有充分的灵活性，以适应各地农民经济发展的不平衡性，便于个人和农村集体经济从自身实际承受能力出发，相应地确定保障标准。

（4）参保范围普惠。在参保范围上，普适性和统一性相结合，农村务农、务工、经商等各类人员都可参加农村保险。

（5）个人账户可转移。实行了个人账户转移制度，参保人员的个人账户可以跨省、市、县（区）进行转移衔接，便于参保人员的合理流动。

2. 制度设计与推行存在的问题。

农村社会养老保险以保障农村老年居民的基本生活为目的，力求未雨绸缪。通过人口老龄化高峰到来前几十年的储备积累，农村的保障水平达到保障农村老年居民基本生活的目标。但由于筹资水平过低，这一社会保障问题的研究目标难以实现。农村社会养老保险使用的方案、办法和规定，在保险对象、缴费年龄、缴费标准、基金管理、增值渠道、经费来源等多方面已不适应新形势发展的要求，在一定程度上制约了农保事业的发展。

（1）缺乏科学的基金运营机制。老农保采取储蓄积累模式，在有关的基金筹集、投资运营、养老金计发等方面，没有采用动态测算的方法，而很大程度上采用了商业保险的做法，以预定利率的方式进行测算，总体上无法实现自求平衡和保险金的收支平衡。基金实行分级管理，导致职责和义务不明确，运营风险无人承担，基金运营缺乏较好的约束机制。加上基金增值渠道单一，存入银行和购买国债是各级农保基金增值的主要方式，而基金存入银行的增值利率明显低于结付利率。其结果是保险费征收得越多，未来的基金收支赤字就越大，从而迫使基层单位自行动用资金进行各种投资来实现增值。基金违规动用，造成农保基金的较大风险。①

（2）政府扶持政策不到位。虽然老农保提出“农村社会养老保险坚持个

① 梅阳：《论北京市农村社会养老保险制度改革》，载《北京社会科学》2006年第3期。

人交纳为主，集体补助为辅，国家在政策上予以扶持的原则”，但在制度的运行中，各地政府部门没有对参保农民出台过有关的扶持政策，“国家政策予以扶持”近乎成了一句空话。一方面，政策扶持集中体现在乡镇企业职工参加养老保险，集体补助部分可税前列支，而大部分以种田谋生的农民享受不到这一待遇。另一方面，一些地方集体积累被削弱，保险补助落实难。目前，有相当部分村（组）的集体积累实际是“空壳子”。即使集体经济较雄厚的村组，其公益金积累在收入分配中所占的比例也较少。老农保中的“集体补助为辅”也就成了一句空话。① 另外，由于政府财政对农村养老保险的投入政策不够明确，农民参加养老保险实际上变成了纯个人储蓄积累保险。

（3）保富不保贫。老农保试点工作初期，出于让一部分人先参保带动其他人参保的指导思想的影响，各地将参保的重点放在由村（组）集体经济给予保险费补贴的乡镇企业职工、村干部、农村义务兵、乡村医生等农村“富人”群体上。虽然这些群体参加了农保，但是并没有起到带动和示范作用。没有保险费补贴的广大农民对参加农保的积极性不高。多数参保者出于完成当时的指标任务，只是一次性缴费，没有连续缴费。老农保制度在一些地方实质上成了农村“富人”的保险。

（4）保障水平低。社会保险强调权利和义务对等，没有保险费补贴的参保农民多数选择了低档次缴费。加上收入的不稳定，连续缴费难以保证。由于缴费的限制，农村养老基金的积累额低，养老金水平偏低。如2006年，金华市某县有673人享受老农保养老金待遇，基金支出仅为5万元，平均每人每月可领取6.2元养老金。其中，每月领取1元以下的有63人，占9.4%；每月领取100元以上的有2人，占0.2%。而当地农村低保水平是每月每人135元，是老农保月平均养老金的21.8倍。过低的养老金水平远远不能满足农村居民养老保障的需求。②

（5）覆盖面过窄。农村居民参加农村养老保险的比重较低，导致参保人数逐年递减。除原来参加老农保的人员外，不但没有新增人员参加老农保，反

① 梅阳：《论北京市农村社会养老保险制度改革》，载《北京社会科学》2006年第3期。

② 金华市人力资源和社会保障局2006年统计资料。

而很多人退出老农保，并将多余的钱交给银行等金融机构打理，或者参加商业保险。由此带来的一个现实问题是，到2006年年底，几乎所有参加老农保的省份的农民参保率不到15%。参保人数少，覆盖面过窄，使得大多数农业人口的老年生活根本得不到保障，无法适应人口老龄化所带来的问题，极易引起社会的不和谐、不稳定。

三、新型农村养老保险制度的实施与发展

（一）发展历程

由于老农保制度在实践中处于停滞不前的状态，国家开始提出试点农村社会养老保险制度。2002年，党的十六大报告提出，有条件的地方探索建立农村养老、医疗保险和最低生活保障制度。2003年，劳动和社会保障部接连印发了《关于做好当前农村养老保险工作的通知》[①] 和《关于认真做好当前农村养老保险工作的通知》[②]，要求积极稳妥地推进农村养老保险工作，并指出当前农保工作的重点应当放在有条件的地方、有条件的群体以及影响农民社会保障的突出问题上，如被征用土地的农民、进城务工经商农民、乡镇企业职工、小城镇农转非人员、农村计划生育对象及有稳定收入的农民等，并针对不同群体的特点制定相应的参保办法，以促进农村劳动力就业和有序流动，维护他们的合法权益。两个通知的发布有力地推进了各地农村社会养老保险制度的建设。[③] 截至2008年末，全国参加农村养老保险人数为5595万人，全年共有512万农民领取了养老金全年，共支付养老金56.8亿元。2008年末，养老保险基金累计结存499亿元。[④]

党的十七大提出，2020年基本建立覆盖城乡居民的社会保障体系，探索建立农村社会养老保险制度。党的十七届三中全会决定第一次提出了新型农村

① 劳社部函〔2003〕115号。
② 劳社部函〔2003〕148号。
③ 贺蕊玲：《浅析新农保与老农保的区别》，载《经济与社会发展》2010年第12期。
④ 人力资源和社会保障部2011年全国社会保险情况通报。

社会养老保险的概念，并明确了个人缴费、集体补助、政府补贴相结合的原则。[①] 2009 年 9 月 1 日，国务院正式下发了《国务院关于开展新型农村社会养老保险试点工作的指导意见》[②]，明确了新型农村养老保险的基本原则、任务目标、参保范围、基金筹集、个人账户、养老金待遇及待遇调整、养老金待遇领取条件、基金管理、基金监督、经办管理服务等一系列内容，并规定了有关制度的衔接：原来已开展以个人缴费为主、完全个人账户农村社会养老保险（以下称老农保）的地区，要在妥善处理老农保基金债权问题的基础上，做好与新农保制度的衔接。在新农保试点地区，凡已参加了老农保、年满 60 周岁且已领取老农保养老金的参保人，可直接享受新农保基础养老金；对已参加老农保、未满 60 周岁且没有领取养老金的参保人，将其老农保个人账户资金并入新农保个人账户，按新农保的缴费标准继续缴费，待符合规定条件时享受相应待遇。新农保与城镇职工基本养老保险等其他养老保险制度的衔接办法，由人力资源社会保障部会同财政部制定。要妥善做好新农保制度与被征地农民社会保障、水库移民后期扶持政策、农村计划生育家庭奖励扶助政策、农村“五保”供养、社会优抚、农村最低生活保障制度等政策制度的配套衔接工作，具体办法由人力资源社会保障部、财政部会同有关部门研究制定。

随着新农保制度的实施，新农保制度取得了举世瞩目的成就。覆盖范围方面，截至 2011 年年底，全国 27 个省、自治区的 1914 个县（市、区、旗）和 4 个直辖市部分区县纳入国家新型农村社会养老保险试点，总覆盖面约为 60%，国家新农保试点参保人数达到 3. 26 亿人（含已开展城乡居民养老保险地区，下同）。其中，60 岁以下参保人数 2. 37 亿人。此外，还有 17 个省份的 339 个县（市、区、旗）自行开展了新农保试点。全国共计 3. 58 亿人参加新农保。北京、天津、浙江、江苏、宁夏、青海、海南、西藏 8 个省份已经实现新农保制度全覆盖。[③] 基金收支方面，截至 2011 年，国家新农保试点基金收入 1070 亿元，基金支出 588 亿元。年末基金累计结存 1199 亿元。其中，个人账

① 卢海元：《中国特色新型养老保险制度的重大突破与政策取向》，载《社会保障研究》2009 年第 6 期。

② 国发〔2009〕32 号。

③ 王章华：《中国新型农村社会养老保险制度研究》，华东师范大学学位论文，2011 年。

户累计积累1077亿元。待遇支付方面，截至2011年年底，全国试点地区共有8922万人领取新农保养老金。

（二）新农保开展的基本原则和指导思想

建立新型农村养老保险制度，应当树立和落实科学发展观，以邓小平理论和“三个代表”重要思想为指导，以建设小康社会和构建和谐社会为基本目标，认真贯彻十七大、十八大报告精神，从统筹城乡社会养老保障体系出发，结合我国社会经济发展的实际，逐步建立与我国农村经济社会发展水平相适应、能够切实解决广大农民老有所养的新型农村养老保险制度。由此，建立新型农村养老保险制度应坚持以下基本原则：

1. 坚持统筹兼顾、协调发展城乡各类人员的社会保障，是建立新型农村社会养老保险制度的基本原则。

建立新型农村社会养老保险制度，必须统筹兼顾、协调发展，突破现有的城乡分割的格局，转变重城市、轻农村的观念，消除只重视农村少数特殊群体而忽略广大农民群体的偏见。

2. 坚持保障水平与经济发展相适应原则。

保障广大农民老有所养，是建立新型农村社会养老保险制度的基本要求。各地要考虑社会经济发展水平的总体趋势，确立与之相适应的养老保障标准，并建立与经济发展水平相适应的适时调整的动态机制，使广大农民能够分享社会发展的成果。

3. 坚持社会化筹资原则。

建立新型农村社会养老保险制度，应当重新定位政府责任和作用。政府应当加大财政投入，实现真正意义上的社会公平和工业反哺农业、城市带动乡村的战略目标。农村社会养老保险资金筹集应遵循个人、集体和政府多方负担的社会化筹资原则，以明确这一制度的社会保险属性。

4. 坚持城乡有别原则。

脱离实际情况，片面强调不同群体间保险待遇水平的同一性，会削弱社会保险对经济的激励作用；而过于强调待遇水平的差距性，又会造成社会成员间收入差距的扩大，不利于社会稳定。因此，城乡养老保险待遇水平的差距应保持在适当的范围内，使之既有利于人才流动和资源配置，又保证公平、公正和社会稳定。

5. 坚持制度完善与创新相结合原则。

构建新型农村养老保险制度，并不是否定老农保制度，而是根据当前发展变化了的农村经济社会形势和广大农民的需求，进行制度创新，即在构建农村新型养老保险制度时，既要尊重历史，对现有制度中的科学合理部分加以吸收和继承，又要注重现实，对现行制度中的缺陷加以改造或矫正，实现制度整合、资源优化，从而形成相对健全和完善的农村社会养老保险制度。

基于以上指导思想和基本原则，建立新型农村社会养老保险制度，就要通过对老农保制度进行完善和创新来实现。其基本思路是从筹资方式、账户模式、待遇水平和计发办法等方面对老农保制度进行完善，形成能够覆盖广大农民的基本养老保险制度框架。新农村养老保险制度设计的目标定位应该是"广覆盖、适宜水平、多层次、可持续"。广覆盖，就是按照人人享有基本社会保障的思路，在制度设计上做到覆盖全体农村居民。农村中各类人员均可参保。适宜水平，指的是缴费标准适宜、享受待遇标准适宜。实际缴费基数、缴费比例和缴费年限的确定，以农村居民每月领取的养老金数额能满足当地基本生活需求标准为宜。多层次，就是在就业人群与非就业人群之间、城市与农村之间、发达地区与欠发达地区之间，养老保障的模式、保障的范围、保障的标准应有所区别。可持续，就是在制定政策时一定要考虑各方面的因素，考虑各方的承受力，着眼长远，保持制度间平稳衔接与可持续发展。

（三）制度方案模式选择

在制度方案及模式选择中，诸多学者提出了解决思路。诸如，杨翠迎在农村基本养老保险制度模式设计中提出了完全积累制和大账户小统筹两种方案。

1. 完全积累制。

该方案是以个人缴费为主、财政适当投入的完全积累式社会保险。主要在老农保制度基础上，进行以下几个方面的调整①：首先，筹资方式上，应将政府政策扶持明确为政府适当补贴。这样可以使完全个人积累储蓄制养老保险改

---

① 郅玉玲：《农村老年人养老支持力研究及社会政策建议——以浙江省为例》，载《人口与发展》2009年第5期。

变为政府补贴引导型完全积累储蓄制养老保险，从而使农村社会养老保险的“社会保险”性质得以明确。其次，按照权利与义务对等的原则，明确最低缴费标准和最低养老金待遇标准的下限，使该项制度富有成效，真正发挥基本养老保障的作用。这也是社会保险特性的基本要求。再次，政府除了在缴费期给予参保的农业劳动者以适当的保险费补贴外，还要及时建立养老保险风险准备金，用于应对长寿者养老金的支付风险。由此，完全积累制的新型农村社会养老保险制度的基本框架内容如下：

（1）参保对象及资金筹集办法。参保对象：本省行政区域内，具有土地承包经营权的适龄农民（不包含已参加职工基本养老保险或被征地农民基本生活保障的人员）。资金筹集办法：以个人缴费为主，政府财政给予适当补贴，有条件的村（组）集体经济组织给予适当补助。

（2）缴费标准和缴费比例。以当地上年度农民人均纯收入为缴费基数，缴费比率为农民个人缴10%，政府补贴3%—5%。有经济承受能力的村（组）集体经济，可以根据自身情况对参保农民进行补助，补助额度或比例自定。参保农民个人缴纳的和集体补助的养老金全部计入个人账户，政府补贴资金的80%计入个人账户，个人账户资金归个人所有。

（3）缴费年限。参保人员必须缴足规定年限，累计年限不得少于15年（参照职工基本养老保险的做法）。

（4）计发方法。按照个人账户实际积累总额和给付养老金系数计算。

（5）建立长寿风险基金。按政府补贴资金的20%建立长寿风险基金，用于支付长寿参保人员养老金。长寿风险基金不足时，由财政根据年度需要量，逐年拨入。

2. 大账户、小统筹（个人账户＋统筹账户）。

该方案吸收老农保制度及实施中的一些有益经验，参照职工基本养老保险制度的做法，结合我国实际，设计一种既有别于老农保方案，又有别于职工基本养老保险的农村社会养老保险新模式。

（1）基本内容。养老保险费由个人、政府和集体三方承担。其中，以个人承担为主，政府给予补贴。集体经济组织有能力的，应为农民承担一定的缴费义务。建立个人账户与统筹账户相结合模式。个人缴费部分（含村集体经济组织缴费）计入个人账户。政府补贴的保险费，一部分计入个人账户，一部分计入统筹账户。其主要的特点是“大账户、小统筹”。参照类似现行职工基本养老保险的计发办法，由统筹账户和个人账户同时按照不同的计算办法支付基础养老金和个人账户养老金。

（2）基本框架。根据以上要点，“大账户、小统筹”的农村养老保险制度的基本框架是“参保对象及资金筹集办法”、“缴费标准和缴费比例”、“缴费年限”、“计发年限和领取养老金年龄”等按照方案一运作，在“设立个人账户和统筹账户”和“计发办法与待遇水平”上与方案一有不同的设计。

设立个人账户和统筹账户。个人缴费和集体经济组织补助的保险费全部计入个人账户；政府补贴资金的30%计入个人账户，70%计入统筹账户。

计发办法。养老金的计发标准按照个人账户实际积累余额和统筹农村养老保险制度改革与创新的账户实际积累余额，并参照现行职工基本养老保险的计发办法计算。

3. 两种制度方案的特点。

两种方案的缴费基数、缴费比例、缴费时间和政府补贴标准以及最后承担长寿者的风险基本相同，但两种方案各有特色：

完全积累制（方案一）的特点在于政府补贴大部分计入参保人员的个人账户，属于个人资金，使参保的农民直接从中得到实惠，从而提高他们的参保积极性，达到促进农村社会养老保险工作顺利推行的目的。

大账户、小统筹（方案二）的做法类似职工基本养老保险模式，使城乡两种制度之间易于转移和衔接。同时，统筹账户部分完全属于互济资金，政府对养老保险资金有一定的调控权。该方案对今后转出农业从事其他产业的农民，更具吸引力。

（四）需要进一步研究的问题

1. 缴费标准确定的依据。

在设计的方案中，考虑到参保对象的特点，将缴费基数确定为当地上一年度农民人均纯收入，个人缴费率确定为底线的10%。由于农民消费有诸多不确定因素，加上统计范围和口径不够规范，决策者对农民的消费节余情况难以全面把握，因此底线10%的缴费率是否合理，有待于进一步调查研究。

2. 养老金的领取年龄和支付年限。

养老保险领取年龄的大小和支付年限的长短都直接影响着养老金的支付压力。领取年龄越小，支付年限越长，政府的财政负担就越重；相反，领取年龄越大，支付年限越短，政府的财政负担就相对减轻，但投保人的利益可能得不到合理的保障。因此，科学合理地确定养老金领取年龄和相对准确的支付年限，是十分必要的。根据人口自然增长规律和社会发展的需要，领取年龄下限应该确定得高些，如男性65周岁，女性60周岁，但从社会公平和城乡两种制度衔接的角度考虑，农村养老金的领取年龄应该和城镇养老保险的领取年龄保持相对一致，即男性60周岁，女性50（55）周岁。究竟怎样确定，需要作进一步深入研究。

3. 个人账户的作用。

个人账户资金是参保人员的养老金。其基本特征之一是该资金在领取期尚未到达之前，有一个很长的积累期。积累期内，个人账户资金设立专户管理，按政府规定的途径实现保值增值；一般参保人员个人没有支配权。因此，能否满足参保人员的个性化要求，拓展个人账户的功能，如增加个人账户的借款功能，将个人账户视同有价证券，可以在银行进行抵押贷款等，以提高参保对象参保的积极性，也是值得研究的课题。

（五）对策建议

1. 加大财政投入力度，调动农民参保积极性。

农村社会养老保险是农村社会保障体系建设的重要组成部分，是全面建设小康社会、构建和谐社会和建设社会主义新农村的核心内容。通过政府财政为农村居民提供养老保险费补贴，是一个国家工业化发展到一定程度的产物。实践证明，以个人缴费积累为主，而没有政府财政支持的农保制度，难以调动广大农村居民的参保积极性，难以在广大农村推广实施。目前，我国工业化程度相对较高，已经到了工业反哺农业、城市支持农村的发展阶段。加大政府财政对农保制度建设的投入，不但体现了国民收入再分配的公平性，而且对促进城乡社会保障体系的协调发展、调动广大农民参保的积极性和加快新农村建设有着极其重要的作用。一方面，各地政府部门应根据当地的经济条件和政府的承受能力，确定农村居民参保补贴政策，鼓励农村居民参保。另一方面，各级政府部门应将农保工作经费、人员经费以及对农保基金的财政投入纳入同级财政预算，每年根据经济社会发展的实际情况确定一定比例的财政收入投入到农保工作中。

2. 确保农村居民基本养老保障全覆盖。

党的十七大明确提出，要加快建立覆盖城乡居民的社会保障体系，保障人民的基本生活。维护广大农村老年居民的基本生活条件，使其老有所养，是农村社会养老保险制度建设的必然要求。为确保农村居民基本养老保障全覆盖，首先，政府要提高建立新农保制度的主体责任意识，高度重视新型农村社会养老保险工作，将其列入我国国民经济发展规划，摆上议事日程。从缩小城乡差别、促进城乡社保协调发展和解决“三农”问题的高度，切实加强对农保工作的领导，统筹安排，科学指导，稳步推进，逐步实现新型农村社会养老保险制度全覆盖。其次，要加大宣传教育力度，充分利用村务公开栏、黑板报及发放宣传资料等，搭建新农保制度的宣传平台，讲明意义、讲清政策，使农村居民真正认识建立农保制度的意义和好处。发挥新闻媒体的作用，选择参保受益农民的典型事例进行报道，让广大农民了解并接受农保，提高他们的参保积极性。再次，对没有就业能力、无其他养老保障、本身没有经济积累、不具备足够缴费能力的农村老年居民，推出老年津贴或基础养老金制度，使他们不缴费或缴纳较少的费用就可以获得老年基本生活的保障。

3. 加强新型农村社会养老保险制度的立法保障。

新型农村社会养老保险制度的建立必须做到有章可循、有法可依。目前，农村养老保险的相关政策已明显滞后于今天经济社会的发展和农村养老保障制度建设的需求。相关法律法规及规范性文件的缺失，不利于新农保的进一步推行。因此，要在各地试点的基础上，进行创新和完善。国务院要及时出台行政法规《农村居民社会养老保险条例》，从统筹城乡养老保险制度的角度出发，制定全国统一的农村养老保险政策，明确政府部门的职能职责，消除政策滞后给新农保工作带来的负面影响。待条件成熟时，再将其上升为法律，从而确保农保政策的连续性和工作的稳定性。同时，要逐步建立健全农村养老保险基金的预决算制度、支付预警报告制度、财务会计制度和内部审核制度，搞好农村养老保险基金管理，强化约束监督机制，确保农村养老保险基金的正常使用与安全。

4. 妥善解决与其他社保政策的转换、衔接问题。

由于随着城市化进程的推进，农村居民的流动日益频繁，农民选择参加城镇养老保险，被征地农民转换到新农保，返乡农民工参加新农保等，势所难免。因此，新农保制度与其他社保政策之间必须相互转换、衔接。一是要预留制度接口，制定与其他社保政策的详细转换办法。在全国范围内制定统一、规范和切实可行的操作流程，规范转换、衔接的操作办法，解决不同社保政策间、不同地区间的基金结算问题。对于参加过企业职工基本养老保险、新型农村社会养老保险或城镇居民社会养老保险（含新农保与城镇居民社会养老保险合并实施的城乡居民社会养老保险）两种及以上制度的人员，若已经按照国家规定领取上述养老保险待遇的人员，不允许再办理城乡养老保险制度衔接手续。只要满足参加企业职工基本养老保险最低 15 年的缴费年限，无论在新农保或城居保缴费多长时间，都可以转入企业职工基本养老保险合并计算待遇。这有利于最大限度地保障参保人员的权益，同时引导参保人员长期参保、持续缴费。而对于由于各种原因在企业职工基本养老保险缴费不足 15 年的，按照社会保险法的规定从企业职工基本养老保险转入新农保或城居保，由后者发挥“兜底”功能，也可以避免因企业职工基本养老保险缴费年限不足而造成参保人员的权益损失。若参加了企业新农保、后因就业又参加了企业职工基本养老保险的城乡居民，在养老保险关系转移时，可将新农保个人账户储存额，按职工基本养老保险的规定折算缴费年限并继续缴费。到达退休年龄时，符合按月领取基本养老金条件的，按企业职工基本养老保险规定享受养老金待遇；不符合按月领取职工基本养老保险待遇条件的，可将其职工基本养老保险个人账户储存额转入新农保个人账户，缴费年限按当年当地城乡居民社会养老保险平均缴费额折算，按规定享受新农保待遇。二是改进养老保险金的计发办法，对农村居民在各个不同时期形成的养老保障权益都予以承认。① 在参保人员达到可以领取养老金的年龄时，对养老保险权益进行分段累积计算，并在养

① 《推进新型农村社会养老保险制度建设》，见 http：//finance. people. com. cn/insurance/BIG5/9091301. html。

老金待遇中予以体现。三是加快社会保险省级统筹步伐，在提高统筹层次的基础上，解决地区间因利益关系而影响社保关系转移、衔接等问题。四是加快社会保险信息化建设，为农保与其他社保政策间的转换、衔接提供技术支持。

5. 坚持因地制宜，增强制度弹性。

我国的经济在一定程度上仍存在着不平衡。农村居民收入水平差距较大，且具有不稳定性，特别是中西部地区的农村居民收入远比东部其他地区低，消费剩余不多。加上政府财政底子薄，目前要对农民参保实行补贴，有一定困难。因此，要因地制宜，新农保制度安排要有灵活性和弹性。针对农村居民收入及地方财政实力不均衡的现状，制定多档次的缴费标准和养老待遇水平。收入较低的农村居民可以根据实际经济状况选择低档的缴费标准；有条件的农村居民可以选择高档的缴费标准，并在转为城镇居民以后，可以与城镇养老保险制度相衔接。对于农村居民收入不稳定的特殊性，缴费形式要灵活，允许月缴、年缴或补缴。在领取养老金年龄要求方面，根据特殊情况可以提前或延迟，但待遇水平要进行相应调整。个人账户的资金，可以质押、贷款用于生产、生活，如解决农民患病时的医疗费用或子女上学费用。

6. 最终实现新农保和城镇居民社会养老保险的合并。

按照社会保险"保基本、全覆盖、有弹性、可持续"的基本原则，坚持覆盖城乡、惠及全民，让全国的农村老百姓共享改革发展成果，逐步实现人人享有基本养老保障，就应当打破城乡二元制结构，改变以户籍为参加养老保险的必备要件，逐步将新农保和城镇居民社会养老保险合并为城乡居民养老保险。同时，城镇居民社会养老保险应当坚持低水平起步、积极稳妥推进，筹资标准和待遇标准要与经济社会发展水平及各方面承受能力相适应；要坚持权利与义务相对应，个人（家庭）集体、政府合理分担责任，鼓励长缴多得、多缴多得，逐步形成科学、规范的城乡居民社会养老保险制度体系。对已参加原来农村社会养老保险且未领取养老金的参保人，应将老农保个人账户储存额按当年当地的平均缴费额折算缴费年限（折算的缴费年限最长不超过 15 年）并继续缴费。老农保个人账户全部储存额并入城乡居民社会养老保险个人账户。已领取老农保养老金的参保人，在领取城乡居民社会养老保险基础养老金时，经本人同意，可对老农保个人账户余额实行清算，终止原来的社会保险关系。

第三节 农村养老保障制度的辅助性安排

一、集体补充性养老保险

社会保险发源于市场经济，城市中的劳资双方是天然的责任承担主体和权利享受主体，并由工会组织管理监督。虽然我国农村大部分地区仍是传统的农业经济，社会保险的责任主体明显缺位，农村社会保险的责任主体不具有劳资关系的特征，不具备用工主体与劳动者之间的人身依附性，但集体经济可以填补这一空缺。集体经济是我国农村实现统分结合、双层经营新体制的合作经济组织，具有强大的资本积累功能，是农村基层公共福利事业的经济基础和组织保证之一，是提高农民的养老保险水平的重要补充。①

改革开放前，我国根本没有农村集体经济，集体经济处于一穷二白状态，集体补充性养老保险更无从谈起。改革开放后，随着市场经济的逐步建立与完善，尤其是随着城镇化进程的加快，农村土地等资源逐渐减少，农村集体经济活跃起来。但由于我国农村经济存在地区之间、群体之间的不平衡，补充性养老保险需要区别对待。东部发达地区已基本实现城市化，乡镇企业发达。当地农民虽然有农业户口，但基本无土地，已转化为产业工人。社会保险的劳资双方已然存在。集体经济只起辅助性作用，甚至完全可以退出。西部欠发达地区还保留传统的农业经济，农民还从事单纯的农业活动。对于因城市化而被边缘化的群体，如失地农民，集体经济要根据当地的资金积累状况提供必要的、辅助性的养老补助。②

（一）农村集体经济组织的概念与分类

农村集体经济亦称农村集体所有制经济。我国宪法第八条规定：“农村集体经济组织实行以家庭承包经营为基础、统分结合的双层经营体制。农村中的

---

① 胡继富：《农村社会养老保险制度政府供给边界及制度供给不足原因解释》，复旦大学学位论文，2008年。

② 贾海彦：《公共财政框架下的农村养老保险制度建设研究》，载《山东经济》2009年第9期。

生产、供销、信用、消费等各种形式的合作经济，是社会主义劳动群众集体所有制经济。”①

农村集体经济实现形式也呈多样化发展趋势，主要有以下三种：

统分结合的农村集体经济。农村改革后，在传统集体经济内部实行土地集体所有，所有权与使用权分离，建立以家庭承包经营为基础、统分结合的双层经营体制，亦称农村社区集体经济。

农村股份合作制经济。由3户以上劳动农民，以资金、实物、技术、劳力等为股份，自愿组织起来从事生产经营活动，实行民主管理，以按劳分配为主，又有一定比例的股金分红，有公共积累，能独立承担民事责任。

农村专业合作经济。由从事同类农产品生产经营的农民、经济组织和其他人员自愿组织起来，在技术、资金、信息、购销、加工、储运等环节实行自我合作、自我服务、自我管理、自我发展，达到提高市场竞争能力、增加成员收入的目的。②

（二）农村集体经济组织的成员

对集体经济组织成员资格的认定，目前的法律规定还不是很明确，应遵循实事求是、尊重历史、公平合理原则，结合土地承包、享受权利、履行义务等情况予以界定。目前，农村集体经济组织的成员主要有三类：

原始取得资格的成员。原始取得即原农业生产合作社或农业生产队的社员，且户口一直保留在现集体经济组织内；现役义务兵；服役期满留在部队改任士官，复员回原籍入户的；异地安置的复员士官，按婚迁待遇入户的；大中专院校的在校学生（入伍就读的军校生除外），就读期间其户口由原籍临时迁入学校管理的，以及学生毕业后按当地有关规定迁回原籍的，属本集体经济组织成员。

法定取得资格的成员。法定取得即有关法律明确规定的应属本集体经济组织的成员，包括因婚姻关系办理入户后的迁入者；出嫁、丧偶、离婚以后，户

---

① 洪猛：《农村集体经济发展有效实现形式研究》，载《湖北经济学院学报》（人文社会科学版）2011年第3期。

② 奚洁人主编：《科学发展观百科辞典》，上海辞书出版社2007年版。

口在本集体经济组织的妇女，或男与女方离婚、丧偶以后户口在本集体经济组织的；《收养法》颁布后，办理了合法收养登记手续的在册收养子女；因国家建设需要，由政府安置而迁入本集体经济组织的在册农业人口移民及其子女等。

申请取得资格的成员。申请取得即本集体经济组织成员符合计划生育政策的婚生子女，要求入户本集体经济组织的；违反《计划生育法》的婚生子女，按有关规定缴纳社会抚养费后，要求入户本集体经济组织的；本集体经济组织成员第一次婚姻迁入本集体经济组织的配偶，再婚满三年迁入本集体经济组织的配偶，要求入户本集体经济组织的；本集体经济组织成员合法收养的子女入户为非农户口，要求加入本集体经济组织的等，都必须向本集体经济组织提出书面申请，经本集体经济组织成员大会或户代表大会三分之二以上成员表决通过并签字确认后可成为本集体经济组织成员。而非婚姻、收养、血缘、户籍政策等原因要求加入本集体经济组织的农村居民，除须经过本集体经济组织成员大会或户代表大会三分之二以上成员表决通过外，还需按本集体经济组织《章程》缴纳一定数额的公共积累后，方可成为本集体经济组织成员。

（三）集体补充性养老保险

农村集体经济组织开展补充性养老保险，是指经济条件较好、民主化管理程度较高的农村集体经济组织，为具有本村村民资格的成员办理补充性养老保险，在村民达到一定年龄时获得额外物质帮助的一种制度。农村要开展集体补充性养老保险，应当征得村民委员会同意，并由村委员会成员和村民代表组成基金管理理事会。基金管理理事会委托有关机构实现基金的保值增值，并为村民在达到享受待遇资格条件时发放相应待遇。

目前，只有经济条件较好的东部较为富裕的地区，才开展此项补充性养老保险。在集体经济开展补充性养老保险后，该集体经济组织的成员在达到一定年龄时，能够获得除国家法定物质待遇帮助外的额外的物质帮助。集体补充性养老保险与其他社会保险不同，集体补充性养老保险不具有国家强制性，且该保险待遇的享受对象仅限于本村村民。集体经济作为养老保险的补充层次，要与基本养老保险的统筹账户严格区分。基本养老保险统筹账户的承担主体可以是基层组织（包括集体经济），但必须纳入公共财政的运行体制。而集体补充性养老保险是由村、社区为代表的集体组织承担，集体组织拥有资金的筹集、运作、支付的权力。公共财政无权干预，但应对其监督管理，并提供必要的税收优惠和政策支持。①

二、商业养老保险

商业养老保险主要针对有自我保障能力的部分富裕农民，自愿参加，商业化运作。商业养老保险是指具有参保意愿和参保能力的人，按年度向商业保险公司缴纳一定期限的费用，在达到一定年龄时从商业保险公司获得定期收入。随着农村人均可支配收入的不断增加，农民对保险的知识越来越了解，参加商业保险的意愿越来越强。不可否认，商业保险在一定程度上确实解决了参保人年老时的养老问题，但这需要参保人在年轻时连续每年都要缴纳一定的固定费用。这个费用有可能是两三千，也有可能是五六千，客观上又一定程度减少了农民的可支配收入。公共财政可以视特殊情况，基于特定的税收优惠，鼓励农村金融机构、商业保险机构等多元主体进入，不干预具体业务，并运用财政手段加强对保险市场的监管，为其提供良好、有序的竞争环境。

（一）商业养老金保险种类

商业养老年金保险是寿险的一种特殊形式，即从年轻时开始定期缴纳保险费，从合同约定年龄开始持续、定期地领取养老金的人寿保险；能有效地满足客户的养老需要。②

个人商业养老保险主要有两种：一种是固定利率的传统型养老险。根据保监会规定，目前的预定利率最高为2.5%。另一种是分红型的养老险，即养老险金的多少和保险公司的投资收益有一定关系。③ 分红型的养老保险让投保人可以自主选择红利分配方式，分享公司的经营成果。这是在传统养老保险中享受不到的利益。当利率上调时，保险公司投资收益增加，红利自然也水涨船高。

---

① 胡继富：《农村社会养老保险制度政府供给边界及制度供给不足原因解释》，复旦大学学位论文，2008年。

② 冯杰：《退休后有闲又有钱》，载《卓越理财》2009年第1期。

③ 中国保险监督管理委员会网站，http：//www.circ.gov.cn。

个人商业养老保险比较适合于有着稳定的工作和持续收入，且不希望晚年生活品质下降的人群购买。购买时机最好选择在收入和事业都在稳定上升的时期，比如25—45岁之间。但是，从现实情况来看，25—45岁之间的群体普遍工作和生活压力大，工作节奏较快且承担着养育子女、赡养老人、供房和供车等生活压力，恰恰容易忽略自身的养老需求。[1]

（二）基本框架

领取方式。商业养老金保险有定额、定时和一次性领取三种方式。一次性领取的方式是指被保险人在约定领取时间，把所有的养老金一次性全部提走；定额领取的方式则是指在单位时间确定领取额度；定时则是指被保险人在约定领取时间，根据保险金的总量确定领取额度。

领取时间。商业养老金保险的起始领取时间一般集中在50周岁、55周岁、60周岁、65周岁四个年龄段。

保险期间。目前，市场上的商业养老金保险产品有定期和终身两种。其中，定期型产品可保至80岁，甚至88岁；终身型产品则保至被保险人身故为止。

保证领取。为避免被保险人因寿命过短而损失养老金的情况，不少养老保险都承诺10年或者20年的保证领取期。

① 冯杰：《退休后有闲又有钱》，载《卓越理财》2009年第1期。

第五章 CHAPTER 5

农村医疗保障制度

◇ 农村合作医疗制度

◇ 农村医疗保险制度

第一节 农村合作医疗制度

一、农村合作医疗制度的变迁与模式比较

（一）农村合作医疗制度的历史沿革

农村合作医疗保险是由我国农民（农业户口）自己创造的互助共济的医疗保障制度，在保障农民获得基本卫生服务、缓解农民因病致贫和因病返贫方面发挥了重要的作用。它为世界各国，特别是发展中国家解决普遍存在的问题提供了一个范本，不仅在国内受到农民群众的欢迎，而且在国际上得到好评。在1974年5月的第二十七届世界卫生大会上，第三世界国家普遍表示了热情关注和极大兴趣。联合国妇女儿童基金会在1980—1981年年报中指出，中国的“赤脚医生”制度在落后的农村地区提供了初级护理，为不发达国家提高医疗卫生水平提供了样本。世界银行和世界卫生组织把我国农村的合作医疗称为“发展中国家解决卫生经费的唯一典范”①。

1. 农村合作医疗制度的建立与发展。

新中国成立后，一些地方在土地改革后的农业互助合作运动的启发下，由群众自发集资创办了具有公益性质的保健站和医疗站。1956年，全国人大一届三次会议通过的《高级农业生产合作社示范章程》中规定，合作社对因公负伤或因公致病的社员要负责医疗，并且要酌量给以劳动日作为补助，从而首次赋予集体介入农村社会成员疾病医疗的职责。随后，许多地方开始出现以集体经济为基础、以集体与个人相结合、互助互济的集体保健医疗站、合作医疗站或统筹医疗站。可以说，从新中国成立到20世纪50年代末，农村合作医疗

① 孙坚：《市场经济条件下的农村合作医疗制度改革研究》，厦门大学学位论文，2009年。

处于各地自发建立的阶段。①

1959年11月，卫生部在山西省稷山县召开全国农村卫生工作会议，正式肯定了农村合作医疗制度。此后，这一制度在广大农村逐步扩大。1965年9月，中共中央批转卫生部党委《关于把卫生工作重点放到农村的报告》，强调加强农村基层卫生保健工作，极大地推动了农村合作医疗保障事业的发展。到1965年年底，全国已有山西、湖北、江西、江苏、福建、广东、新疆等10多个省、自治区、直辖市的一部分市县实行了合作医疗制度，并进一步走向普及化。② 即使在“文化大革命”中，由于合作医疗深受农民欢迎，到1976年，全国已有90%的农民参加了合作医疗，从而基本解决了广大农村社会成员看病难的问题，为新中国农村医疗保障事业的发展写下了光辉的一页。③

这个时期的农村合作医疗具有以下特点：第一，合作医疗制度是建立在集体经济基础之上的。其合作不仅表现为社员与社员之间的合作，还表现为社员与集体之间的合作。第二，合作医疗的待遇主要是免费享受预防保健服务，免收挂号、出诊等费用，保障水平总体较低。第三，采取按人头定额的方式筹集合作医疗保健费和按人头定额预付的方式支付医疗保健费用。第四，实行定点医疗保健，定点机构一般为乡（公社）、村（生产大队）举办的卫生组织。

受当时经济社会发展水平的制约，虽然农村合作医疗的保障水平非常有限，但是针对当时农村缺医少药，寄生虫病、传染病和地方病流行而采取的预防保健服务，对改善农村居民的健康状况，促进基层卫生组织的建立与发展起到了有效的推动作用。后来，受人民公社运动中“左”的思想影响，合作医疗也刮起了“共产风”，搞“供给制”，实行“看病不要钱”等不切实际的做法，脱离了农村现实的经济条件和农民的觉悟水平，为后来合作医疗的正常发展埋下了隐患。④

2. 农村合作医疗制度的衰退期。

20世纪70年代末期至80年代末期，伴随着农村人民公社的解体，由于

① 王强：《我国农村社会保障制度改革探讨》，山西财经大学学位论文，2002年。
② 邵海亚：《铜山县新型农村合作医疗运行效果研究及评价》，南京医科大学学位论文，2006年。
③ 王强：《我国农村社会保障制度改革探讨》，山西财经大学学位论文，2002年。
④ 杨国平：《中国新型农村合作医疗制度可持续研究》，复旦大学学位论文，2008年。

合作医疗失去了赖以存在的组织和经济基础。由于合作医疗的兴起当时在很大程度上是靠政治运动推动的，并不是真正按照群众的意愿兴办的，加上制度不完善、管理经验缺乏、舆论导向和政策导向的失误，合作医疗迅速走向衰落；农村合作医疗遭到了破坏，并开始走向低潮。1979 年 12 月，卫生部、农业部、财政部、国家医药管理总局、全国供销合作总社联合发布了《农村合作医疗章程（试行草案）》。各地又根据这个章程对农村基层卫生组织和合作医疗制度进行整顿，坚持农民群众自愿参加的原则，强调参加自愿、退出自由，同时改进了资金筹集办法。[①] 此后，虽然少数地区的农村合作医疗事业得到了恢复与发展，但随着 20 世纪 80 年代农村承包责任制的推行，乡村公共积累下降，管理不得力，各级卫生行政部门又未能及时加强引导，全国大多数农村地区原有的以集体经济为基础的合作医疗制度遭到解体或停办，绝大部分村卫生室（合作医疗站）成了乡村医生的私人诊所。据 1985 年在全国 10 省 45 个县的调查，农村居民中仍参加合作医疗的仅占 9.6%，而自费医疗则占到 81%。1986 年，支持合作医疗的村继续下降到 5% 左右。当时只有上海的郊县，山东的招远，湖北的武穴，江苏的吴县、无锡、常熟等为数不多的地区继续坚持合作医疗。

农村合作医疗的瓦解和基层卫生组织的衰弱，造成了极为严重的后果：首先，农村公共卫生、预防保健工作明显削弱，新的公共卫生问题不断出现，农民健康水平呈现出下降趋势。卫生部公布的《第三次国家卫生服务调查主要结果》指出，虽然农村地区传染病的发病率由 5.7% 下降到 2.7%[②]，但农村居民常见病、多发病仍以感染性疾病为主，如呼吸系统、消化系统和泌尿系统等疾病。与前两次调查结果相比，下降不明显。同时，一些慢性疾病的患病率在农村则明显增加。其中，高血压患病率比 1993 年增加了 1.8 倍。[③] 其次，医药费用不断上涨，广大农民不堪重负，看不上病、看不起病的现象相当普遍。2003 年的调查显示，农村居民中，有 75.4% 的人应住院而没有住院，比 1998

① 王强：《我国农村社会保障制度改革探讨》，山西财经大学学位论文，2002 年。

② 第三次国家卫生服务调查主要结果，2005 年。

③ 第三次国家卫生服务调查主要结果，2005 年。

年的63.7%上升了11.7个百分点；因病致贫、因病返贫的农民占全部贫困农民的比例上升到33.4%。而在广大西部农村地区，62%的患者因为经济困难应治疗而没有治疗，75.1%的患者还没有治愈就要求提前出院。[①] 再次，医疗资源分布严重失衡，城乡差距、东南沿海与中西部的差距、富裕地区与贫困地区的差距进一步扩大，医疗卫生服务的公平性进一步降低，总体绩效更加降低。[②] 不断衰落的合作医疗，使得农民的健康水平不但没有改善反而下降，且疾病预防、健康教育等服务因收费难等问题几近停顿。因此，必须尽快建立能满足广大农民需求的农村医疗保障制度，使农民能从中得到实惠。

3. 农村合作医疗制度恢复和重建期。

疾病预防和健康教育工作的停顿使得农村居民的发病率开始升高。因病致贫、因病返贫的人数与日俱增，并成了农村脱贫的第一难题。农村社会成员的医疗问题引起了有关政府部门的重视。一些地方在总结历史经验的基础上，根据农村的发展变化，对传统的合作医疗制度因地制宜地做了改进，从而呈现出不同的模式。目前，农村合作医疗事业作为农村社会保障事业的一个方面，已被列入国家卫生部门的发展计划。

4. 新型农村合作医疗制度的建立。

2002年10月，《中共中央、国务院关于进一步加强农村卫生工作的决定》明确指出，要“逐步建立以大病统筹为主的新型农村合作医疗制度”，“到2010年，新型农村合作医疗制度要基本覆盖农村居民”，“从2003年起，中央财政对中西部地区除市区以外的参加新型合作医疗的农民每年按人均10元安排合作医疗补助资金，地方财政对参加新型合作医疗的农民补助每年不低于人均10元”，“农民为参加合作医疗、抵御疾病风险而履行缴费义务不能视为增加农民负担”。[③] 这是我国政府历史上第一次为解决农民的基本医疗卫生问题进行大规模的投入。从2003年开始，本着多方筹资、农民自愿参加的原则，

---

① 《卫生部长高强称六大原因导致看病贵看病难》，载《中国青年报》2006年2月19日版。

② 刘勇：《新型农村合作医疗运行状况及改进对策研究——以江西省永丰县为例》，南昌大学学位论文，2009年。

③ 袁莉：《中国农村养老保障的现实与挑战——基于新型农村合作医疗的经验》，载《改革与战略》2008年第3期。

新型农村合作医疗的试点地区正在不断地增加。试点地区的经验总结，为将来新型农村合作医疗在全国的全面开展创造了坚实的理论与实践基础。截至2004年12月，全国共有310个县参加了新型农村合作医疗，有1945万户、6899万农民参合，参合率达到了72.6%。按照“十一五”规划的要求，新型农村合作医疗到2010年的覆盖面达到农村的80%以上。2011年2月17日，中国政府网发布了《医药卫生体制五项重点改革2011年度主要工作安排》。这份文件明确指出，2011年，政府对新农合和城镇居民的医保补助标准均由上一年每人每年120元提高到200元，城镇居民医保、新农合政策范围内住院费用支付比例达到70%左右。

2012年起，各级财政对新农合的补助标准从每人每年200元提高到每人每年240元。其中，对于原有200元的部分，中央财政继续按照原有补助标准给予补助；对于新增40元部分，中央财政对西部地区补助80%，对中部地区补助60%，对东部地区按一定比例补助。在农民的个人缴费原则上提高到每人每年60元；有困难的地区，个人缴费部分可分两年到位。个人筹资水平提高后，各地要加大医疗救助工作力度，资助符合条件的困难群众参合。新生儿出生当年，随父母自动获取参合资格并享受新农合待遇，自第二年起按规定缴纳参合费用。①

5. 农村合作医疗制度的特点。

（1）保障对象的特定性。在我国，城镇居民一般由公费医疗、劳保医疗或医疗社会保险制度给予保健与疾病医疗保障，而占全国总人口70%以上的农村社会成员却缺乏必要的医疗保障。合作医疗作为农民群众在长期与疾病作斗争中逐渐形成和发展起来的一种医疗保障制度，便成了解决农村居民疾病医疗与保健问题的主要依托。因此，合作医疗是农民创造的，也为农民的健康服务，从而成为农村社会保障体系中的重要组成部分。②

（2）农民参保的自愿性。合作医疗是合作化运动的产物，实质上是群众

---

① 《关于开展城乡居民大病保险工作的指导意见》，载《中国人力资源社会保障》2012年第10期。

② 邵海亚：《铜山县新型农村合作医疗运行效果研究及评价》，南京医科大学学位论文，2006年。

的互助互济。它从一开始就强调群众自愿的原则，通过政策引导、实施效果引导以及群众相互影响等来吸引群众参加。[①] 例如，国家在政策上重视并扶持合作医疗，把合作医疗当做为农村居民办实事；合作医疗本身具有的公益性、福利性使农民认识到其好处；群众之间的影响，又能推动农村社会成员的积极参与。合作医疗制度正是在上述三个因素的引导下由农民自愿参加并最终成为一项医疗保健制度的。[②] 在新的历史时期，合作医疗仍应坚持群众自愿的原则，但这并不排除政策引导、政府扶持等措施，将群众自愿参加引向群众自觉参加，使合作医疗成为农村社会的群众性医疗保障制度。

（3）医疗服务的全方位性。虽然合作医疗的层次低，设施简陋，但从过去数十年的实践来看，它又有着十分丰富的内容。在实行合作医疗的地区，它不仅为农村社会成员提供一般的门诊和住院服务，而且承担着儿童计划免疫、妇女孕产期保健、计划生育、地方病疫情监测等任务，并按照预防为主、防治结合的方针开展各种预防工作和饮食及饮水卫生、爱国卫生工作等。由此可见，合作医疗虽建立在乡、村，是中国最低层次的、粗放型的医疗保障，但“麻雀虽小，五脏俱全”，其对保障农村社会成员的健康发挥着多方面的积极作用。[③] 此外，农村合作医疗还能就近或上门提供医疗服务，极大地方便了农村居民的疾病医疗和保健需要。合作医疗的上述特点，决定了它在现阶段中国农村经济发展中的不可或缺性和在农村社会保障体系中的不可替代性。

（4）集体经济的基础性。在过去数十年间，合作医疗制度与农村社、队集体核算制度相对应，其经费主要来源于集体公益金的补助。其中，社员看病只需缴纳少量的钱。农村改革后，合作医疗正是因为失去了这种集体经济的保障才走向低潮的。从中国农村的现实条件看，无论是富裕地区还是贫困地区，都不可能由农民个人承担这种责任。而保障国民健康、增进国民健康又是国家和社会应该承担的职责。因此，国家和社会对农村居民健康的职责，又将会主要通过政策引导和农村集体经济来实现。集体经济在过去是合作医疗的经济基

① 邱文文：《新型农村合作医疗制度发展研究——以进贤县为例》，南昌大学学位论文，2007 年。
② 邵海亚：《铜山县新型农村合作医疗运行效果研究及评价》，南京医科大学学位论文，2006 年。
③ 邵海亚：《铜山县新型农村合作医疗运行效果研究及评价》，南京医科大学学位论文，2006 年。

础，在今后仍将是农村合作医疗的必要基础。

（二）农村合作医疗制度的模式比较与选择

20 世纪 80 年代以前，我国农村合作医疗的构建模式是统一的、规范化的，这是因为全国均实行社、队集体核算，而且具有统一的基础和统一的社会政策。然而，随着改革开放，农村的经济结构发生了巨大的变化，地区发展水平极不平衡，同一地区甚至同一乡、村的发展也不平衡，要恢复、重建全国统一的农村合作医疗制度显然是不现实的。在这种条件下，国家虽然倡导恢复与推广农村合作医疗事业，但又难以实施统一的政策。因此，自 20 世纪 80 年代以来，主要由各地结合自己的实际情况加以探索，从而形成了多种形式的农村合作医疗模式。①

1. 村办村管型。

村办村管型即合作医疗站（点）自行筹建，并由村委会管理。其经费由村集体经济组织（或村提留）和本村群众共同承担，实施对象限于本村居民，个人享受合作医疗的范围与标准均由村制定，它是过去中国农村合作医疗的主要形式。开展合作医疗的大部分地区，基本上以村办村管型合作医疗为主。如 1985 年，在上海市郊县实行合作医疗的 3037 个村中，由村办村管的占 83.5%。②

2. 村办乡管型。

在村办乡管型这种模式下，合作医疗站（点）仍由村委会筹建，合作医疗经费由集体与个人共同筹集，但享受的范围与标准由村、乡协商制定，经费由乡卫生院或乡合作医疗管理委员会统一管理、按村核算，经费超支由各村自负。

3. 乡村联办型。

在这种模式下，合作医疗站（点）由乡、村筹建。合作医疗经费除村集体提留和个人供款外，乡级政权还补助一部分；经费由乡统一管理，乡和村分成核算，提留和报销比例由乡、村协商确定，享受的范围与标准由乡级政权统一制定。如 1985 年，上海市郊县农村合作医疗中，就有 13% 属于这种模式。

---

① 王强：《我国农村社会保障制度改革探讨》，山西财经大学学位论文，2002 年。

② 邵海亚：《铜山县新型农村合作医疗运行效果研究及评价》，南京医科大学学位论文，2006 年。

4. 乡办乡管型。

这种模式下，合作医疗站（点）由乡级政权负责筹建。合作医疗经费由乡、村、个人三方筹集，由乡统一管理、统一核算。享受范围和标准由乡统一制定。

5. 多方参与型。

在这种模式下，除乡、村两级农村基层政权外，还有其他地方参与筹建农村合作医疗站（点）。如上海市金山县、湖北监利县等在当地政府与群众的支持下，就初步建立了合作医疗健康保险制度。以金山县的试点乡亭新乡为例，乡建立“合作医疗健康保险管理委员会”，由县卫生局、县人民保险支公司和乡政府参与管理和协调，农村居民以户为单位、乡镇（包括村）企业以企业为单位自愿参加，交费登记，由乡“健管会”发放医疗保健卡，凭卡就诊或逐级转诊，按一定比例补偿医疗费用。①

6. 大病统筹型。

在这种模式下，合作医疗只负责达到大病标准的农村社会的医疗问题，一般疾病不在合作医疗范围之列。如江苏高邮市就推行大病合作医疗制。② 其基本内容是，每人每年交纳1.5元左右的统筹金，由乡镇专户储存；凡农村社会成员一次支出医药费50—100元的报销20%，一次支出100—500元的报销30%—40%，依此类推，最高可报销70%左右。全市32个农村乡镇的70多万农民居民都自愿地参加了这种大病合作医疗。

7. 混合保障型。

一些地方建立起综合性的农村基层保障制度，合作医疗被包容其中。如山西省潞城县石窟乡、湖南省临湘县源潭镇长源村等，均建立的是乡、村基层社会保障制度。合作医疗保障与养老保障等均是其基本内容，从而具有网络性、综合性。③

二、新型农村合作医疗制度

2002年10月，《中共中央、国务院关于进一步加强农村卫生工作的决定》

① 王强：《我国农村社会保障制度改革探讨》，山西财经大学学位论文，2002年。
② 王强：《我国农村社会保障制度改革探讨》，山西财经大学学位论文，2002年。
③ 邵海亚：《铜山县新型农村合作医疗运行效果研究及评价》，南京医科大学学位论文，2006年。

第一次为解决农民的基本医疗卫生问题进行规定。由此以后，新型农村合作医疗的参保范围、补助标准、政策范围内住院费用报销比例、中央财政补助等不断提高，这是我国政府历史上第一次为解决农民的基本医疗卫生问题进行大规模的投入。从2003年开始，本着多方筹资、农民自愿参加的原则，新型农村合作医疗的试点地区正在不断地增加。试点地区的经验总结，为将来新型农村合作医疗在全国的全面开展创造了坚实的理论与实践基础。按照“十一五”规划的要求，新型农村合作医疗到2010年的覆盖面达到农村的80%以上。① 2007年，全国开展新农合试点的县（市、区）达到2319个，参合率为85.7%。2008年，新农合基金筹集达到785亿。2010年，实现了在全国范围内建立起基本覆盖农村居民的新型农村合作医疗制度的目标。2011年9月底，参合率为97.5%，全国列入国家新型农村社会养老保险试点地区的参保人数达到32643万人。2012年，我国新农合人均筹资水平达到300元左右，全国新农合参合率继续保持在95%以上，新农合政策范围住院费用报销比例达到75%左右。②

建立新型农村合作医疗制度，是从我国基本国情出发，解决农民看病难、看病贵问题的一项重大举措，对于提高农民健康水平，缓解农民因病致贫、因病返贫，统筹城乡发展，实现全面建设小康社会目标具有重要作用。

（一）制度的设计

1. 参合原则。

新型农村合作医疗采取参保自愿原则。农民以家庭为单位自愿参加新型农村合作医疗，遵守有关规章制度，按时足额缴纳合作医疗经费。农民个人每年的缴费标准不应低于10元，经济条件好的地区可相应提高缴费标准。乡镇企业职工（不含以农民家庭为单位参加新型农村合作医疗的人员）是否参加新型农村合作医疗由县级人民政府确定。

新型农村合作医疗制度发展初期，根据卫生部、财政部、农业部《关于建立新型农村合作医疗制度的意见》的规定，明确了新型农村合作医疗制度

① 2004年卫生部统计年鉴。

② 郑惠帆：《浅析当前我国农村医疗保险制度》，载《东方企业文化》2013年第3期。

的性质是“农民医疗互助共济制度”①；强调农民之间的互助以及自愿参加、自愿缴费，而非强制收费。早在2003年，国务院就决定全面推进农村税费改革试点工作，确保改革后农民负担明显减轻、不反弹。在这样的政策环境下，《关于建立新型农村合作医疗制度的意见》特别强调“农民为参加合作医疗、抵御疾病风险而履行缴费义务不能视为增加农民负担”。因此，虽然新型农村合作医疗是自愿参保而非强制参保，但也在当时发挥了较大的作用，一定程度上解决了农民的看病难问题。有病等、有病靠的现象有所缓解。

2. 参合范围和缴费。

参加新型农村合作医疗的对象，是除已参加城镇职工基本医疗保险或城镇居民基本医疗保险以外的所有农民（包括土地被征用后的农转非人员），但在具体缴费时，政府一般对低保、“五保”、低收入农户、残疾人和重点优抚对象免缴新型农村合作医疗个人自负部分。他们的应缴费用由财政全额承担，最大限度地减少了低收入者的经济负担。

3. 资金筹集。

乡（镇）、村集体要给予资金扶持，中央和地方各级财政每年要安排一定专项资金予以支持。有条件的乡村集体经济组织应对本地新型农村合作医疗制度给予适当扶持，扶持新型农村合作医疗的乡村集体经济组织类型、出资标准由县级人民政府确定，但集体出资部分不得向农民摊派。政府鼓励社会团体和个人资助新型农村合作医疗制度。② 地方财政每年对参加新型农村合作医疗农民的资助不低于人均10元，具体补助标准和分级负担比例由省级人民政府确定。经济较发达的东部地区，地方各级财政可适当增加投入。从2003年起，中央财政每年通过专项转移支付对中西部地区除市区以外的参加新型农村合作医疗的农民按人均10元安排补助资金。③ 新型农村合作医疗制度要坚持以收定支、收支平衡的原则，既保证这项制度持续有效运行，又使农民能够享有最

① 中华人民共和国中央人民政府网站，http：//www.gov.cn/zwgk/2005/08/12/content_21850.htm。

② 李智勇：《国务院办公厅转发卫生部等部门关于建立新型农村合作医疗制度意见的通知》，载《中国乡村医药》2003年第2期。

③ 吕健：《我国新型农村合作医疗制度的实践与完善》，天津财经大学学位论文，2009年。

基本的医疗服务。

4. 资金管理。

农村合作医疗基金是由农民自愿缴纳、集体扶持、政府资助的民办公助社会性资金，要按照以收定支、收支平衡和公开、公平、公正的原则进行管理，必须专款专用、专户储存，不得挤占挪用。

5. 报销范围。

各地对新型农村合作医疗的报销范围规定不一。如吉林省下发的《吉林省新型农村合作医疗诊疗项目目录（试行）》。新《目录》增加了诊疗项目的种类，扩大了报销范围和报销比例。原《目录》中有诊疗项目 1877 项，新《目录》为 5049 项，增加了 3172 项。新《目录》中 100% 统筹的有 3450 项，50% 统筹的有 807 项；纳入统筹范围的卫生材料有 304 种；对 14 项特殊疾病（或特殊疾病所用的卫生材料）进行了限价等。

除了规定新型农村合作医疗报销的范围，还有一些应当属于不予报销或部分报销的项目。经过整理国家和省新型农村合作医疗制度中关于不予补偿的项目，除个别地方对项目规定不同外，绝大部分省和市的项目包括下列各项：一是服务项目类，包括挂号费、院外会诊费、病历和费用清单工本费、急救车费、医务人员出诊费和差旅费等；二是非疾病治疗项目类，包括各类美容、健美项目及一些非功能性整容、矫形手术等；三是诊疗设备及医用材料类，包括应用正电子发射断层扫描装置（PET）、电子束 CT、眼科准分子激光治疗仪、人体信息诊断仪器等检查治疗项目等；四是治疗项目类，包括各类器官、组织移植的器官或组织源（烧伤病人皮肤移植除外）及获取器官源、组织源的相关手术（自身组织移植、自愿免费捐献器官、组织的除外）等；五是其他费用。关于新农合基金补偿部分费用的诊疗项目，一般有以下几种：一是服务项目类，二是诊疗设备及医用材料类，三是治疗项目类。因此，广大参加新型农村合作医疗的农民，按照诊疗项目的规定，只有在当地诊疗项目目录范围内的才能予以报销，否则可能就会报销一部分费用或不予报销。

6. 报销方式。

各地对报销方式也有不同的规定，但一般情况下，报销方式是这样规定的：在当地县内定点医疗机构门诊就诊的医药费在就诊医疗机构刷卡报销；定点医疗机构要每月汇总并及时填报《新型农村合作医疗门诊医药费报销一览表》和《新型农村合作医疗门诊医药费申请核拨表》，向当地县农医办办理费用审核拨付手续。在当地县内定点医疗机构住院诊治，可以享受新型农村合作医疗资金报销的部分费用；在办理出院手续时，由就诊定点医疗机构刷卡报销；定点医疗机构要每月汇总并及时填报《新型农村合作医疗住院费用一览表》和《新型农村合作医疗住院费用申请核拨表》，向县农医办办理费用审核拨付手续。在当地县外医保定点医疗机构门诊、住院诊治，先由参合人员垫付一切费用；医疗终结后，持定点医疗单位的有效票据、汇总清单、病历卡、新型农村合作医疗卡及身份证复印件，到所在地乡镇农医办申报；由乡镇农医办上报县农医办进行审核报销。在当地县内、县外定点医疗机构门诊所发生的医药费，先由参合人垫付一切费用；医疗终结后，持定点医疗单位的有效票据、病历卡、医院证明、身份证复印件及新型农村合作医疗卡，到所在地乡镇农医办申报；由乡镇农医办上报县农医办按住院报销办法给予报销（病程较长、医疗费较高的，中途视情预报销）。已参加商业保险的人员发生的医疗费用，可持商业保险公司的理赔单和有效票据复印件按上述办法报销，但两者报销总额不得超过实际医疗费。

7. 报销比例。

关于报销比例的问题，由于各地经济发展状况不一，各地的报销比例也有高有低，但总体来说，各地对新型农村合作医疗的报销比例越来越高。如北京市就规定了将新农合中的急性心肌梗死、脑梗死、唇腭裂、甲亢、耐多药肺结核、机会感染6类疾病纳入重大疾病保障范畴，并将恶性肿瘤、终末期肾病（肾透析）、白血病、艾滋病机会感染等15类重大疾病的住院费用报销比例由70%提高至75%。[①]

（二）制度运行状况

1. 农民参合情况。

截至2011年年底，全国有2637个县（区、市）开展了新型农村合作医疗，参合人口数达8.32亿人，参合率为97.5%。[②] 卫生部副部长刘谦在介绍

① 《北京六类疾病纳入新农合，15种疾病报销比例提高》，载《京华时报》2012年9月12日。
② 卫生部2012年统计公报。

中国新型农村合作医疗制度发展情况时说，截至2012年6月底，参合人口达到8.12亿人，参合率达到95%以上。[①] 部分省市的农民参合情况高达99%，有的实现了全覆盖。如辽宁省卫生厅副厅长在省政府新闻发布会上称：2012年，辽宁参加新型农村合作医疗制度的参保农民就达到1965万人，占常住农村人口的99%，实现了全覆盖。[②]

2. 基金筹集情况。

2011年度，新农合筹资总额达2047.6亿元，人均筹资246.2元。到2012年6月份，新农合人均筹资水平由2003年的30元提高到2012年的300元左右。2013年，新农合人均筹资水平提高到340元左右。但省和省之间在筹资问题上差别还不小，如上海市2008年新型农村合作医疗的人均筹资水平就高达500元，而福建省2008年新型农村合作医疗人均筹资水平仅仅为90元，二者相差近5.5倍。

3. 基金支出情况。

截至2011年年底，全国新农合基金支出1710.2亿元，补偿支出受益13.15亿人次。其中，住院补偿0.70亿人次，普通门诊补偿11.67亿人次。

（三）存在的问题

虽然经过多年的探索与实践，新型农村合作医疗制度建设取得了一些成绩，覆盖面不断扩大，筹资水平不断提高，但同时也暴露出不少问题，这其中既有制度设计问题，又有制度运行过程中产生的问题，也有配套措施不完善的问题。

1. 治疗理念不适应形势发展。

目前，新型农村合作医疗制度的治疗仍以重治疗轻预防为主，尚未向病前预防为主转变，由此导致新型农村合作医疗制度与传统农村合作医疗制度的一个显著区别是在保障内容上强调以保大病为主，医疗保障资金主要用于对住院费用的补偿。这种过分强调以大病为主的补偿方式，其弊端主要有以下几点：第一，容易使人产生错觉。大病为主就是以“治疗为主”，资金向医疗倾斜，预防保健在新型合作医疗制度中没有地位，可能偏离农村卫生工作的总方向，

---

① 国务院新闻办公室2012年9月17日新闻发布会。

② 辽宁省人民政府2012年11月6日新闻发布会。

降低合作医疗基金的使用效率，还会将卫生机构的注意力引向以医疗为中心，导致卫生机构为创收而进行医疗竞争，忽视改善服务和预防保健。第二，保大病为主过分强化了医院的地位，容易误导医疗资源的配置方向，不利于基层卫生组织的发展。事实上，农民经常利用的卫生机构是村级卫生所和个体诊所。第三，影响参保率。现行政策规定，新农合的政策方向是以保大病为主，政府补助和农民个人缴费都需“主要补助大额医疗费用或住院费用”；只对年内没有发生大病者，安排一次常规性体检。这会导致缴费农民的实际受益面只能等于当地大病的发生率，影响农民参加新型农村合作医疗的积极性。① 第四，与农民最根本的医疗需求脱节。重治疗、轻预防与农村初级卫生保健的目标有矛盾，许多农民认为真正需要优先关注的、与广大农民基本健康关系最密切的是常见病的预防和多发病的治疗。因此，将保障目标定位为保大病，难以获得良好的卫生投入绩效。

2. 参保性质与社会保险参保性质矛盾。

新型农村合作医疗制度目前仍以自愿参保为原则，而社会保险却具有国家强制性、法定性的参保原则。新型农村合作医疗制度，从本质上讲属于社会医疗保险，只是不具有强制性而已。社会医疗保险区别于商业医疗保险的一个根本特征，就是社会医疗保险借助法律手段强制所有国民承担参加基本医疗保险的义务，以便尽可能保证在大规模人口中分散风险。新型农村合作医疗实行的则是自愿参保原则，反对任何形式的强迫命令。自愿参保原则面临的一个重大问题就是逆向选择，即老、弱、病、残者都愿意参加合作医疗，因为他们的受益率更高，但他们的收入一般较低，缴费能力有限；农村年轻健康者的支付能力较强，但其受益的可能性较低，因而缺乏参加合作医疗的积极性。如果完全按农民自愿选择，其结果是一方面，合作医疗达不到应有的参保率，共担风险的能力就会减弱；另一方面是参加新型农村合作医疗的主体必然是患病风险比较高的人群，有可能导致合作医疗经费入不敷出。

在新型农村合作医疗制度的实践中，地方政府在执行自愿参加这一政策的过程中，都普遍规定了最低限度的参合率，而且越是基层的地方政府所规定的

---

① 汪柱旺：《加快新型农村合作医疗制度建设》，载《宏观经济管理》2005 年第 9 期。

参合率指标越高。地方政府尤其是县乡基层政府之所以在执行政策中出现这样的偏差和扭曲，一是为了避免农民的逆向选择行为，二是因为参合率的提高可以得到更多的上级财政补贴，三是因为参合率是政绩的体现，四是为了与经济利益挂钩。这导致出现的问题是，农民参加新型农村合作医疗制度，不是出自于自己的主观意愿，而是为了满足政府尤其是基层政府出于上级机关配套资金的需要，违背了农民参加新型农村合作医疗制度的本质要求。

3. 农民工医疗制度还不健全。

随着城市化进程的推进，越来越多的农民开始离开土地，到城市来谋生、就业，成了新一代的农民工群体。对于他们来说，目前的医疗保障制度安排主要有两种情况：一是参加流入地的城镇医疗保险，主要有城镇职工基本医疗保险、大病医疗保险、综合社会保险；二是参加户籍所在地的新型农村合作医疗保险。但由于农民工的流动性较大，其在农村参加了新型农村合作医疗制度，到城市打工，不可能再回到农村诊疗、看病。对此，新型农村合作医疗制度并没有作出相应的制度安排。而且，随着城乡社会发展的一体化，不同的医疗保障制度之间如何进行有效衔接也是一个非常重要的问题。如果一些农民工在某一时期参加了农村合作医疗保险，另一时期又参加了城镇职工基本医疗保险，那么如何使其在不同制度下的缴费年限进行合理的折算和衔接就显得非常重要；否则，农民工的医疗保障权益将受到损害。现在很多地方的政策都规定，如果参加城镇职工基本医疗保险缴费年限达到一定的要求，那么参保人退休后，无须缴纳医疗保险费而继续享受基本医疗保险待遇。对于这个问题，现行的新型农村合作医疗制度并没有提出相应的操作和实施办法。

4. 筹资标准低。

新型农村合作医疗的指导思想是低水平、广覆盖，因此各地在推行新型农村合作医疗制度过程中拟订的筹资水平普遍较低。如 2007 年，很多农村合作医疗的人均筹资水平为 100 元（含 10 元体检费）。这一数字虽然比 2006 年有所提高，但与我国的经济发展水平相比，依然较低。随着社会经济的发展和医疗技术的提高，较低的筹资水平不仅会导致新型农村合作医疗保障在低水平上运转，而且也会影响农民参保的积极性，制约这一制度的发展。

5. 管理体制不完善。

新型农村合作医疗制度是在政府组织、引导和支持下建立的农民医疗互助共济制度，在管理上属于政府直接管理。政府居主导地位，实行自上而下的管理。主要由县（市、区）人民政府成立相应的新型农村合作医疗领导小组或管理委员会对新型农村合作医疗工作的开展进行指导和管理。在这种管理体制中，卫生部门承担主要职责。其不仅直接参与农村合作医疗政策的制定，而且是政策的主要执行者及各定点医疗机构的监管者。具体从事农村合作医疗基金管理、运作的农村合作医疗管理办公室也设在卫生局，因此卫生部门的权力可谓是高度集中。这种权力高度集中的管理模式，虽然在某种程度上有利于整合农村卫生资源，提高资源的使用效率，但是存在着政府管办不分、医疗机构监管不力的弊病。除此以外，目前，人力资源和社会保障行政部门具体管理医疗保险制度中的城镇企业职工基本医疗保险和城市居民医疗保险，而卫生部门仅负责医疗保险制度中的新型农村合作医疗。两个部门职责交叉、权责不明，导致政出两门。管理体制还需要进一步调整。而且，开展农村合作医疗，必然要涉及人、财、物、技术、制度等诸多因素。它们分属于不同部门管理，包括财政、卫生、药品监督、人力资源和社会保障以及工商等。它们相互间的职责纵横交错，利益关系纷繁复杂，往往是牵一发而动全身。这种复杂的利益关系也影响了卫生行政部门行业监管的效力。①

6. 基金筹措难度大，筹资机制不健全。

虽然新型农村合作医疗制度在资金筹集上采用了多方筹资的模式，即参保农民自己缴纳一部分，村集体和政府各补助一部分，但在实际运行中，依然存在较大的难度。首先，从参保农民自身缴纳的角度来看，随着农村人口异质化程度的不断提高，不同地区、不同类型的农民对合作医疗的需求是不同的。有的农民因为自身保障能力高或有其他形式的保障（商业保险）而不愿参加；有的农民因为长年外出打工而不愿参加；有的农民因为当年收入少而没有能力参加，尤其是那些患慢性病、大病和年老体弱的农民想参加，却又出不起钱。

① 邵德兴：《新型农村合作医疗供给模式研究：以浙江为例》，上海交通大学学位论文，2006年。

其次，从政府资助的角度来看，随着合作医疗制度的全面实施，每年用于合作医疗的财政支出不断增加。这对于个别贫困地区的财政来说是一个挑战；对于经济实力并不雄厚的国家财政来说，负担已属不轻。要想进一步提高县级财政对合作医疗制度的支持，难度很大。此外，政府在补贴比例方面也缺乏稳定的机制，各地补贴比例不尽相同，补贴具体数额有很大的随意性，不利于合作医疗基金形成稳定的、透明的和可持续的筹资机制。再次，从集体扶持的角度来看，由于没有硬性的政策规定，资金来源也不够稳定，一些地区为了完成参合指标，基层工作干部不得不采取各种各样的办法进行宣传动员，不得不动用大量人力、物力直接向农户收取费用。这种筹资机制由于缺乏制度化的保障，从而增加了新型农村合作医疗的筹资难度。

7. 补助方式不规范，报销程序繁琐。

目前，新型农村合作医疗制度实行的是“以住院为主，兼顾门诊统筹”的补偿模式；在实行大病住院统筹的基础上，推行门诊费用报销制度。在门诊补助上，有些地区实行由合作医疗定点医院在处方中直接减免的政策，即参保农民到县、乡两级定点医院门诊就诊时，凭合作医疗证由医院给予其药品和检查费总额的减免。但由于医药购销体制不顺，医院药价普遍高于药店价格，减免后的药价依然较高，参合农民从中没有得到实惠。如此一来，一部分农民误认为合作医疗是卫生部门搞行业垄断，对合作医疗的好处产生怀疑。[①] 在住院医药费补助上，由于新型农村合作医疗制度刚刚起步，各乡镇合作医疗经办机构不健全，参合农民要报销住院医药费，只能到县合作医疗管理办公室统一经办。这样一来，对于参合农民来讲报销既麻烦又不及时，对于经办机构来讲则工作量繁重。为减轻压力、方便群众，一些县的合作医疗管理办公室将相当一部分报账工作委托给了定点医院，由医院在患者出院时直接给予相应补助。但这又加深了农民的误解。很多人怀疑医院开“大处方”，参加合作医疗并未受益。同时，为了确保合作医疗资金放心使用，不少地方设置了一些监控环节，如坚持逐级转诊、出示证明，但转院手续非常繁琐，使农民深感不便，对合作医疗提供的服务表示不满。

---

① 王梦棠：《新型农村合作医疗制度存在的问题与完善研究》，上海交通大学学位论文，2006 年。

8. 定点卫生机构的选择、费用支付方式的安排缺乏竞争。

新型农村合作医疗政策的费用报销只限于公立卫生系统，这不利于私人卫生系统与公立卫生系统的公平竞争。尤其是乡镇一级的卫生院，其在新型农村合作医疗中处于完全垄断地位，参保农民没有其他选择。在这种情况下，乡镇卫生院仅凭政策就能获利生存，而忽略完善内部管理机制，改进服务水平。在定点卫生机构选择上的这种公有制情结，还会误导卫生资源的配置方向，形成资金向公办机构转移支付，甚至保护落后。这会破坏医疗市场的公平竞争规则，导致卫生机构优不胜、劣不汰，浪费卫生资源，损害农民利益。在医疗市场中，医疗保险与医疗服务是不可分割的整体。由于医疗服务市场的介入，医疗保险市场由“两角形”变成了“三角形”关系。在这种模式下，医疗服务供需双方的成本意识下降，而保险机构的成本却上升了。目前，对医疗服务供给者的费用支付方式，在新型农村合作医疗中采取按服务项目付费的方式。一方面，由于信息不对称，保险方缺乏对医疗服务数量和质量进行准确判断的知识和能力，因此对医疗服务的选择处于一种被动的状态，也就很难控制卫生消费的种类与数量。另一方面，这种费用支付方式不但不利于控制服务提供方的过度供给，反而进一步诱发医疗服务的过度供给，使供给诱导需求问题更加严重，最终，使处于弱势地位的农民不得不支付更多的医疗费用。

9. 医疗机构的服务行为不规范。

定点医疗机构的服务价格是否低廉、收费是否合理、服务质量是否优化以及行为是否规范，都将直接影响新型农村合作医疗制度的持续、稳定发展。在新型农村合作医疗制度的实施过程中，受利益的驱动，一些定点医疗机构会出现不规范行为。如对患者进行不合理用药和不合理检查，导致门诊费用和住院费用上涨。一些定点医疗机构未征得患者或家属的同意签名就使用自费药品、特殊治疗、超基本范围的诊疗服务项目，从而导致发生的医疗费用不在报销范围之内，增加了农村居民的医疗费用负担。一些医务人员还利用工作之便开人情方，不严格执行基本用药目录，将基本用药换成自费药品、保健用品及生活用品，加大了合作医疗的基金支出。在农村，虽然乡村卫生院（所）的建设方便了农民就医，但有些卫生院（所）因位置偏僻，就诊人数少，因而运营成本高，经营非常困难。为此，他们选择了提高药价这一办法试图解决这一问题，导致部分药品的价格竟然比药店高出50%甚至更多。这些不规范的行为都在某种程度上影响了新型农村合作医疗制度的健康、稳定发展。基层医疗机构是实施合作医疗的基础，乡镇卫生院在其中应起到相当重要的作用。乡镇卫生院本来应该是当地农民的就诊首选，但由于多数乡镇卫生院缺乏专业医务人员，技术水平不高，服务能力弱，农民大病小病都往大医院跑，结果不仅要多付出医药费，而且还要多付出时间，多支出交通、住宿等费用，加重了农村居民的经济负担。

10. 存在重复参保、享受双重待遇的情形。

随着我国经济体制改革的进一步深化和产业结构的调整，从农村前来城市打工的农民工越来越多。有的农民工到企业工作，企业为其缴纳了基本医疗保险费，但因其户口仍在农村，按照新型农村合作医疗制度的规定，其家人仍以户为单位为其缴纳了新型农村合作医疗的费用。由于新型农村合作医疗制度和基本医疗保险分属不同的部门管理，前者为卫生部门管理，后者为人力资源和社会保障部门管理，二者之间的参保数据又未联网，造成了现实之间确实存在重复参保的行为，客观上加重了农民的负担。因这部分农民工已参加基本医疗保险和新型农村合作医疗制度，一旦生病，其既可以到医疗保险经办机构报销较高比例的医疗费用，享受了基本医疗保险待遇，又可以将有关费用的票据拿到卫生部门的新型农村合作医疗办公室报销，相当于享受到了双重待遇。这显然不符合《社会保险法》的立法目的及法律条款。

（四）完善农村合作医疗的建议

1. 进一步整合机构，为事业发展提供科学保障。

按照推进政府职能转变，建设服务型政府，提高办事效率、提升执政水平的政府机构改革基本要求，为了加强对社会保障的统筹管理，在下一轮进行的“大部制”政府机构改革中，应将卫生部管理的新型农村合作医疗制度划归人力资源和社会保障部管理；与此相对应，省级及以下卫生厅（局）管理的新型农村合作医疗制度划归当地人力资源和社会保障厅（局），从而建立健全统一、高效、完善的社会保障服务体系。基本医疗保险、城镇居民基本医疗保险和新型农村合作医疗全部交由人力资源和社会保障部门管理，既实现了一个部门统一管理社会保险事务，又可以避免双重参保、双重享受社会保险待遇的情形，有利于归口管理、分级负责，有利于社会保障事业的科学设置和规范运转。

2. 适时出台立法，为事业健康发展提供有力依据。

对于新型农村合作医疗的具体政策规定，文件效力最高的就是国务院下发的有关政策，但由于这些文件政策既不是法律，也不是行政法规，文件效力很低。国务院下发相关文件后，各省、自治区和直辖市又根据国务院的文件授权规定，将贯彻国务院新型农村合作医疗制度的文件再次下发，一级贯彻一级，造成国务院、省一级、市一级和县一级四级政府对新型农村合作医疗进行详细的规定，但省和省之间的具体政策差别较大。如对于政府补贴和报销比例等实质性内容，同样是我国的农民，就因为户籍不在同一个省份，有的报销比例为百分之七八十，而有的报销比例仅为百分之六七十。待遇标准不一等因素，时刻考验着这项制度的公平性。对此，国家已经注意到了这个问题。《社会保险法》第二十四条规定，国家建立和完善新型农村合作医疗制度。新型农村合作医疗的管理办法，由国务院规定。按照法律规定，建议国务院尽快出台全国统一的新型农村合作医疗制度，在全国范围内统一缴费标准、统一缴费档次、统一政府补贴数额、统一报销范围、统一报销比例、统一经办流程，尽快结束新型农村合作医疗在实践中五花八门的情形。

3. 加强宣传，提高农民对新型农村合作医疗的认识。

一种新的制度，只有得到大家的认可，才能更好地贯彻执行。因此，各级领导和管理层，一方面要继续加强对新型农村合作医疗有关政策的学习，统一思想，进一步提高对新农合工作的认识；另一方面，要加大对新型农村合作医疗制度的宣传力度，通过广播、电视等各种老百姓喜闻乐见的方式对新型农村合作医疗制度的相关政策进行宣传，做到人人明白、家喻户晓，让广大农民切切实实理解和明白当前国家的农村合作医疗政策以及参加新型农村合作医疗制度的权利和义务。只有这样才能吸引更多的农民参保，变要我参加为我要参加。同时要积极引导农民不断增强自我保健和互助意识。

4. 保障基本医疗，预防、治疗并重。

从经济学的角度来看，预防和保健是一个低成本、高效益的项目。在农村合作医疗基金非常有限的情况下，更应该重视预防保健工作。新型农村合作医疗制度的发展趋势是“保大”也“保小”。对于“住院 + 特殊病种门诊 + 门诊”统筹补偿模式，在保大病的同时，兼顾保小病，大大提高了参合农民的受益率。但在资金非常有限的前提下，必须对两者所占比例进行权衡，并对保小病内容进行合理界定，使有限的资源发挥最大的效用。农民到定点医疗机构看病后报销少量的门诊费，表面看降低了个人医疗费用的支出，但由于定点医疗机构的药品价格高，实际上个人支出并没有减少。另外，由于基层医疗服务水平有限，治疗效果不佳，很多农民生病后没有经过转诊这一程序，直接到大医院就诊，因此无法享受门诊补偿这一待遇。针对这些情况，考虑到目前的经济卫生现状，建议将“保小”的内容确定在预防、保健、富有针对性的体检和检查治疗上，把药品放开，由农民自由选购。这样既可以扩大新型农村合作医疗的受益面，又起到了预防治疗的作用。

5. 创新制度，解决逆向选择问题。

前已述及，由于新型农村合作医疗制度实行的是自愿参保原则，自愿参保必然会导致参保对象对这项制度的逆向选择，即进入制度覆盖范围的往往是一些健康风险较大的群体，而那些健康风险较小的群体则选择不参保。这既不利于扩大新型农村合作医疗制度的覆盖面，也不利于新型农村合作医疗制度的可持续发展。因此，现阶段如何在不违背自愿参保的前提下，通过制度创新解决逆向选择问题就显得尤为重要。对此，许多县（市、区）实行了以户为单位进行参保的原则。以户为单位在解决村民逆向选择的问题上的确有效，但在实际执行过程中却碰到了许多具体问题。第一，有的家庭中某些成员常年不在家或者已经参加了商业保险。第二，农民认为以户为单位参加带有强制性，不是在执行自愿原则。因此，我们建议采用以个体为单位、从制度建立之时为起点、无论何时参加都必须补足从制度建立时未缴年份的合作医疗费的方法解决逆向选择问题。这样既可以避免目前最常见的以家庭为单位参加合作医疗，与目前农村人口尤其是与农村劳动力的自由流动不相适应所产生的弊端，又可以规避逆向选择风险。同时，要进一步完善制度，增强新型农村合作医疗制度自身的吸引力。如在资金允许的条件下，适当提高对参保农民的住院和门诊补偿标准，让更多的人从中受益。扩大定点医疗机构的选择范围，方便农民看病就医，确保农民从该项制度中获得真正的实惠。

6. 合理确定筹资水平，建立基金正常增长机制。

农村合作医疗基金筹资水平的高低直接影响着广大农民的医疗保障水平。

目前，浙江的筹资水平与经济发展水平相比，无论是政府还是农民的承受力都有提升的空间。在现有基础上，进一步提高新型农村合作医疗的筹资标准无论是对政府还是对农民都是可以承受的。因此，必须从制度上保证政府每年的财政投入和农民个人出资额都随着经济的发展而不断调整，使得筹资水平与经济发展水平相适应，从而不断提高农民的医疗保障水平。建议政府每年的财政投入和农民个人出资额的增长比例应不低于同期政府财政收入和农民人均纯收入的增长比例。考虑到各地经济发展水平的差异，政府应重点资助那些经济欠发达地区，防止资金从再分配领域向富裕地区、富裕农民转移，缩小收入差距，促进社会公平。

7. 探索解决农民工的医疗保障问题。

我国农民工数量巨大。数量庞大的农民工群体不仅为我国社会经济的发展做出了巨大的贡献，而且已成为我国现代化建设中一支不可或缺的力量。因此，如何切实加强和妥善解决农民工群体的医疗保障问题，使他们病有所医，不仅是构建和谐社会、促进社会公平的需要，而且是各级政府以人为本、保障民生执政理念的重要体现。考虑到农民工是一个流动性大的复杂群体，对他们的医疗保障问题不能搞一刀切。在制度安排上，应把那些在城镇有稳定工作和收入来源的农民工，积极纳入城镇职工基本医疗保险制度的覆盖范围。对于那些在城市自谋职业，并取得城市居住证和工商登记执照，从事工商业并纳税一年以上的农民工，可以将其纳入其从业所在地的城镇居民医疗保险，并使其享受从业所在地城镇居民医疗保险的有关财政补助政策。① 对于那些无固定职业和收入来源的农民工，则应将其纳入其原籍所在地的新型农村合作医疗制度。同时，在几种医疗保障制度间要留有适当的衔接口，以便相互转换，从而确保农民工的医疗保障权益不会受到损害。

8. 完善管理体制，培育农民维权自治组织。

农村合作医疗制度是政府组建和推行的一项制度，这项制度理应由政府进行监督和管理。建议成立由省一级人力资源和社会保障、卫生、财政、农业、民政、扶贫、审计等部门组成的新型合作医疗协调委员会，负责协调、制定合作医疗制度的相关政策与措施。各地可以成立由主管部门和参加合作医疗的农

① 程卫：《完善金东区新型农村合作医疗制度的对策研究》，浙江师范大学学位论文，2008 年

民代表组成的农村合作医疗管理委员会，下设专职的合作医疗经办机构。[①] 农村合作医疗管理委员会负责制定具体的、可操作的合作医疗实施细则和聘用、监督、罢免专职的经办机构人员，其成员所从事的工作为名誉性的。专职的合作医疗经办机构负责具体的业务工作，其人员实行聘用制。不论合作医疗管理采取何种模式，都要降低管理成本，实现高效运作。同时，要加快培育农民维权自治组织，使参保农民的利益可以通过自己的组织来加以维护。

9. 完善费用支付方式，控制医疗费用不合理增长。

在由第三方付费的医疗保险市场中，医疗费用的控制一般从两个方面入手：一方面从投保人的费用支付方式入手；另一方面，从保险人的费用支付方式入手。投保人的费用支付方式主要有起付线方式、共付方式、最高限额方式、综合方式。保险人的费用支付方式主要有按服务项目付费方式、按单元付费方式、按人头付费方式、按疾病种类付费方式、总额付费方式。目前，在新型农村合作医疗制度中，对于参保农民来讲，在住院费用这块采用的是综合方式。这里既包括起付线方式也包括最高限额方式，而且在起付线和最高限额之间还采用了共付方式。这种费用支付方式主要是通过让参合农民自负一定的医疗费用，来约束自身的医疗需求和监督医院的医疗行为，从而达到控制医疗费用不合理支出的目的，但在医患双方信息严重不对称的前提下，其费用控制效果并不明显。对于合作医疗经办机构来讲，在住院费用这块采用按服务项目付费的方式。这种付费方式是一种按医疗机构提供服务的多少来确定支付多少医疗费用的方式，是一种传统的、常见的费用支付方式，有其可取之处。但是，在医疗服务市场中，由于存在供给诱导需求的问题，因此在医疗费用控制上，效果往往不理想。因此，建议对参保农民采用综合方式来控制医疗费用的不合理增长。与此同时，为了有效控制医疗费用的快速增长，要将重心放在医疗服务提供方，并综合采用按单元付费、按人头付费、按疾病种类付费以及按总额付费的方式向医疗服务提供方支付医疗费用，取长补短，最终实现控制医疗费用不合理增长。

10. 规范医疗机构行为，提高医疗服务水平。

规范医疗机构行为，把外在控制转化为内在约束。实践证明，由于医疗知

① 李琼：《构建我国农村新型合作医疗制度的研究》，江西财经大学学位论文，2005 年。

识的专有性，要想通过外在约束来控制医疗费用的增长是不明智的，不仅监督成本较大，而且效果也不甚明显。对于这个问题，很多国家采用的是预付制的方式，即通过谈判确定费用支付总额度，并在费用支付额度确定之后，把这笔资金拨付给医疗机构，由医疗机构自行支配、自负盈亏。这样，医疗机构出于维护自身利益的需要，就会自觉约束自身的医疗行为。当然，其前提条件是必须对医疗机构的服务水平有所规定，否则会影响到患者所享受的医疗服务的数量和质量。建议采用预付制的方式来规范医疗机构的行为，把外在控制转化为内在约束，降低监督成本。同时，对医疗机构的服务水平进行规定，并引入竞争机制。要加强农村基层医疗机构建设，提高其医疗服务水平。农村基层医疗机构是农民看病就诊的首选医疗机构，其服务水平高低直接影响着农民健康水平的改善和新型农村合作医疗制度的平稳运行。对此，一方面，要积极加强农村医疗机构的硬件建设，从人员、房屋、设备等配套建设上加大对乡镇卫生机构的投入，切实改善农村医疗机构的硬件设施。另一方面，要在农村医疗机构的软件建设上下工夫，定期对乡镇卫生院长及业务骨干进行业务学习并组织他们到县级以上医疗机构免费进修，从而切实提高农村卫技人员的素质。同时，要加强城市医疗机构和专家对农村的支持，组织城市的医学专家到农村为农民看病；有条件的地方还可以实行定期双向交流，并使其制度化。这不仅可以使农民不出村就能让高水平医生看病，及时发现病情，及早治疗，而且可以使乡镇卫生机构医生从城市医生处学到技术，提高业务水平，更好地为当地农民服务。

第二节　农村医疗保险制度

一、农村医疗保险制度的发展与完善

（一）建立统筹城乡的医疗保险制度

1. 新型农村合作医疗制度的定位。

关于新型农村合作医疗制度的定位，目前主要有两种观点：一种观点认为新型农村合作医疗制度是我国覆盖城乡全体居民的基本医疗保险体系的重要组成部分，且其主要政策和管理措施都已有所规定，因此新型农村合作医疗制度

的发展方向应当属于社会保险的强制性发展范围；另一种观点认为，新型农村合作医疗的基本原则很清楚，就是坚持参保自愿原则，在筹资上以政府补助为主，根本不符合社会保险的基本原则，不属于强制性的社会保险制度。在实践操作中，因《社会保险法》对新型农村合作医疗制度已经作了制度性规定，且目前参保人数和参保率又较高，因此考虑到法律的规定，结合各地正在对管理体制进行的探索，将新型农村合作医疗制度纳入医疗保险即社会保险的调整范围，显然是新型农村合作医疗制度将来的发展方向。

2. 关于基本医疗保险城乡统筹管理。

目前，我国基本医疗保险制度已经实现了对城乡居民的全覆盖，得到了广大人民群众的热烈拥护和普遍欢迎，但由于医疗保险制度改革的推进还存在一些亟待研究解决的问题，特别是城乡医疗保险制度分设、管理分离、资源分散、待遇不一，给推进城乡统筹、消除城乡二元结构、促进社会和谐稳定带来了障碍和不利影响。因此，建议统筹城乡的医疗保障体系非常有必要。

2009 年 3 月，中共中央、国务院印发了《关于深化医疗卫生体制改革的意见》（中发〔2009〕6 号）。文件明确提出，“探索建立城乡一体化的基本医疗保障管理制度”，“随着经济社会发展，逐步提高筹资水平和统筹层次，缩小保障水平差距，最终实现制度框架的基本统一”，“有效整合基本医疗保险经办资源，逐步实现城乡基本医疗保险行政管理的统一”①。根据中共中央和国务院医改文件要求和推进基本医疗保障制度建设的实际需要，一些地方积极开展了医疗保险城乡统筹的探索。据初步统计，截至 2010 年 12 月底，探索医疗保险城乡统筹的地区有天津、重庆和宁夏 3 个省级行政区，21 个地级城市和 103 个县（区、县级市）。除了浙江嘉兴和 33 个县（区、县级市）城乡居民医疗保险由卫生部门统一管理外（职工基本医疗保险仍由社会保险部门管理），其余地区均由社会保险部门统一管理。将上述地区施行的制度归纳起来，主要有三种模式：一是长珠模式，即长三角、珠三角等城镇化率较高、城乡差别不大的地区，实现了制度、管理和运行的统一；二是成渝模式，即重庆、成都等统筹城乡综合试点城市，打破人员身份界限，在同一制度下设置不

① 海韵：《现实条件彰显必然趋势》，载《中国医疗保险》2010 年第 10 期。

同的缴费和待遇层次，让参保人员自行选择，从社会保险方面打破了城里人和农村人在身份上的界限；三是厦杭模式，即厦门、杭州等依托城镇医疗保险信息系统，在保持三种不同制度的同时，首先整合经办管理资源，提高管理效率。

考虑到我国东、中、西部经济发展差别还比较大，农民收入的来源渠道还不多，可以考虑将成渝模式作为全国的一种过渡性模式，即不管是城市户口的居民还是农村户口的居民，在全国建立统一的医疗保险制度，尤其是在参保缴费和待遇享受层次上，让广大居民自行选择最有利于自己的缴费档次，先实现全国范围内的制度统一；待农村和城市经济条件差别减小后，再考虑将城市居民医疗保险制度和新型农村合作医疗制度合并为城乡居民医疗保险制度，从而真正实现城乡统一的医疗保险制度。

（二）建立大病补充医疗保险制度

1. 新型农村合作医疗大病补充医疗保险制度的法律依据。

2012 年 3 月 14 日，根据《中华人民共和国国民经济和社会发展第十二个五年规划纲要》和《中共中央国务院关于深化医药卫生体制改革的意见》（中发〔2009〕6 号），国务院印发了《“十二五”期间深化医药卫生体制改革规划暨实施方案》（国发〔2012〕11 号）。从方案中可以看出，覆盖城乡全体居民的基本医疗保障制度框架初步形成，职工基本医疗保险、城镇居民基本医疗保险和新型农村合作医疗参保人数达到 13 亿人，筹资和保障水平明显提高，保障范围从大病延伸到门诊小病，城乡医疗救助力度不断加大。方案同时要求加快建立统筹城乡的基本医保管理体制，探索整合职工基本医疗保险、城镇居民基本医疗保险和新型农村合作医疗制度的管理职能和经办资源。有条件的地区探索建立城乡统筹的居民基本医疗保险制度。① 按照管办分开原则，完善基本医保管理和经办运行机制，明确界定职责，进一步落实医保经办机构的法人自主权，提高经办能力和效率。在确保基金安全和有效监管的前提下，鼓励以政府购买服务的方式，委托具有资质的商业保险机构经办各类医疗保障管理服务。探索建立重特大疾病保障机制，充分发挥基本医保、医疗救助、商业健康

① 王东进：《城乡统筹是健全全民医保体系的第一要务》，载《中国医疗保险》2012 年第 6 期。

保险、多种形式补充医疗保险和公益慈善的协同互补作用，切实解决重特大疾病患者的因病致贫问题。在提高基本医保最高支付限额和高额医疗费用支付比例的基础上，统筹协调基本医保和商业健康保险政策，积极探索利用基本医保基金购买商业大病保险或建立补充保险等方式，有效提高重特大疾病保障水平。加强与医疗救助制度的衔接，加大对低收入大病患者的救助力度。

2. 新型农村合作医疗大病补充医疗保险制度设计。

（1）大病补充医疗保险制度的概念。新型农村合作医疗大病补充医疗保险制度，是指参加新型农村合作医疗的农村居民，按规定缴纳一定的大病补充保险费后，如在一个自然年度内因患大病住院，在享受新型农村合作医疗补偿的同时，可再享受一定比例的医药费用补偿的一种医疗保障制度；是新型农村合作医疗制度的补充和完善。这项制度是在基本医疗保障的基础上，对大病患者发生的高额医疗费用给予进一步保障的一项制度性安排；可进一步放大保障效用，是基本医疗保障制度的拓展和延伸，是对基本医疗保障的有益补充。开展这项工作，是减轻人民群众大病医疗费用负担，解决因病致贫、因病返贫问题的迫切需要；是建立健全多层次医疗保障体系，推进全民医保制度建设的内在要求；是推动医保、医疗、医药互联互动，并促进政府主导与市场机制作用相结合，提高基本医疗保障水平和质量的有效途径；是进一步体现互助共济，促进社会公平正义的重要举措。①

（2）新型农村合作医疗大病补充医疗保险筹资机制。新型农村合作医疗大病补充医疗保险筹资机制主要包括筹资标准、资金来源、统筹层次和范围。关于筹资标准，各省应该结合当地经济社会发展水平、医疗保险筹资能力、患大病发生高额医疗费用的情况、基本医疗保险补偿水平以及大病保险保障水平等因素，精细测算，科学合理地确定大病保险的筹资标准。② 根据各省的经济发展水平、新农合报销水平、重大疾病医疗保险范围及保障水平等因素，目前购买新农合大病保险的筹资标准大部分为每人 10—20 元。当然，随着新型农

---

① 《关于开展城乡居民大病保险工作的指导意见》，载《中国人力资源社会保障》2012 年第 10 期。

② 郝演苏：《解读城乡居民大病保险制度》，载《经济》2012 年第 10 期。

村合作医疗制度筹资水平的提高，新型农村合作医疗大病补充医疗保险也会不断提高筹资标准，扩大资金规模，从而增强保障能力。关于资金来源，应从城镇居民医疗保险基金、新型农村合作医疗基金中划出一定比例或额度作为大病保险资金。城镇居民医疗保险和新型农村合作医疗基金有结余的地区，利用结余筹集大病保险资金；结余不足或没有结余的地区，在新型农村合作医疗年度提高筹资时统筹解决资金来源，逐步完善城镇居民医保、新农合多渠道筹资机制。据此，由统筹地区的新型农村合作医疗经办机构从新型农村合作医疗基金支出户中直接列支一定比例或额度作为大病保险资金，用于购买商业保险机构大病保险。这些资金可以从新型农村合作医疗基金结余或年度新增政府补助中支出。关于统筹层次和范围，可以考虑将设区的市作为统筹地区，即市级统筹模式。有条件的地方也可以考虑省级统筹，在全省范围内制定统一政策，统一组织实施，提高抗风险能力。当然，经济条件好的地方还可以探索建立覆盖职工、城镇居民、农村居民的统一的大病医疗保险制度。

（3）保障内容。保障内容主要包括保障对象、保障范围和保障水平。关于保障对象，凡参加新型农村合作医疗的农村居民，应同时参加新型农村合作医疗大病补充保险。对于新生儿问题，可以规定新生儿自出生当年，可以随父母自动获取参合资格并享受新农合待遇；同时享受大病保险待遇；自第二年起按规定缴纳费用。关于保障范围，大病保险主要在参合人患大病并发生高额医疗费用的情况下，对城镇居民医保、新农合补偿后需个人负担的合规医疗费用给予保障。[①] 对于高额医疗费用，可以个人年度累计负担的合规医疗费用超过当地统计部门公布的上一年度城镇居民年人均可支配收入、农村居民年人均纯收入为判定标准。合规医疗费用，指实际发生的、合理的医疗费用（可规定不予支付的事项）。关于具体的保障范围，可先将严重危害群众健康和影响农村居民生产、生活，给家庭带来沉重负担，且疗效确切、费用易于控制的重大疾病纳入保障范围，如儿童白血病、儿童先天性心脏病、终末期肾病、乳腺

① 《关于开展城乡居民大病保险工作的指导意见》，载《中国人力资源社会保障》2012 年第 10 期。

癌、宫颈癌、重性精神疾病等。[①] 随着筹资水平的不断提高，卫生部门可以逐步扩大保障范围，不断解决人民群众的大病困扰。关于保障水平，以力争避免城乡居民发生家庭灾难性医疗支出为目标，合理确定大病保险补偿政策，规定实际支付比例不低于50%，按医疗费用高低分段制定支付比例。原则上，医疗费用越高，支付比例越高。[②] 随着筹资、管理和保障水平的不断提高，逐步提高大病报销比例，最大限度地减轻个人的医疗费用负担。[③]

如可以规定，如果参加新农合大病补充保险的参保人，在参保年度内，在新型农村合作医疗定点或认可的医疗机构住院，对于在新型农村合作医疗规定的病种、诊疗项目、用药目录及服务价格内发生的医药费用，新型农村合作医疗减免后单次个人自付部分达到A千元至B万元（含B万元）的，按照C%的赔付比例由新农合大病补充保险支付；单次个人自付部分超过B万元的，按照50%的赔付比例由新农合大病补充保险支付。每人每年由新农合大病补充保险基金支付的医疗费用最高限额为D万元。每一保险年度内，参保人累计赔付达到该最高限额的，在本保险年度内，承保公司对该参保人的保险责任终止。

赔付计算公式可以做如下计算：新型农村合作医疗减免后个人政策范围内自付医疗费用达到A千元至B万元（含B万元）=（当次住院总医药费用-新型农村合作医疗不予补偿费用-新型农村合作医疗减免金额-A千元）×C%。新型农村合作医疗减免后个人政策范围内自付医疗费用达到B万元以上=个人自付部分的一定比例+（当次住院总医药费用-新型农村合作医疗不予补偿费用-新型农村合作医疗减免金额-B万元）×50%。

（4）承办方式。省一级卫生行政部门会同财政、发展改革部门制定大病保险的筹资、报销范围、最低补偿比例以及就医、结算管理等基本政策要求，并在确保资金安全、有效监管的基础上，按照政府主导、分工合作，规范运作、持续发展，强化监管、改进服务的原则，以政府购买商业医疗保险的形

① 《十载新农合一条健康路——专访卫生部副部长刘谦》，中国实用乡村医生杂志，2012年。

② 《关于开展城乡居民大病保险工作的指导意见》，载《中国人力资源社会保障》2012年第10期。

③ 郝演苏：《解读城乡居民大病保险制度》，载《经济》2012年第10期。

式，通过公开招标确定具有资质的商业保险机构承办新农合大病保险业务。招标的主要内容包括具体补偿比例、盈亏率、配备的承办管理力量等内容。符合准入条件的商业保险机构自愿参加投标；中标后以保险合同的形式承办新农合大病保险，承担经营风险，自负盈亏。关于承办大病保险业务的商业保险机构准入条件，应当严格掌握。承办新农合大病保险业务的商业保险机构应当具备下列条件：一是符合保监会规定的经营健康保险的必备条件；二是在中国境内经营健康保险专项业务5年以上，具有良好的市场信誉；三是在统筹地区设有分支机构，具备完善的服务网络，能够组建具有医学等专业背景的专职服务队伍，并在定点医疗机构设立即时结报点；四是商业保险机构总部同意分支机构参与该其所属省份的新农合大病保险业务承办工作，并承诺提供业务、财务、信息技术等支持；五是能够实现大病保险业务单独核算。同时，商业保险机构还要加大服务力量投入，做好重大疾病报销资格审查、医药费用审核报销、结算支付和业务咨询等工作，协助卫生部门做好定点医疗机构监管，自觉接受有关部门的监督指导①。

（5）理赔程序。理赔方面，主要包括在本地住院和到外地住院两种情况。以市一级参保人住院为例，如果参保人在本地范围内的定点医疗机构住院，定点医疗机构首先应在核实其是否参加新型农村合作医疗的同时，对其是否参加新农合大病补充保险进行核实。确认已经参加的，由定点医疗机构按新农合大病补充保险政策现场赔付（赔付资金由定点医疗机构垫支）。赔付后，由各定点医疗机构与新型农村合作医疗补偿，同时向市、县（区）管理部门申报。市、县（区）管理部门初审后，填写新型农村合作医疗大病补充医疗保险月理赔资金审批表和新型农村合作医疗大病补充医疗保险理赔登记册并附住院医疗费用收据（复印件），于当月月底前报市管理部门审核。审核通过后，由承保公司将赔付资金于次月月底前拨付各县（区），再由各县（区）拨付定点医疗机构；省一级和市一级定点医疗机构可由承保公司直接拨付。若参保人外出或在外因病需要住院，应选择当地公立医疗机构住院治疗；出院后3个月内，

① 《关于开展城乡居民大病保险工作的指导意见》，载《中国人力资源社会保障》2012年第10期。

持新型农村合作医疗证、身份证（或户口本）、诊断证明、出院证明、发票、费用清单（原件）到各县（区）管理部门办理理赔手续。经新型农村合作医疗减免后，符合新农合大病补充保险赔付的，经县（区）管理部门审核确认，并填写新型农村合作医疗大病补充医疗保险住院费用审批表报市审批。审批通过后，由承保公司将赔付款划入县（区）管理部门有关账户，再由县（区）管理部门给予赔付。已在外地定点医疗机构即时结报住院医药费用的参保患者，也可以持新型农村合作医疗证、身份证（或户口本）、新型农村合作医疗补偿费用结算单据（原件），填新型农村合作医疗大病补充医疗保险住院费用审批表并经市一级管理部门审核通过后，再由承保公司直接赔付，从而减少中间环节。

二、农村补充医疗保险制度

农村补充医疗保险制度指的是农村医疗救助，是指通过政府提供政策、财政和技术上的支持及社会慈善活动，对患病而又无经济支付能力的贫困人群实施经济支持和专项帮助的一种医疗保障制度。[①] 这种制度是多层次医疗保障体系中重要的保护屏障，能帮助和支持广大农民获得最基本的医疗卫生服务。

（一）必须确立政府在农村医疗救助中的主导地位

政府有责任也有必要为农村无力支付医疗费用的人提供最基本的医疗保障，改善农村居民的卫生和健康状况。我国宪法规定，“中华人民共和国公民在年老、疾病或者丧失劳动能力的情况下，有从国家和社会获得物质帮助的权利。国家发展为公民享受这些权利所需要的社会保险、社会救济和医疗卫生事业”[②]。

（二）科学合理地设计农村医疗救助制度

1. 合理确定医疗救助对象。

农村居民收入低，经济收入水平也不均等，导致医疗救助制度覆盖面窄。

① 吴芳芳：《关于完善我国农村弱势群体医疗救助制度的思考》，载《重庆工商大学学报》（社会科学版）2010 年第1 期。

② 《中华人民共和国宪法》。

应该保证迫切需要医疗救助的家庭获取医疗救助，且为了保证公平公正性，应以动态的眼光来确定救助对象，定期更新。

2. 科学规范救助病种。

实践中，很多省市对大病统筹设定了范围，导致得了不是规定范围内大病，但亟待救助的人群被排除在外。这也违背了医疗救助的初衷。应结合当地情况，将一些常见的且危害大、时间长、费用高的大病列入救助范围，并且适时扩大救助病种的范围，覆盖到更多的困难群众，使他们都能得到医疗救助。

3. 恰当选择农村医疗救助模式。

可以借鉴其他成功地区的经验。比如“五位一体”的农村医疗救助体系[①]，分别是资助农村家庭参加新型农村合作医疗、开展日常医疗救助、进行大病救助、实施临时医疗救助和发动慈善医疗援助。

（三）建立稳定可靠的医疗救助资金投入机制

1. 加大财政投入力度。

改革开放以来，财政部发布的数据显示，2012 年 1 月至 12 月，全国公共财政收入累计达 117210 亿元，比上年增长 12.8%。其中，中央财政收入为 56133 亿元，比上年增长 9.4%；税收收入为 100601 亿元，增长 12.1%。[②] 由此可见，我国税收收入持续快速增长，综合国力增强。伴随着公共财政体系的建立，中央政府完全有能力加大对农村医疗救助的投入力度，建立农村医疗救助专项基金，从而推进农村医疗保障体系的建立和完善。

2. 拓展医疗救助筹资渠道。

在筹资渠道方面，应建立起以中央和地方政府财政投入为主、以其他社会捐赠等力量为辅的多渠道筹集渠道，从而摆脱目前仅靠中央财政拨款的现状，发动社会各界力量，使民间组织成为帮助贫困人口的中坚力量。

---

① 宋悦、韩俊江、郭晖艳：《我国医疗救助制度存在的问题及对策研究》，载《税务与经济》2013 年第 1 期。

② 《2012 年全国财政收入 117210 亿元，增 12.8%》，见 http://news.xinhuanet.com/politics/2013/01/22/c_114462162.htm。

第六章 CHAPTER 6

农村灾害与贫困救助制度

◇ 农村灾害救助制度

◇ 农村贫困救助制度

第一节　农村灾害救助制度

一、灾害的种类与特征

（一）自然灾害的种类与农村灾害救助

灾害分为自然灾害和人为灾害，通常意义上的灾害主要是指自然灾害。但是，自然灾害和人为灾害并没有绝对的界限。某些灾害的起因可能是人为的，也可能是自然的，或者二者兼而有之。比如，森林火灾、山体滑坡、泥石流等灾害，有可能是自然原因造成的，也有可能是人为原因造成的。

自然灾害是指自然界发生的、不以人的主观意志为转移的客观自然现象所引起的灾害。其主要特点是人力不能支配，而且还会造成物质财富的损坏和人身伤亡。自然灾害的类型多种多样，主要分为以下五种类型：一是气象灾害，如水灾、旱灾、风灾、雹灾、雪灾、寒冷、酷热等。这是发生最为普遍，而且影响最为广泛、危害最大的一类自然灾害。二是地质灾害，如地震、火山爆发、地陷（自然地陷：地下溶洞、地下湖、地下河。人为地陷：开矿、过量开采地下水）等。三是地貌灾害，如泥石流、山体滑坡、雪崩等。四是水文灾害，如海啸、海侵、洪涝、风暴潮水等。五是生物灾害，如病虫害、草害、蝗灾、鼠疫等。此外，还有森林火灾等灾害。

自然灾害的发生严重影响着人民群众的生命和财产安全，影响着社会的稳定和经济的发展。尤其是农村灾害有着不同于城市灾害的普遍性、多发性和特殊性，加上农村灾害承受能力的脆弱性，因此灾害对农村造成的损失相对于城市要严重得多，农村是国家和政府灾害救助工作的重点与核心。所以，我们通常所说的灾害救助，一般指的就是农村的自然灾害救助。关于农村灾害救助，郑功成教授在《社会保障学》一书中进行了明确的界定：农村灾害救助是国家和社会对在遭遇各种自然灾害及其他特定灾害事件等袭击而陷入生活困难的农村居民给予一定的现金或实物或服务援助，以帮助其渡过特殊困难时期的一种社会救助。它是社会救助体系不可缺少的重要组成部分，也是整个社会保障体系中的特殊保障制度安排。①

从我们国家来看，自然灾害的发生一直是比较频繁的，属于一个多灾的国家。资料显示，从公元前206年（秦朝末年）一直到新中国成立之前，两千多年间，有记载的大水和旱灾就达到1750多次；从1949年到1988年即在新中国成立后的39年当中，年平均灾害达到4.16次以上，平均每年水灾所造成的损失达到100亿元以上。总的来看，在我国，最大的自然灾害是由气象所引起的水灾和旱灾，尤其是旱灾的损失更大。俗话说得好，“旱灾一大片，水灾一条线”。严重的时候，受灾面积可以达到数亿亩，平均每年为2亿亩。按照我国的规律，大体情况是“五年内两丰两歉一平”。此外，地震在我国也是一项比较严重的灾害。在20世纪，世界上一次性造成死亡人数达20万以上的两次特别严重的地震，都发生在我国。一次是1920年12月16日（北洋军阀统治时期）在宁夏海原县六盘山地区发生的特大地震，震级为8.5级，死亡人数为23.4万人，受伤者不计其数。另一次是在1976年7月28日发生的唐山大地震，震级为7.8级，死亡人数为24.2万人，重伤人数16.4万人，轻伤者无数。在21世纪，2008年发生的四川汶川特大地震，也造成了重大的人员伤亡和巨额的财产损失。

联合国的统计资料显示，20世纪以来，中国是继美国、日本之后世界上自然灾害最为严重的国家之一。在全世界发生的最为严重的54次自然灾害中，有8次是发生在我国。据统计，近年来，我国自然灾害造成的经济损失每年都在1000亿元以上。2010年，全国各类自然灾害共造成4.3亿人次受灾，因灾死亡失踪7844人次，紧急转移安置1858.4万人次；农作物受灾面积3742.6万公顷，其中绝收面积486.3万公顷；倒塌房屋273.3万间，损坏房屋670.1万间；因灾造成的直接经济损失5339.9亿元。综合判断，2010年是我国近20年来仅次于2008年大洪水灾害的第二个重灾年份。②

---

① 郑功成：《社会保障学》，中国劳动社会保障出版社2005年版，第283页。

② 兰东娟：《我国巨灾保险体制构建的几点思考》，载《中国市场（周刊）》2011年第52期。

(二) 自然灾害的特征

自然灾害是一种过程，也是一种现象，具有以下几个方面的重要特征：

一是普遍性和恒久性。就某一时间段而言，自然灾害时时、处处无所不在。二是多样性和差异性。自然灾害是多种多样的。其形成原因，产生过程、方式与后果，以及影响所及的时空范围等，都存在着极大的差异。这种情况就造成了自然灾害的多样性与差异性。而自然灾害的多样性与差异性，是造成自然灾害的复杂性与模糊性的一个重要因素。三是全球性与区域性。一方面，自然灾害在全球的每一角落都有可能会发生；另一方面，任何一种自然灾害的发生和影响的范围都是有限的。四是随机性与可预测性。自然灾害的发生及其要素（灾害发生的时间、地点、强度、范围等因子）似乎是不可能事先确定的，这就是自然灾害的随机性。不过，自然灾害本身的发生、发展过程是具有规律性的，是可以预测的。这两者是相对于人类对灾害的认识水平而言的。五是突发性和迟缓性。自然灾害的出现主要有两种表现形式：一种是突然爆发，另一种是缓慢形成。突然爆发的自然灾害，如台风、暴雨、地震、火灾事故等，往往在人们尚未意识到的时候突然降临，使人们猝不及防，从而带来惨重的后果。而迟缓性（缓发性）的自然灾害，如干旱、水土流失、土地沙漠化、环境污染等，往往是在一个比较长的时间内逐渐形成的，有着明显的过程性。六是迁移性、滞后性和重现性。灾害的迁移性是指发生于甲地的灾害能对乙地产生后果；灾害的滞后性是指灾害发生后，其后果不一定能全部立即显现出来，有些后果可能会在经过一段时间之后才能显现出来；灾害的重现性是指同一种灾害会在同一地方多次地反复出现。七是群发性和伴生性。许多自然灾害，特别是等级高、强度大的自然灾害发生之后，常常会诱发一连串的次生灾害。这种现象就称为灾害的群发性和伴生性，或者称为灾害链。在灾害链中最早发生的、起主导作用的灾害称为原生灾害，而由原生灾害所诱导出来的灾害则称为次生灾害。自然灾害发生之后，破坏了人类生存的和谐条件，由此还可能导生出一系列其他灾害，即衍生灾害。① 自然灾害的上述特征，在我国农村自然灾害的发生和演变

① 参见孙绍骋：《中国救灾制度研究》，商务印书馆2004年版，第5－6页。

过程中都有着不同程度的体现。

二、农村灾害救助的方针与形式

（一）农村灾害救助的方针

由于灾害的突发性、灾情的严重性以及灾民的广泛性，自然灾害救助成为我国社会救助工作当中的一个主体项目，并且在整个社会保障制度当中占据着重要的地位。新中国成立以来，随着党和国家的路线、方针和政策在不同历史时期的发展以及社会情况的不断变化，我国自然灾害救助工作的方针（简称救灾方针）大体上经历了三个时期的发展和演变。

一是新中国成立初期。1949 年新中国成立之后，内政部就提出了我国救灾工作的方针："节约防灾，生产自救，群众互助，以工代赈。"1950 年 2 月 27 日，政务院副总理董必武在中央生产救灾委员会的成立大会上，又对救灾工作的方针进行了补充，改为"生产自救，节约度荒，群众互助，以工代赈，辅之以必要的救济"。同年，第一次全国民政工作会议召开，肯定和重申了这一方针。1953 年，在第二次全国民政工作会议上，又将上述方针修改为"生产自救，节约度荒，群众互助，辅之以政府必要的救济"。二是农业合作化时期。农业合作化以后，我国救灾工作的方针被修改为"依靠群众，依靠集体，生产自救为主，辅之以国家必要的救济"。这一时期救灾工作方针的调整，主要是因为全国已经完成了社会主义改造，实现了集体化，且集体组织具备了一定的救灾能力，所以在救灾工作的方针中相应地增加了依靠集体的内容。三是改革开放时期。十一届三中全会以后，我国进入了改革开放的新时期。1983 年，在第八次全国民政工作会议上，确定了新的救灾工作方针："依靠群众，依靠集体，生产自救，互助互济，辅之以国家必要的救济和扶持。"这就是我国现行的救灾工作方针。这个救灾工作方针的提出，使我国最终形成和确立了以"政府统一领导，部门分工负责，上下分级管理"的救灾工作管理体制为核心的自然灾害救助制度。60 多年来，农村救灾工作方针的提法，虽然在各个时期有所不同，但是其基本精神都是一致的；核心内容就是搞好生产自救，也就是通过恢复和发展灾区生产，克服灾害带来的困难，最终战胜灾害。实践证明，这一方针是符合我国国情的，是正确的。

我国现阶段农村救灾工作方针所体现的主要精神可以概括为以下四点：第一，充分调动灾区广大人民群众抗灾度荒的积极性，依靠群众和集体的力量，自力更生，战胜灾荒；第二，从生产着手，尽快恢复灾区的农业、工业、副业生产，千方百计地增强群众和集体抗灾度荒的力量；第三，对于群众和集体经过努力还不能解决生活困难的灾民，国家和社会给予必要的救助和扶持；第四，互助互济，调动民间力量，共同战胜灾害。

农村救灾工作遵循的基本原则是“以人为本、政府主导、分级管理、社会互助、灾民自救”。在救灾工作的管理体制方面，实行各级人民政府行政领导负责制，“政府统一领导，部门分工负责，上下分级管理”。1992 年机构改革以后，救灾体制进一步完善，基本上形成了政府领导、部门分工、对口管理、相互配合、社会协同的救灾工作管理新体制。国家减灾委员会负责组织、领导全国的自然灾害救助工作，协调开展重大自然灾害救助活动。国务院民政部门负责全国的自然灾害救助工作，承担国家减灾委员会的具体工作。国务院有关部门按照各自职责做好全国的自然灾害救助相关工作。县级以上地方人民政府或者人民政府的自然灾害救助应急综合协调机构，组织、协调本行政区域的自然灾害救助工作。县级以上地方人民政府民政部门负责本行政区域的自然灾害救助工作。县级以上地方人民政府有关部门按照各自职责做好本行政区域的自然灾害救助相关工作。伴随着财政体制分级管理改革的进行，救灾工作的管理体制将朝着中央政府和地方政府共同负责、分级管理的方向发展与完善。

基于救灾工作方针的主要精神，我国农村的灾害救助工作主要是从以下八个方面来进行的：一是全力抢救人民群众的生命财产，把灾害损失降到最低限度；二是广泛开展生产自救活动，增加收入，克服灾后困难；三是妥善安排灾区群众的生活与生产，并对无法依靠自己的力量克服生活与生产困难的灾民，给予必要的救助与扶持；四是管好用好救灾款物，坚决贯彻专款专用的原则，把有限的救灾资金用到灾区最需要救助的灾民身上；五是发扬传统美德，倡导并组织互助互济和友邻相帮的活动；六是调动解放军、武警官兵救灾抢险，充分发挥人民军队中坚力量的作用；七是抓紧恢复交通、输电、电讯线路和水利设施，为恢复和发展灾区经济准备条件；八是接收和发放国内外的救灾捐献和援助。通过上述这八项措施的实施，我国的救灾方针真正落到了实处。

（二）农村灾害救助的形式

从实施救助的主体来看，农村灾害救助主要有国家救助、生产自救、互助互济三种形式。

国家救助形式。在自然灾害的救助方面，特别是当突发性的特大灾害发生以后，国家能够在短时间内组织起大量的人力、物力、财力来实施急救。这是其他任何群体或组织都难以胜任的。只有国家才具有充分组织和动员人力、物力、财力去抢救、急救灾区的能力，才能够迅速地组织和调动大量的人力、物力、财力，有组织、有计划地实施救助。尤其是在依靠群众和集体的力量，通过生产自救，仍然有无法解决的困难时，国家要给予必要的救助和扶持。这是国家在救灾工作中发挥保障作用的具体体现。

国家的救助和扶持主要表现在两个方面：一方面，对于那些缺乏生产自救能力的，或者是有生产自救能力但生活困难的灾民，要给予救助，使其恢复生产能力，增强战胜灾害的信心；另一方面，通过物质帮助、政策优惠、精神鼓励等手段和措施，扶持灾区群众广开生产门路，发展农、工、副业生产。通过国家的救助和扶持，能够基本上解决灾民的问题，也就是“口粮难、穿衣难、住房难、治病难”这四大难题，从而为实现灾区的政治稳定和人心安定、维护社会秩序以及恢复和发展灾区生产奠定重要的基础。国家的救助和扶持，体现了国家在救灾工作中的主体作用。但是，限于国家的经济实力和财力，这种救助和扶持只能是低水平的，只能做到雪中送炭，不能够锦上添花。因此，必须把握好“必要”的尺度，把有限的财力用在刀刃上，不仅是向灾区“输血”，还要帮助灾区自身“造血”，使其发挥出最佳的救助效能。

生产自救形式。生产自救形式也是自然灾害救助的主体形式。对于国家来讲，由于经济财力有限，因此在救灾上只能区分轻重缓急，不可能对所有灾民实施救助。而且，社会的发展也对自然灾害救助提出了更高的要求。这就是不仅要保障灾民的基本生活需求，还要在短期内尽量地缩小灾民在灾前和灾后生活水平的差距。因此，只有鼓励灾民开展生产自救，才能够很好地满足这一需求。所以，当灾区的灾情稳定以后，各级政府要立即号召和组织灾民进行生产自救，并且尽可能地在资金、信息、技术等方面给予扶持或服务。这种自然灾害救助的形式，立足于灾民自身，充分调动灾民的积极性，往往可以创造出人们难以预计的成效和奇迹，为补偿灾害损失、重建家园打下坚实的基础。

在我国农村的救灾工作中，生产自救是核心，是自然灾害救助的主体形式，同时也是最具有生命力和创造力的救助形式。通过生产自救，恢复和发展生产，改善灾民的生活，克服灾害带来的困难，弥补灾害造成的损失。总的来看，生产自救既符合人民群众的当前利益，又符合人民群众的长远利益和根本利益，是解决灾区人民生产、生活困难的根本途径，也是最为有效的措施。

互助互济形式。灾区之间、非灾区与灾区之间（包括城乡之间）展开互助互济、助人为乐的活动，扶持灾区渡过难关。互助互爱、扶贫济困，一直是中华民族的传统美德。新中国成立以后，这种传统美德得到了进一步的弘扬。因此，在救灾过程中，捐钱、捐物（粮食、衣被等）等地区性和全国性的募捐活动经常涌现，真正体现了“一方有难，八方支援”的良好社会风尚。

相对于灾害救助的形式，农村灾害救助的手段也主要有三种，即实物救助、现金救助和服务救助。实物救助，主要是通过发放实物的形式，如提供粮食、衣被、帐篷等生活必需品，帮助灾民解除生存困境；现金救助，主要是通过发放现金的形式，由灾民根据自己的实际困难安排使用，解决生活困难；服务救助，主要是提供满足灾民生存和基本生活需要的服务，如医疗服务、卫生防疫服务等，同时还包括灾民的自我服务和相互服务。

三、农村灾害救助的内容与保障措施

（一）农村灾害救助的内容与过程

从内容来看，农村灾害救助主要由两大部分组成：一是对灾民的救助，二是对灾区社会的救助。

对灾民的救助，主要包括四个方面的内容：第一，救助灾民生命，这是灾害救助的首要内容和基本内容。灾害尤其是突发性的重大自然灾害的首要特征就是会造成人员的伤亡和财产损失。因此，最大限度地减少灾区的人员伤亡是灾害救助的直接目的和基本内容。第二，为灾民提供基本的生存保障。灾害的发生，往往会造成灾民衣、食、住、医等生存条件的丧失，从而对灾民的生存构成威胁。因此，在救助灾民生命的同时，还要为灾民提供基本的生活资料，解决其衣、食、住、医等问题，以保证灾民的基本生存条件。第三，实施心理救助，安抚灾民情绪。灾害的发生，不仅摧毁了灾民的生存条件，而且还冲击着灾民的精神和心理，从而使其产生普遍的消极情绪和恐慌心态，因此，实施心理救助，安抚灾民情绪，恢复和重建被灾害破坏了的精神世界，也是灾害救助的重要内容。第四，帮助灾民确立自力更生的能力。灾民自力更生的能力，是指灾民在救灾活动停止后，依靠自己的力量，进行正常的物质和精神生活的能力。因此，帮助灾民确立自力更生的能力，使其依靠自己的力量恢复生产、重建家园，不仅是灾害救助的重要内容，更是灾害救助的根本目的。

对灾区社会的救助，主要包括三个方面的内容：一是灾区社会功能的恢复和社会组织的重建；二是灾区社会机制的整合和公共设施的恢复；三是灾区社会控制力量的加强和社会生活的有序化等。对灾区社会的救助是对灾民救助顺利进行的保障和前提。如果没有对灾区社会的这种救助活动，人们生存的社会环境就不能够恢复正常。这不仅会影响到对灾民的救助，而且也不可能全面地完成灾害救助的任务。所以，对灾区社会的救助的目的就是要借助一切手段，整合社会组织，恢复社会功能，实现社会生活的全面正常化。因此，要全面完成灾害救助任务，就必须将对灾民的救助和对灾区社会的救助密切地结合起来。①

从灾害救助过程来看，农村灾害救助主要包括备灾、灾中救助、灾后救助三个连续的环节。

备灾，是救灾顺利实施的前提。备灾主要包括以下内容：一是各种资源的储备，如物资、人力、信息等资源的储备。二是对灾害的预测。通过灾害预警系统或预警网络，对重大自然灾害的发生和发展做出预测，制定灾害救助的应急预案，建立灾害发生时转移避险和临时生活保障的具体方案，建立和健全应急指挥技术支撑系统等。

灾中救助。灾中救助主要包括三个方面的内容：一是紧急转移灾民，将受到灾害侵袭和灾害威胁的民众迅速转移到安全地区；二是保证被转移安置灾民的吃、穿、住等基本生活；三是核查和评估灾情，了解和统计灾情并及时上报。灾中救助行动的迅速及时，可以有效地降低灾害造成的损失，最大限度地

① 参见胡务：《社会救助概论》，北京大学出版社2010年版，第48页。

挽救灾民的生命安全和财产损失。

灾后救助。灾后救助主要包括两个方面的内容：一个是灾民安置。受灾地区人民政府应当在确保安全的前提下，采取就地安置与异地安置、政府安置与自行安置相结合的方式，对受灾人员进行过渡性安置，同时为生活困难的受灾人员提供基本的生活救助。另一个是灾后重建。鼓励并组织受灾群众自救互救，恢复重建。灾后重建的内容，主要包括灾民房屋的重建、灾区道路桥梁的修复、农业生产的恢复等。通过外力的帮助和灾民自身的努力，灾区人民将尽快地恢复正常的生活和生产状态。

（二）农村灾害救助的保障措施

灾害救助的保障措施主要体现在两个方面，即灾害救助的组织保证与物质保证。

自然灾害作为一种社会性的突发事件，在整个人类社会的发展过程中将会不断地发生。因此，在实施救助的过程中，必须要有科学严密的组织保证系统和物质保证系统。民政部的救灾救济司以及各级民政部门中类似的职能机构，是实施国家的灾害救助政策、管理灾害救助事务的组织保证。在我国，救灾事务以地方政府为责任主体，各级民政部门所属的救灾职能部门要服从各级政府的领导。民政部作为国家灾害救助事务的主管部门，要依据国家的法律、法规和政策来行使职能，同时要对下级民政部门的救灾救助事务的管理给予业务上的指导。凡是由中央政府直接拨款的社会救灾救助事务，民政部对下级民政部门也享有领导权。这也就是说，地方民政部门要接受双重领导。从中央政府到村民委员会，是纵向的领导关系；而各级民政部门之间，以及所属的救灾救助管理职能部门之间是业务指导关系。在这个体系当中，村委会是管理的第一个层次，县一级民政部门是整个救灾救助事务管理的最为重要的环节。2004 年，民政部救灾救济司经过机构改革，由单一的救灾机构变成了救灾、备灾和捐赠的综合机构，救灾职能进一步扩大和强化。同年 4 月 28 日，民政部颁布了第一部有关救灾捐赠的规范性文件——《救灾捐赠管理办法》，使我国的救灾捐赠有了约束和规范的法律依据。

在自然灾害的救助工作中，除了科学严密的组织系统之外，还必须有物资贮备系统的保障，即物质保证。为了防御重大灾害的发生，国家制定了储存救灾急需物资的制度，有计划、有组织地进行救灾物资的储备，做到未雨绸缪。1998 年，民政部、财政部发布《关于建立中央级救灾物资储备制度的通知》，先后在沈阳、天津、郑州、武汉、长沙、成都、西安等地设立了 8 个中央级救灾物资储备仓库。经过几年的建设和调整，中央级救灾物资储备仓库（民政部救灾物资储备仓库）达到 10 个，分别在沈阳、哈尔滨、天津、郑州、合肥、武汉、长沙、南宁、成都、西安。另外，在 31 个省（自治区、直辖市）以及新疆生产建设兵团建立了省级救灾物资储备仓库，251 个地市建立了地级救灾物资储备仓库，1079 个县市建立了县级救灾物资储备仓库，一些多灾、易灾的地区也建立了地方救灾物资储备仓库。至此，我国以救灾仓库为依托的救灾物资储备网络已经基本形成。

2003 年，《中央级救灾储备物资管理办法》颁布，救灾物资的购置、储备、管理权限统一归并到民政部，中央财政只负责安排资金。救灾物资储备仓库中所储存的物资可以满足一年以上的各种重大灾害的需求。通过救灾物资的储备，国家可以向灾区有偿或无偿地提供各种生产和生活资料。关于救灾物资的储备，主要包括防汛与抗震物资，如钢材、水泥、木材、草袋等；抗旱物资，如油料、农药、灌溉设备等；抢险物资，如救生器材、运输工具等；生活物资，如粮食、燃料、衣被、药品等；生产物资，如种子、农机具等。对于救灾物资的供应，除了社会捐献和国际救灾援助之外，一般都采用有偿供应的办法。对于部分救灾物资，国家给予专项财政补助和救助。如用自然灾害救助款和特大抗旱防汛补助费等，来购买救灾物资，以无偿救助的形式发放给灾民，解决灾民的生活困难。在实际工作中，必须坚持专物专用、重点使用的原则，以保障灾区的社会安定和灾民的生存。

四、农村灾害救助制度建设与发展的问题分析

改革开放以来，我国农村灾害救助工作取得了举世瞩目的成就，我国成功地应对了长江大洪水、汶川大地震、舟曲泥石流等特大自然灾害，但是从救灾制度上来看，还存在着一些亟待解决的问题。

（一）救灾法律制度的建设还不够完善

目前来看，农村灾害救助的法律制度还比较缺乏，相关的配套政策也不够

完善，从而严重地制约了农村灾害救助工作的规范性和有效性，进而对灾后农村社会经济的发展也造成了一定的不利影响。从世界发达国家来看，“立法先行”是灾害救助制度当中最为重要的特征和原则。以美国为例，作为法制最为完备的发达国家，美国早在1950年就制定和颁布了灾害救助的基本法律——《灾害救助法》、《联邦民防法》；1976年和1988年，又先后制定并颁布了《全国紧急状态法》、《罗伯特·斯坦福救灾与应急救助法》。完备的救灾法律制度和体系，为美国自然灾害救助工作的规范与高效实施奠定了扎实的基础。我国在防灾减灾和灾害救助方面虽然也制定并颁布了一些法律法规，如《防震减灾法》(1997)、《救灾捐赠管理办法》(2000)、《国家自然灾害救助应急预案》(2006)，以及《中华人民共和国减灾规划(1998—2010年)》、《国家综合减灾“十一五”规划》、《国家综合防灾减灾“十二五”规划》等，但总体来看，立法层次不高，而且也缺乏系统性和完整性，尤其是缺乏《灾害救助法》这样的根本大法，以及综合性的农村自然灾害救助的法律法规。

因此，只有建立和健全农村灾害救助的法律法规，构筑起具有中国特色的、完善的农村抗灾救灾的法律体系，才能够规范救灾工作的管理体制，拓宽救灾资金和救灾物资的来源渠道，从制度上杜绝救灾工作中的寻租机会，有效地避免自然灾害救助中的随意性和不对等性，使农村灾害救助工作做到科学合理、规范高效，从而提高救灾工作的总体水平，确保农村灾害救助工作的顺利进行。同时，在完善救灾法律法规的基础上，建立和健全救灾款物的监督机制，从法规和制度上防止截留、挪用、挤占、侵吞、浪费、贪污救灾物资以及弄虚作假、假公济私、营私舞弊等各种违法犯罪行为的发生，确保救灾款物的专款专用，最大限度地发挥救灾款物的使用效益。

（二）灾害救助的标准偏低，缺乏科学合理的增长调整机制

从改革开放以来到2001年，国家的灾害救助标准一直维持在20世纪80年代所确定的救助水平：在口粮救助方面，中央财政按照每人每天0.38元给予补助；倒房补助分为两类，洪涝灾害每间65元，地震灾害每间200元。2002年8月，民政部和财政部联合制定了《特大自然灾害救济补助费测算标准》，该标准首次规范了中央救灾资金的测算方法。2002—2005年，国家灾害救助标准得到一定细化和提高：在紧急转移安置方面，每转移安置一人，中央

财政补助100元。在民房恢复重建方面，每倒塌一间民房，中央财政补助300元。其中，地震灾害单列为每间500元。在荒情救济方面，春荒冬令期间，灾民基本生活保障按一斤基本口粮测算，中央财政按照每人每天0.5元进行补助。2006年，国家灾害救助标准再次提高：在紧急转移安置方面，中央补助标准由每人100元提高到每人150元，台风灾害单列为每人70元。由于台风灾害转移安置人口大部分属于临时避险转移，安置时间比较短，因此补助标准相对也比较低。在民房恢复重建方面，对于倒塌民房，中央补助标准由每间300元提高到每间600元。在荒情救济方面，春荒冬令期间，灾民基本生活保障按一斤基本口粮测算，中央补助标准由每人每天0.5元提高到0.7元。2007年，国务院正式发布《国家综合减灾“十一五”规划》，明确提出要适当提高灾害救助标准，完善救灾补助项目。根据新形势下我国经济社会的发展现状，国家灾害救助标准再次提高，并且增加了旱灾救助项目：因灾倒房的中央补助标准由每间600提高到每间1500元；对于地震严重损坏房屋，中央财政按每间200元给予补助。受灾群众冬春生活困难补助标准由每人126元调整为150元。对因旱灾造成生活困难并需要政府救济的群众，给予适当补助。灾害应急救助标准维持不变，即对于台风灾害紧急转移安置人口，中央财政依然按人均70元给予补助；对于其他灾害紧急转移安置人口，按人均150元给予补助。①民政部副部长李立国介绍，这些标准是2006年年初民政部和财政部在以往救灾补助标准的基础上，根据救灾工作的需要，研究提高依据以后确定的。对于受灾群众而言，这并不构成其全部基本生活保障的资金来源。这是中央级的补助，还要会合地方各级政府的补助，共同构成对受灾群众基本生活保障的资金来源。②

改革开放以来，尽管国家的灾害救助标准不断进行调整和提高，但总体来看，补助标准依然是比较低的。单就农村地区因灾倒塌房屋的补助标准来看，2007年，中央的补助标准虽然提高到每间1500元，但以当时农村一户三间房

---

① 参见来红州：《国家灾害救助标准的历史沿革》，载《中国减灾》2007年第11期。

② 《我国救灾补助标准有三：倒房重建补助每间600元》，见 http://www.china.com.cn/txt/2007/01/11/content_7639433.htm。

屋至少需要1.5万元计算，这个补助标准大约也只相当于建房成本的1/10。2008年汶川大地震后，中央对农村倒房户重建住房的补助标准进一步提高到平均每户补助10000元，但相对于其他国家和地区，我国的灾害补助标准仍然偏低：在我国台湾地区1999年发生的“9·21”地震中，房屋全倒者每户的补助标准为10万元台币（约等于2.5万元人民币）；在2005年巴基斯坦发生大地震中，每倒塌一间房屋的补助标准为2.5万卢比（约等于4000元人民币）。[①] 灾害救助标准的低下，特别是没有建立起一个科学合理的灾害补助标准的自然增长与调整机制，对于农村灾民的基本生活保障和受灾地区的灾后重建以及灾区经济的恢复、发展显然是不利的。因此，应当根据我国农村自然灾害频繁发生并且造成重大人身和财产损失的客观实际，结合我国的经济发展水平、居民生活水平以及物价变动等情况，逐步提高救灾资金的补助标准，建立起科学合理的灾害救助标准自然增长的调整机制。国务院2005年颁布、2011年重新修订的《国家自然灾害救助应急预案》对此也有比较明确的要求：“中央和地方政府应根据经济社会发展水平、自然灾害生活救助成本及地方救灾资金安排等因素适时调整自然灾害救助政策和相关补助标准。”

（三）政府包揽过多，社会化程度比较低

在我国，救灾工作始终是与行政权力捆绑在一起的，紧急救援往往是通过行政命令来完成的，与国际上依法设立中央紧急救灾体系，各级职权机构依法救灾、各司其职的做法有着很大的区别。这种情况既不利于日趋社会化的救灾需要，又不利于对灾害救助的监督，容易产生侵蚀救灾资金等腐败现象，而且也难以杜绝救灾资金和救灾物资的平均发放问题以及优亲厚友等不良倾向。

从国外来看，发达国家如日本、英国、德国等的防灾救灾制度已经相当成熟，其中的一个共同特征就是全民预防体系和政府管理运行机制顺畅合理。在英国的灾害救助过程中，地方政府发挥着主导作用。中央政府根据突发事件发生时所在地的地方政府的要求提供帮助，确定一个牵头部门，对相关工作和涉及的部门进行协调。而且，英国的志愿者组织数量多、规模大，都被统一纳入

① 孙建娥、黄锦鹏：《我国农村灾害救助制度发展与完善研究》，载《湖南行政学院学报》2010年第3期。

“地方政府突发事件应急计划”中，使之具有法律效力；是英国突发事件应急系统中的一支重要力量。①

农村灾害救助工作影响大，涉及面广，需要多部门、多渠道的协作配合。因此，应当学习和借鉴发达国家抗灾救灾的成功经验，在发挥政府救灾主导作用的基础上，逐步改变和完善灾害救助特别是巨灾救助的举国体制；充分利用市场机制，正确引导社会其他主体如非政府组织（NGO）、企业、社会公众等参与抗灾救灾和灾区的恢复重建，调动各方面救灾的积极性，建立一种适应市场经济需要的、主体多元的救灾体系，使救灾资源能够得到充分有效的配置，发挥最大的作用，并最大限度地减少灾害造成的损失，达到灾害救助的目的。从发达国家的经验来看，对于自然灾害特别是重大自然灾害的救助，在重视政府和国家财政的作用之外，一个很重要的经验就是充分发挥市场的力量，通过市场机制，分散损失风险，稳定社会和经济。这是我们在农村自然灾害救助中应该借鉴和学习的。

（四）救灾保险事业发展缓慢

我国农村救灾保险事业的发展不够成熟，特别是农作物的保险至今没有推广开来。因此，保险赔付金额特别是巨大灾害的保险赔付金额所占的比例很小。如在2008年我国南方的雨雪冰冻灾害中，来自保险业的雪灾损失赔款只占直接经济损失的1.3%左右，保险业对农村自然灾害损失特别是巨灾损失的保障功能没有能够发挥出来。而在国外，灾害尤其是巨灾之后的保险赔款一般可承担30%以上的损失补偿，部分发达国家甚至达到60%—70%。② 美国2010年5月发生的严重风暴所造成的损失达到25亿美元；保险赔付高达17.5亿美元，承担了70%的损失。新西兰2010年9月4日发生的地震灾害造成37亿美元的经济损失；仅保险赔付就完成了33亿美元，承担了89.19%的损失。我国保险业在灾害损失补偿中所起的作用微乎其微，远远低于世界平均水平。2008年的汶川大地震所造成的直接经济损失高达8451亿元，来自保险业的赔付仅有18.06亿元。③

① 范姣艳：《我国自然灾害救助制度探讨》，载《法制与社会》2008年第8期。
② 谢世清：《对建立我国巨灾保险制度的思考》，载《中国金融》2008年第15期。
③ 兰东娟：《我国巨灾保险体制构建的几点思考》，载《中国市场（周刊）》2011年第52期。

这种情况充分表明，我国保险业在巨灾损失补偿中尚未发挥应有的作用。与灾害特别是巨灾造成的重大损失相比，保险补偿只是杯水车薪。

因此，重视自然灾害保险制度，大力发展和完善我国的自然灾害保险制度，充分发挥商业保险在自然灾害补偿特别是重大自然灾害补偿中的作用，对农村自然灾害救助制度的建设和发展至关重要，是农村自然灾害救助特别是巨灾救助的重要发展方向和发展趋势。但是，由于自然灾害保险是以受保者缴纳保险费为前提的。以我国农村特别是中西部农村现有的收入水平和生活水平来看，大多数农民的经济承受能力还比较弱，从而在一定程度上限制了自然灾害保险的推广和开展。因此，从国家层面来看，应当根据我国的国情和自然灾害频繁发生的现实状况，制定和出台相应的法规政策和制度措施，构建政府与商业保险公司相结合、多层级的自然灾害风险分担机制。一方面，通过风险意识宣传和政府补贴等形式，提高和增强农民群众的保险意识，引导和支持农民群众参加自然灾害保险，不断扩大农村自然灾害保险的覆盖面；另一方面，通过政策制度等优惠措施，支持和鼓励商业保险公司积极参与自然灾害保险，广泛开展自然灾害保险业务，特别是农村重大自然灾害保险业务，使保险业充分发挥为农业生产和灾民生存保驾护航的辅助作用。对于自然灾害保险特别是巨灾保险问题，2007 年 11 月 1 日开始施行的《中华人民共和国突发事件应对法》也已经有了比较明确的法律规定："建立国家财政支持的巨灾风险保险体系，并鼓励单位和公民参加保险。"但目前来看，尚缺乏具体的推进措施，因此实际进展不大。

第二节　农村贫困救助制度

一、农村贫困的原因与贫困救助的内容

（一）农村贫困的分布及其原因分析

1. 农村贫困的分布。

贫困是一个历史的、地域性的概念。在不同的社会经济条件下，人们对于贫困的认识和理解是不同的。世界银行《2000—2001 年度报告》指出，"贫困不仅意味着低收入和低消费，而且意味着缺少受教育的机会，营养不良，健康

状况差，没有发言权和恐惧等”。诺贝尔经济学奖获得者阿玛蒂亚·森认为，贫困意味着贫困人口缺少获取和享受正常生活的能力。联合国开发计划署《人类发展报告》和《贫困报告》认为，贫困指的是缺乏人类发展最基本的机会和选择——长寿、健康、体面的生活、自由、社会地位、自尊和他人的尊重。贫困远不止是人们通常所认为的收入不足问题；相反，贫困实质上是人类发展所必需的最基本的机会和选择权的被排斥。恰恰是这些机会和选择权利才能把人们引向一种长期、健康和创造性的生活，使人们享受体面生活、自由、自尊和获得他人的尊重。对于贫困的概念问题，中国学者也进行了比较系统的阐释，如《中国农村贫困标准》课题组对贫困概念的界定：“贫困一般是指物质生活困难，即一个人或一个家庭的生活水平达不到一种社会可接受的最低标准。他们缺乏必要的生活资料和服务，生活处于困难境地。”① 又如童星、林闽钢对贫困概念的界定：“贫困是经济、社会、文化落后的总称，是由低收入造成的缺乏生活必需的基本物质和服务以及没有发展的机会和手段这样一种生活状况。”②

一般认为，贫困分为两类：一类是绝对贫困，也称极度贫困，是指难以生存的问题。世界银行把每人每天的消费支出低于 1 美元（1985 年的美元购买力标准，2008 年改为 1.25 美元）视为绝对贫困。一类是相对贫困，是指当一部分人或一个家庭的收入比社会平均收入水平低到一定程度时所维持的生活状况，即不公平的问题。世界银行认为，一个社会成员的收入只有（或少于）社会平均收入的 1/3，便可视为相对贫困。

中国是世界上人口最多的发展中国家，也是世界上贫困人口最多的国家。中国人口的大头在农村，贫困人口也主要是集中在农村。资料显示，改革开放前的 1978 年，农村贫困人口占到全国贫困人口的 87%。而且，我国农村贫困人口的分布，具有明显的区域特征：一是集中分布在 23 个省（市）、自治区的 18 片贫困山区，即沂蒙山区、闽西南和闽东北地区、鲁努儿虎山区、太行

---

① 国家统计局《中国城市居民贫困问题研究》课题组：《〈中国农村贫困标准〉课题组研究报告》，1990 年。

② 童星、林闽钢：《我国农村贫困标准线研究》，载《中国社会科学》1993 年第 3 期。

山区、吕梁山区、秦岭大巴山区、武陵山区、大别山区、井冈山和赣南地区、定西干旱地区、西海固地区、陕北地区、西藏地区、滇东南地区、横断山区、九万大山地区、乌蒙山区、桂西北地区。这些地区大部分是革命老区、少数民族地区、边境地区和贫困地区，也就是习惯上统称的“老少边穷”地区。二是86%的贫困县分布在我国第二阶梯的高原、山区和第一、二阶梯的过渡带上，具有六种不同的贫困类型，即东西部接壤地带贫困类型、西南喀斯特地貌贫困类型、内蒙古旱地贫困类型、东部丘陵山区贫困类型、黄土高原丘陵沟壑区贫困类型、西藏高寒山区贫困类型。三是贫困分布反映了经济发展的不平衡性。由于东部开发早，基础好，经济比较发达，贫困地区成零星状态分布；由于西部开发晚，基础差，比较贫困，贫困地区集中连片。按东部、中部、西部三大经济地带划分，贫困县的分布比例为1: 3.5: 4.7。四是贫困分布具有明显的边缘性。贫困地区大部分处在远离经济发达的中心地区，同时又位于省、区、市及县、市的边缘地带。这种分布状态说明自然地理条件是农村贫困的主要制约因素。农村贫困地区虽然存在着很大的差别，但都具有以下共同特点：一是经济水平很低，生产方式原始，生产手段落后，市场规模狭小，产业结构单一，基础设施薄弱，粮食自给不足。二是社会发育程度低，交通不便，信息不灵，科技人员奇缺，农民素质低，医疗设备简陋，地方病严重。三是自然条件差，干旱、风沙、雪灾等自然灾害频繁；很多地方积温低，农作物只能一年一熟；水土流失严重，自然生态恶化。四是人口增长过快。人口自然增长率比全国平均数高出40%—100%，“越穷越生，越生越穷”的恶性循环相当突出。五是人均收入和消费水准及整个经济发展的差距，与发达地区越拉越大。

这些情况说明，贫困是由各种原因综合导致的结果：自然条件的恶劣、生产力水平的低下、自我积累和自我发展能力的缺乏等。因此，要缓解和消除贫困，必须标本兼治，不仅要解决贫困群众生活和生产上面临的实际困难，而且更重要的是为贫困群体注入新的生产要素，改善生产条件和发展环境，加快经济发展，努力增加收入。

作为一个人口众多、贫困现象普遍存在的发展中国家，缓解和消除贫困，特别是消除农村的贫困问题，是中国发展的首要任务和农村社会救助工作的中心环节。因此，从20世纪末到21世纪初进行的中国农村贫困救助的主要目标，就是消除绝对贫困，重点解决农村贫困人口的温饱问题，尤其是农村中物质生活特别困难、只能维持萎缩性再生产或简单再生产的绝对贫困群体的基本生存问题，进而提升其自我积累、自我发展的能力，最终达到稳定脱贫并且走向富裕的目的。

2. 农村贫困的原因分析。

综合考察和分析我国农村贫困地区的具体状况，其共有的一些致贫因素主要体现在以下三个方面：

（1）环境因素。环境因素主要包括自然环境和社会环境两个方面。首先，自然环境的恶劣严重地制约着农民的生活水平。在许多贫困地区，气候多变，灾害频繁，土地贫瘠，自然环境非常恶劣，直接导致了农业生产水平的低下与不稳定。因此，尽管贫困地区有着比较广阔的农业空间，但居民的温饱问题却长期难以解决。其次，社会环境的缺失严重影响着农村地区的发展。从现代商品经济的角度来看，有些贫困地区蕴藏着丰富的可供开发和利用的资源，如森林、有色金属、煤炭资源、水资源等，但是由于贫困地区发育低下的社会环境，尽管自然资源丰富，却没有条件利用资源优势来发展经济、脱贫致富。其根本原因就是这些贫困地区大多处于边远山区，偏离经济中心区。即便其自然地理位置靠近经济中心，但由于大山阻隔、交通不便、通讯设施落后、信息不灵等原因，它们在经济地理上与经济中心拉开了距离，造成与主流经济、社会、文化上的隔绝，缺乏发展商品经济的良好社会环境。

（2）政策因素。和环境因素相同，政策因素也是影响贫困地区发展的重要的外部因素。从宏观上来看，新中国成立以来，我国长期实行的是以农业支持工业、以乡村支持城市的政策。这种政策规定实际上强化了传统的二元经济结构，进一步扩大了农村和城市的差距。改革开放以后，二元经济结构的现象并没有消除，依然在制约着农村的发展，甚至在某种程度上造成了城市和农村发展的更大的不均衡。从微观上来看，我国由于在总体上仍然属于发展中国家，对贫困地区的救济、开发和投入毕竟是有限的，一时还难以照顾到所有的贫困地区和所有的贫困人口，不可能使之全面、迅速地走出贫困。

（3）人口因素。人口因素主要涉及人口的身体素质和文化素质。首先是人口的身体素质。根据对贫困县的相关调查资料的统计，贫困地区往往是各种地方病的高发区和多发区，如克山病、大骨节病、氟中毒等疾病，而且在我国的残疾人当中，农村残疾人的数量也占到一定的比重。由于疾病和身体的残疾，他们无法从事正常的生产劳动。因此，因病因残致贫的现象比较突出。其次是人口的文化素质。由于经济条件的限制，贫困地区的教学条件和教师素质都相对较差，因此人口的文化程度普遍地低于全国水平。文化素质的低下，不仅导致了愚昧和落后，使人们形成了一些不健康的心理和不合理的经济行为，而且也进一步制造和加剧着贫困，最终陷入“穷是因为穷”的恶性循环之中，使得脱贫问题步履维艰。①

总之，环境、政策等外部因素以及贫困人口的自身因素等多种因素的相互影响和制约，使得贫困地区始终处在一个循环运行的低水平上。因此，如果没有外力的介入，则很难使其摆脱贫困的状况。

（二）农村贫困救助的两大内容

从我国农村贫困救助的运行实践来看，其内容主要包括两个方面，即扶贫开发和最低生活保障。这是改革开放以来我国农村贫困救助先后实施的两项重要的制度和政策，是国家扶贫战略的两个重要支点。农村低保属于生活救助，通过低保制度，保障贫困人口的基本生活。主要是对农村家庭人均纯收入低于当地最低生活保障标准的家庭，按最低生活保障标准给予救助。其本质是解决那些尚不能维持温饱的人口的生存问题，而不是摆脱贫困问题。扶贫开发属于提高能力。通过政策扶持，提高贫困人口的收入水平和自我发展能力，逐步解决温饱并实现脱贫致富。主要是“以经济建设为中心，引导贫困地区群众在国家必要的帮助和扶持下，以市场为导向，调整经济结构，开发当地资源，发展商品生产，改善生产条件，走出一条符合实际的、有自己特色的发展道路。通过发展生产力，提高贫困农户自我积累、自我发展能力”。低保是维持生存，扶贫则是促进发展，二者相辅相成、相互补充、相互促进。而且，农村最低生活保障制度和扶贫开发政策这两项救助制度的最终目标也是一致的，即到2020年基本消除农村的绝对贫困现象。

---

① 参见孙光德、董克用：《社会保障概论》（修订版），中国人民大学出版社2004年版，第366–367页。

农村扶贫对象和低保对象都是农村的低收入人口，但是在具体政策上又有所区别：农村扶贫对象是指家庭年人均纯收入低于农村扶贫标准但有劳动能力的农村人口；农村低保对象是指家庭年人均纯收入低于最低生活保障线的农村居民，主要是因病残、年老体弱、丧失劳动能力以及生存条件恶劣等原因而生活常年困难的农村居民；农村扶贫低保对象则是指低保对象中有劳动能力和劳动意愿并可以通过扶持进而脱贫致富的农村交叉对象。

二、农村扶贫开发的实践与成效评析

（一）贫困标准的确定

农村贫困标准的确定，是确定扶贫对象的前提。而要科学合理地确定农村贫困的标准，则需要结合我国整个国民经济的发展状况和农村的具体情况来进行。

1981年，农业部原人民公社管理局首次提出了以人均集体年收入划分贫困县的标准，具体标准为人均集体年收入40元和50元。1984年，国务院农村经济发展研究中心在调查和研究的基础上，提出以人均年收入120元、人均年自产口粮200公斤为贫困县的划分标准。1985年，国家统计局确定全国农村人均最低生活费支出平均为206元。鉴于贫困人口分布面广，各地食物结构、消费水平和物价指数不同，以及其他特殊因素，1986年第一次确定国家重点扶持的贫困县时，分别提出了不同的标准，即以县为单位，1985年人均纯收入低于150元的县和年人均纯收入低于200元的少数民族自治县；对于在民主革命时期做出过重大贡献、具有较大影响的革命老区县，给予重点照顾，放宽到人年均纯收入250—300元。与此同时，各省、自治区和直辖市也确定了各自的贫困县和重点扶持县。从贫困县的确定标准来看，应该说是比较低的，但是基本符合我国的国情和国力，因为贫困标准如果定得过高，就会导致扶持面扩大，从而不利于集中力量尽快解决绝对贫困人口的温饱问题。1994年，在北京召开的中国扶贫国际研讨会上，与会者对我国制定的这个贫困标准也表示理解和认同。

1986年，列入“七五”计划期间国家重点扶持的贫困县共有331个。与此同时，各省、自治区和直辖市也根据当地情况确定了368个贫困县。这样，全国总共规划了699个省级贫困县，基本上覆盖了农村的绝大部分贫困地区和贫困人口。其中，重点关注的对象是革命老区、少数民族地区以及边远地区。

1990年，国家统计局和国务院贫困地区经济开发领导小组通过比较严格的统计分析和调查研究，重新划定了人均年收入300元的贫困标准。新的贫困标准的划定，也主要是根据有关部门提供的满足个人日常正常生活所必需的最少能量（日摄取2100大卡），利用国家统计局的农村住户调查资料，确定维持正常生活的食品清单，然后计算出满足最低生活所需要的食品费用，进而在最低食品费用的基础上，计算出人均纯收入的贫困线。总的来看，我国的贫困标准是一个比较客观的、符合中国实际的维持基本生存的最低费用标准，能够保证农村贫困人口的基本生存需要。

1994年，我国政府进一步调整了国家重点扶持的贫困县的标准，即以县为单位，凡是1992年农民年人均纯收入低于400元的县全部纳入国家重点扶持的贫困县的范围；凡是1992年农民年人均纯收入高于700元的原国家重点扶持的贫困县，一律退出国家扶持的范围。根据当时的测算，农民年人均纯收入超过700元的县，90%以上的贫困人口基本上都能够解决温饱问题。依据这个标准，列入《国家“八七”扶贫攻坚计划》的国家重点扶持的贫困县共有592个，分布在27个省、自治区和直辖市，覆盖了全国72%以上的农村贫困人口。此外，在贫困县的确定方面，国家一直将少数民族地区作为特殊照顾的对象。1994年确定的592个国家重点扶持的贫困县中，少数民族贫困县共257个，占总数的43.4%，接近一半。

随着经济社会的发展和人民群众生活水平的不断提高，国家的扶贫标准也在不断地变化和提高，由此导致了贫困人口数量的变化甚至是大幅度的增加。统计资料显示，2007年的全国绝对贫困人口为1479万。2008年，国家实行新的扶贫标准，将绝对贫困标准与低收入标准“两线合一”，并将扶贫标准由人均年收入785元提高到1196元。按此标准统计，2008年的扶贫人口为4007万，2009年的扶贫人口为3597万，分别比2007年的绝对贫困人口增加了2528万和2118万。[①] 2011年，国家将扶贫标准再次提高到2300元；扶贫人口

① 《中华人民共和国国民经济和社会发展统计公报》，2007—2009年统计数据。

则达到了1.22亿人，占农村居民的12.7%。①

（二）农村扶贫的对象与内容

农村扶贫，是对农村中有一定生产经营能力的贫困户，通过政策、思想、资金、物质、技术等方面的扶持，使其通过自身的经营劳动而摆脱贫困的社会救助项目。新中国成立以来，我国的扶贫工作走过了一条由救济式扶贫到开发式扶贫、由输血式救济到造血式救济的发展道路。实践证明，传统意义上的救济式扶贫是一种消极的、被动的扶贫，虽然可以暂时缓解贫困者的生活困难，但是并不能使贫困者真正摆脱贫困，而且单纯的生活救济，往往容易诱发被救济者的依赖心理，甚至还会导致年年救济年年穷的尴尬后果。改革开放以来所实施的开发式扶贫，则是一种积极的、主动的扶贫；主要是通过帮助贫困地区改善基本的生产条件，依靠政策、科技和教育，逐步提高贫困地区资源开发的水平和效益，增强贫困户自我积累、自我发展的能力，调动贫困户内在的发展潜力，最终使贫困户摆脱贫困，走上脱贫甚至是发家致富的道路。

农村扶贫的对象，主要是贫困地区和贫困人口，也就是国家确定的贫困标准以下的贫困地区和贫困人口。对贫困地区和贫困人口的扶持是我国农村扶贫工作的一贯政策，始终坚持不渝。2001年，国务院制定的《中国农村扶贫开发纲要（2001—2010年）》明确指出，农村扶贫的首要对象是贫困地区尚未解决温饱问题的贫困人口，农村扶贫的重点地区是贫困人口集中的少数民族地区、革命老区、边疆地区、特困地区。此外，纲要还规定，要继续帮助已经初步解决温饱问题的贫困人口增加收入，进一步改善其生产和生活条件，巩固扶贫的成果。同时，还要帮助初步解决温饱问题的贫困人口实现稳定脱贫，并在实现稳定脱贫的基础上，进一步推动这部分人走向富裕。

农村扶贫工作的内容主要包括两个方面，也就是大扶贫和小扶贫。

大扶贫主要是对贫困地区的扶持和开发，由国务院“贫困地区经济开发领导小组”负责。扶贫开发，就是针对贫困地区，特别是集中连片的贫困地区，由国家和社会通过政策、资金、物质、技术、信息、劳务、就业等方面的外部投入，对贫困地区的经济运行状态进行调整、优化，并在此基础上实现贫

① 回良玉：《在全国扶贫开发工作电视电话会议上的讲话》，2013年1月18日。

困地区经济的良性增长，进而缓解贫困地区的贫困状况，促进贫困人口逐渐摆脱贫困。具体内容包括开发贫困地区的自然资源，加强水利、电力、交通、通信等基础设施建设，发展教育、科技、卫生、文化事业，加强基础教育、职业技术培训和实用技术推广，推进计划生育与疾病防治工作，以改善贫困地区的生产和生活条件，改变其贫困落后面貌，使其逐步走向富裕。

小扶贫主要是对有劳动能力的贫困户的扶持，由民政部负责。其扶持内容主要体现在四个方面：一是政策扶持，也就是通过一系列的政策优惠、政策放宽来对贫困户进行扶持，支持其生产和经营活动。二是资金扶持，也就是根据政府与扶贫对象双方协定的扶贫项目，给予所需资金的扶持。资金扶持分为无偿资金扶持和有偿资金扶持两种，一般在数百元左右。为了提高扶持资金的利用效率，民政部门还建立了专门的扶贫周转资金，通过多种渠道扩大扶贫资金的来源。三是科技和信息扶持，也就是通过提供技术和市场信息等手段，帮助扶贫对象掌握一定的生产技术，使扶贫项目尽快地产生效益。另外，民政部门还采取了组织扶贫经济实体、建立干部包户扶贫责任制等措施，提高扶贫的效率。四是思想扶持，也就是从思想观念上帮助扶贫对象树立自力更生、艰苦奋斗和摆脱贫困的信心，克服消极、悲观和依赖等思想。

（三）农村扶贫的方针、目标和方式、途径的选择

1. 农村扶贫的方针。

改革开放以来，我国政府在农村扶贫的过程中，坚持以经济建设为中心，发展贫困地区的生产力，走开发式扶贫的道路，通过多种方式和途径，采取综合配套措施，以达到帮助农村贫困人口脱贫的目的。这种开发式扶贫，不仅是对过去传统的分散救济式扶贫的改革与调整，而且是中国政府农村扶贫政策的核心和基础。2004 年上海全球扶贫大会的召开和中国国际扶贫中心的成立，充分肯定了我国在减贫方面所取得的成就，表明我国开发式扶贫的理念和模式已经为国际社会所赞同。十六届五中全会通过的《国民经济和社会发展第十一个五年规划纲要》明确要求，坚持开发式扶贫的方针。2006 年 9 月，胡锦涛在新疆考察时再次强调，“扶贫开发是构建社会主义和谐社会的一项重要内容，要坚持开发式扶贫方针”。

农村开发式扶贫的方针，就是以经济建设为中心，支持、鼓励贫困地区

的干部群众，改善生产条件，开发当地资源，发展商品生产，增强自我积累和自我发展的能力。其具体内容主要包括五个方面：第一，倡导和鼓励自力更生、艰苦奋斗的精神，克服贫困农户中普遍存在的“等、靠、要”的思想。第二，针对贫困地区基础设施薄弱、抵御自然灾害能力较差的实际情况，国家安排必要的以工代赈资金，鼓励、支持贫困农户投工投劳，开展农田、水利、公路等方面的基础设施建设，改善生产条件。第三，国家安排优惠的扶贫专项贴息贷款，制定相关优惠政策，重点帮助贫困地区、贫困农户发展以市场为导向的种植业、养殖业以及相应的加工业项目，促进增产增收。第四，开展农业先进实用技术培训，提高贫困农户的科技文化素质，增强自我发展能力。第五，扶贫开发与水土保持、环境保护、生态建设相结合，实施可持续发展战略，增强贫困地区和贫困农户的发展后劲。①

2. 农村扶贫的目标。

从我国农村扶贫工作的发展历程来看，改革开放以来，我国农村的扶贫工作先后经历了体制改革推动扶贫、大规模开发式扶贫、扶贫攻坚三个不同的发展阶段，其目标主要是解决农村贫困人口的脱贫问题。进入新世纪以后，随着《中国农村扶贫开发纲要（2001—2010 年）》的制定，我国农村扶贫开发的战略重点和战略格局开始发生了重大变化，也就是由过去集中解决贫困人口的脱贫问题，转变为解决少数绝对贫困人口的温饱问题，解决已经脱贫人口的返贫问题，为全面建立小康社会创造条件。

按照《中国农村扶贫开发纲要（2001—2010 年）》的要求，2001—2010 年我国扶贫开发的总体目标是尽快解决极少数贫困人口的温饱问题，进一步改善贫困地区的基本生产生活条件，巩固温饱成果，提高贫困人口的生活质量和综合素质，加强贫困乡村的基础设施建设，改善生态环境，逐步改变贫困地区社会、经济、文化的落后状况，为达到小康水平创造条件。为此，中国政府将按照集中连片的原则，把贫困人口集中的中西部少数民族地区、革命老区、边疆地区和特困地区作为 2001 年至 2010 年扶贫开发的重点，并确定了扶贫开发工作的重点县，集中财力、物力和人力，实行统筹规划，分年实施，分类指

---

① 国务院：《中国农村扶贫开发纲要（2001—2010 年）》。

导，综合治理。[①] 根据这个奋斗目标，在新世纪的第一个 10 年，我国农村扶贫攻坚的任务主要有两个：一是尽快解决 3000 万绝对贫困人口的温饱问题；二是帮助已经初步解决温饱问题但需要进一步巩固脱贫成果的脱贫人口增加收入，改善生产和生活条件，使其不再返贫。

2011 年，国家出台新世纪的第二个《中国农村扶贫开发纲要（2011—2020 年）》，明确提出了 21 世纪第二个 10 年的扶贫工作总体目标："到 2020 年，稳定实现扶贫对象不愁吃、不愁穿，保障其义务教育、基本医疗和住房。贫困地区农民人均纯收入增长幅度高于全国平均水平，基本公共服务主要领域指标接近全国平均水平，扭转发展差距扩大趋势。"[②] 根据这个奋斗目标，在新世纪的第二个 10 年，我国农村扶贫工作的重点是对集中连片特困地区的扶贫攻坚，这是党中央、国务院向全社会承诺的我国扶贫开发的主战场；扶贫工作的总体战略是"两轮驱动"，即开发式扶贫与社会保障（农村低保）相结合；扶贫工作的格局则是"三位一体"，即专项扶贫、行业扶贫、社会扶贫"三位一体"的大扶贫格局。

新的扶贫工作的目标是全面建成小康社会奋斗目标的基本要求。正如习近平总书记在河北省阜平县考察扶贫开发工作时所强调的，全面建成小康社会，最艰巨、最繁重的任务在农村，特别是在贫困地区；没有农村的小康，特别是没有贫困地区的小康，就没有全面建成小康社会。

3. 农村扶贫的方式、途径。

从改革开放以来我国农村扶贫的具体实践来看，主要有以下几种方式、途径：

（1）扶贫到村到户。根据贫困地区的实际情况，扶贫开发着重扶贫到村到户。国家不仅将扶贫到户作为一项重要措施，而且把解决贫困农户温饱的各项指标也量化到户，并且在实践中探索出了许多行之有效的扶贫到户方式：一是干部包扶到户，即组织各级干部与贫困农户结成"一帮一"对子，采取签订责任状等方式，明确干部包扶任务；二是实体带动、效益到户，即通过鼓励

① 国务院：《中国农村扶贫开发纲要（2001—2010 年）》。

② 国务院：《中国农村扶贫开发纲要（2011—2020 年）》。

企业与农户合作建立农产品生产加工基地，实现农产品产、供、销的良性循环；三是异地开发、移民到户，即本着自愿的原则，将贫困农户从生产、生活条件极其恶劣的地区搬迁到条件较好的地区，实现异地脱贫；四是社会各界帮扶到户，即组织社会各界对贫困农户进行帮扶。此外，小额信贷也是扶贫到户的重要措施之一。我国在借鉴其他国家和国际组织扶贫经验的基础上，积极组织小额信贷扶贫到户，取得了很好的效果。目前，小额信贷的试点、推广已经初步实现了本土化和规范化，进入了扩大范围、扩大规模的新阶段。

（2）科技教育扶贫。一是由政府专项安排科技扶贫资金，用于优良品种和先进实用技术的引进、试验、示范、推广以及科技培训等，以进一步增强贫困地区反贫困的能力。二是由国家教委和财政部联合组织实施“国家贫困地区义务教育工程”，向国定贫困县、部分省定贫困县、革命老区和少数民族地区进行重点投资，帮助这些地区普及九年义务教育。三是动员和组织大专院校、科研院所在贫困地区积极推广农业先进实用技术，组织科技人员到贫困地区挂职任教，组织科研单位到贫困乡、村宣传普及农业技术。

（3）定点扶贫。定点扶贫是中国特色扶贫开发事业的重要组成部分，目前已经实现了对国家扶贫开发工作重点县的全覆盖。根据中央政府的统一要求，中央国家机关、企事业单位、民主党派及人民团体等社会各界积极参与扶贫工作，并且确定了特定的帮扶对象和明确的帮扶任务，直至帮扶对象脱贫，没有脱贫就不停止帮扶。各省、自治区、直辖市以及贫困地区也积极开展定点扶贫工作，除了资金和物资的投入之外，还专门安排干部到贫困县、贫困村挂职扶贫。此外，各种社会组织、民间团体和私营企业也相继开展了“希望工程”、“光彩事业”、“文化扶贫”、“幸福工程”、“春蕾计划”、“青年志愿者支教扶贫接力计划”等多种形式的扶贫活动。

（4）东西部协作扶贫。采取东部较发达省市对口支持西部省、自治区发展的方式，加快西部贫困地区脱贫步伐。具体执行情况是北京帮扶内蒙古，天津帮扶甘肃，上海帮扶云南，广东帮扶广西，江苏帮扶陕西，浙江帮扶四川，山东帮扶新疆，辽宁帮扶青海，福建帮扶宁夏，大连、青岛、深圳、宁波帮扶贵州。协作双方根据“优势互补、互惠互利、长期合作、共同发展”的原则，在企业合作、项目援助、人才交流等方面开展多层次、全方位的扶贫协作。东西部扶贫协作以改变贫困地区的生产条件和生态环境、解决贫困地区群众的温饱问题为重点，遵循市场经济规律，充分运用科学技术，广泛动员社会各界力量，并在努力扩大对口帮扶的同时，开展各种形式的经济合作。

（5）易地搬迁扶贫。鼓励和支持生存条件极其恶劣地区的贫困农户通过移民搬迁、异地开发的方式，开辟解决温饱的新途径。移民扶贫开发的原则：群众自愿、就近安置、量力而行、适当补助。主要做法：一是插户移民。即由贫困户自行投亲靠友，分散安置，政府给予一定补助。二是政府建移民开发基地安置移民。既要保证可稳定解决迁入户的温饱问题，又要保证不破坏迁入地的生态环境。三是吊庄移民。即采取搬迁初期两头有家的形式，待移民点得到开发，生产、生活基本稳定后再完全搬迁。2013 年 1 月 18 日，回良玉副总理在全国扶贫开发工作电视电话会议上指出，在第一个《中国农村扶贫开发纲要（2011—2020 年）》实施期间，共有 840 万贫困人口实施了扶贫移民搬迁。

（6）贫困地区劳动力输出。国家鼓励并组织具备条件的贫困地区开展劳务输出，以帮助贫困地区劳动力充分就业并增加收入。劳务输出不仅有助于贫困地区劳动力实现就业和增加收入，而且更重要的是劳动者通过异地就业可以学到新技术、新生活方式、新工作方法，开阔眼界、增强信心，提高自我发展的能力。

（7）扶贫开发与生态环境保护、计划生育相结合。在贫困地区的开发中，注重生态环境的保护，鼓励农民发展生态农业、环保农业。通过科技扶贫，逐步改变贫困地区以破坏生态为代价的掠夺性生产，促进贫困地区的可持续发展。同时，致力于转变贫困地区群众的生育观念，积极倡导贫困地区的农民实行计划生育，把扶贫开发与计划生育结合起来。

（8）开展扶贫领域的国际交流与合作。在主要依靠自己的力量进行扶贫开发的同时，重视与国际社会在扶贫领域的交流与合作。这不仅可以加快解决本国贫困人口的温饱问题，而且可以通过借鉴国际社会的扶贫经验和成功的扶贫方式，提高中国扶贫开发的整体水平。如与世界银行的合作、与联合国等国际组织和非政府组织的合作，都取得了很好的成效。

此外，作为扶贫开发和贫困地区建设社会主义新农村的重要战略举措，整村推进成为新阶段扶贫开发的重要内容和途径。在新世纪第一个《中国农村扶贫开发纲要（2011—2020年）》的实施过程中，共有12多万个贫困村实施了整村推进，覆盖了国家扶贫开发工作重点县中的革命老区县、民族自治县和边境县的全部贫困村。整村推进的工作目标：实现贫困群众增收、基础设施提升、社会公益事业发展和群众生产生活条件改善。第二个《中国农村扶贫开发纲要（2011—2020年）》规定，继续将整村推进作为扶贫工作的重要战略。为此，国务院扶贫办会同发展改革委等12个部门共同编制了《扶贫开发整村推进"十二五"规划》，明确了整村推进的范围、总体思路、发展目标、建设内容和建设标准，并且规定了部门职责、项目管理、投入机制以及监测评价体系；计划在"十二五"期间，完成中西部3万个贫困村的整村推进任务，全国平均每年完成6000个村的整村推进扶贫任务。

（四）农村扶贫的成就与问题

1. 农村扶贫的成就。

21世纪初，在《中国农村扶贫开发纲要（2001—2010年）》的全面实施阶段，我国的扶贫开发工作取得了显著的成效和历史性的成就。概括起来，就是"一个基本解决、两个成功超越、三个明显加强"。

"一个基本解决"，就是农村居民生存和温饱问题基本解决。扶贫开发的目标，就是要解决农村贫困人口的生存和温饱问题。在过去工作的基础上，经过21世纪初10年的不懈努力，这一目标终于实现。按照1196元的标准计算，从2002—2010年，农村贫困人口从8645万人减少到了2688万人，贫困人口占农村人口的比重从9.2%下降到了2.8%。这个标准对应的贫困人口数量目前已稳定减少到2000万人以下。与此同时，全面建立农村最低生活保障制度，完善"五保"供养办法，制定贫困残疾人扶持措施，为没有劳动能力的农村居民提供维持基本生活的兜底式保障。

"两个成功超越"，就是贫困地区的农民人均纯收入和人均地区生产总值年均增长速度成功超越全国平均水平。2002—2011年，重点县的农民人均纯收入年均实际增长9.4%，高出全国1.3个百分点；人均地区生产总值年均实际增长15.3%，高出全国5.1个百分点。同时，重点县的产业结构进一步优化，经济增长的质量和效益不断提高。

"三个明显加强"，就是贫困地区的基础设施建设、社会事业发展、生态环境改善得到明显加强。在基础设施建设方面，重点县自然村通公路、通电、通电话、能接收电视节目的比重接近或超过90%，饮用安全水的农户比重大幅提高。在社会事业发展方面，重点县的学龄儿童在校率达到97.4%，青壮年文盲、半文盲率下降5.5个百分点，有卫生室的行政村比重达到83%，公共文化服务体系建设快速推进。在生态环境改善方面，重点县累计实施退耕还林1.6亿多亩，生态恶化的趋势初步得到遏制。

国务院副总理回良玉指出，“经过10年来的努力和探索，我们成功地走出了一条以经济发展为带动力量，以增强扶贫对象自我发展能力为根本途径，政府主导、社会帮扶与农民主体作用相结合，普惠性政策与特惠性政策相配套，扶贫开发与社会保障相衔接的中国特色扶贫开发道路，在中华民族发展史和世界减贫史上写下了浓墨重彩的一页”①。

2. 农村扶贫开发面临的挑战。

随着工业化、城镇化、市场化、国际化进程的加快，农业和国民经济的关系出现根本调整，农村经济结构、社会结构和治理方式都在发生着深刻的变化，农民的思想观念、就业渠道和生活方式也在逐步更新。这些新的变化都使得农村扶贫开发工作面临着更加严峻的挑战。

（1）扶贫任务更加繁重。一是农村扶贫对象规模依然较大。按照国际标准计算，中国的贫困人口总量在世界上排名第二，仅次于印度，而且农村人口占到贫困人口的90%。② 根据2007年的统计，农村最低收入线以下的扶贫对象还有4320万，占农村人口的4.6%；贫困人口的数量在1亿左右。2009年12月18日，温家宝在哥本哈根气候大会领导人会议上指出，按照国际标准的贫困线，中国还有1.5亿人口生活在贫困线以下。③ 按照2011年12月出台的新的国家扶贫标准2300元计算，全国扶贫对象有1.22亿人，占农村居民的12.7%。如果到2020年下降到扶贫目标设定的3%以下，年均需要减少1000万贫困人口。④ 由于这部分扶贫对象的贫困程度比较深，返贫问题严重，区域

① 回良玉：《在全国扶贫开发工作电视电话会议上的讲话》，2013年1月18日。
② 程刚：《中国贫困人口总数世界第二》，载《中国青年报》2009年4月9日。
③ 黄海燕：《对中国农村反贫困的思考》，载《人民论坛》2010年第26期。
④ 回良玉：《在全国扶贫开发工作电视电话会议上的讲话》，2013年1月18日。

发展不平衡，制约贫困地区发展的深层次矛盾突出，要达到这样的下降幅度，难度是相当大的。二是特殊类型地区的贫困程度依然较深，贫困人口的脱贫难度增大。这些地区大部分是革命老区、民族地区和边疆地区，生存环境恶劣，基础设施落后，社会形态特殊，公共服务欠缺，贫困人口比例超过40%。其中，许多人只有通过易地搬迁才能够解决温饱。在许多贫困地区，人畜混居、茅草屋、溜索等现象依然存在；地方病严重困扰；扶贫工作不仅难度大，而且成本也比较高。

（2）致贫因素更加复杂。一是在贫困人口数量不断减少的同时，返贫问题也比较突出。其原因主要是自然灾害的频繁发生。通过扶贫，部分低收入人口虽然基本解决了温饱问题，但由于经济基础相对脆弱，自我发展能力有限，一遇天灾人祸，极易产生新的贫困和返贫。中国的一些西部省市每年的返贫率均在20%以上，有的甚至高达50%。[①] 严重的自然灾害不仅造成大量人口返贫，而且也抵消了多年来的扶贫成果，使恢复重建的任务异常艰巨。二是因病致贫的现象仍然比较突出，特别是一些治疗费用比较高的疑难杂症所导致的家庭贫困现象。三是社会性、政策性致贫因素也在增加。工程移民、建设用地、生态保护和资源开发等项目，都有可能产生新的农村贫困群体，如失地农民群体、女性农民群体等。总之，传统因素和新增致贫因素交织混错，增加了扶贫工作的不确定性。

（3）扶贫使命更加艰巨。2020年基本消除绝对贫困现象，是我国农村扶贫的重要任务和奋斗目标，这是一个十分艰巨的任务。同时，扶贫开发还承担着提高农村贫困地区和贫困人口的脱贫致富、提高自我发展能力，并且逐步缩小发展差距的更为重要的使命。当前，城乡、区域、不同社会群体发展差距扩大的趋势尚未得到有效控制，而且还有扩大的趋势。历年《中国统计年鉴》的数据显示，1978年，西部的甘肃省农村人均纯收入为98.4元，而东部的上海市农民人均纯收入为290.8元；2007年，前者为2328.9元，后者则达到10144.6元。两地的农村人均纯收入从相差192.4元扩大到7815.7元，上海市农民人均纯收入由甘肃省农村人均纯收入的2.96倍扩大到4.36倍，地区间收

---

① 张岩松：《发展与中国农村反贫困》，中国财政经济出版社2004年版，第108页。

入差距的扩大趋势愈演愈烈。[①] 近几年，国家重点扶持的贫困县农民年人均纯收入在增幅上虽然高于全国平均水平，但实际收入仅为全国农民的一半左右，低收入标准仅为全国农民人均纯收入的1/4。而且，在贫困地区内部，发展差距更为突出，一些乡村中少数人群的畸高收入掩盖了多数人的贫困。

（4）扶贫资金投入要求更大。长期以来，国家尽管对扶贫工作给予了高度的重视，但在扶贫资金的投入上却始终处在一个比较低的水平。根据清华大学胡鞍钢教授的研究，从1986—2000年，国家用于扶贫资金的投入占GDP的比重一直维持在0.2%—0.3%之间。其中，最高年份为42亿元，占GDP的比重为0.41%（1986）；最低年份为98亿元，占GDP的比重为0.17%（1995）。见下表[②]。

年份	贴息贷款（亿元）	以工代赈（亿元）	发展资金（亿元）	合计（亿元）	占GDP比重（%）	贫困人口人均额（元/人）
1986	23	9	10	42	0.41	32
1990	30	6	10	46	0.25	54
1991	35	18	10	63	0.29	67
1992	41	16	10	67	0.25	83
1993	35	30	11	76	0.22	101
1994	45	40	12	97	0.21	194
1995	45	40	13	98	0.17	151
1996	55	40	13	108	0.16	180
1997	85	40	28	153	0.21	306
1998	100	50	33	183	0.23	436
1999	150	65	43	258	0.31	756
2000				260	0.29	1182

注：贫困人口人均额是按当年贫困人口数计算。资料来源：1986—1997年的数据来自

① 转引自陈俊：《新世纪以来中国农村扶贫开发面临的困境》，载《学术界》（月刊）2012年第9期。

② 参见胡鞍钢：《国际人口与发展论坛》（湖北武汉、2004年9月7日至9日）专题论坛“消除贫困”论文稿。

姜永华、高鸿斌主编的《中央财政扶贫》，中国财经出版社，1998 年。1998 和 1999 年的数据来自国务院扶贫办，引自国家统计局农村社会经济调查总队《2000 年中国农村贫困监测报告》，中国统计出版社，2000 年第 53 页；2000 年数据为作者估计数据。

财政部的统计数据显示，1986—2003 年，我国政府共投入扶贫资金 2383.6 亿元。其中，以工代赈资金、财政发展资金、三西扶贫资金及少数民族发展资金为主的财政扶贫资金为 1039.6 亿元，占到扶贫资金总量的 43.6%。虽然从绝对数量上看，中央财政扶贫资金每年都在增加，但是从财政扶贫资金占全国 GDP 的比重来看，中央政府财政扶贫资金投入占 GDP 的比重始终没有超过 0.2%，绝大多数年份都在 0.15% 以下。2001—2003 年连续三年甚至都在 0.1% 的水平，最低年份（1988、1989、1990、1995、1996）甚至还不到 0.1%，总体呈现出高低波动甚至明显下降的趋势。①

2012 年，中央和省级财政专项扶贫资金为 479 亿元。其中，中央财政专项扶贫资金为 332 亿元，省级财政专项扶贫资金为 147 亿元，分别比 2002 年的 129 亿元、106 亿元增加了 350 亿元和 226 亿元。尽管如此，相对于 2012 年的国内生产总值（GDP），中央财政 332 亿元的扶贫资金投入仅占当年国内生产总值 519322 亿元的 0.06%，还达不到之前最低年份 1% 的扶贫资金投入比例。这种情况，与我国每年几十万亿的国内生产总值和 6000 多美元的人均 GDP 是非常不相称的。国家统计局《2012 年国民经济和社会发展统计公报》显示，2012 年，中国国内生产总值（GDP）为 519322 亿元，年末全国大陆总人口为 135404 万人。据此，2012 年中国人均 GDP 为 38354 元。截至 2012 年末，人民币兑美元汇率中间价为 6.2855。这就意味着 2012 年我国人均 GDP 达到了 6100 美元。

扶贫资金的投入长期偏低，对于尽快稳定解决扶贫对象的温饱问题并实现脱贫致富的扶贫目标是非常不利的。商务部的资料显示，与中国同为金砖国家的巴西，扶贫资金的投入占 GDP 比例却远远超过中国。“在金砖国家中，巴西贫富差距高达 50 倍，排名仅次于南非，是发达国家平均水平的 5 倍。国内 20% 的富人掌握 60% 的财富。尽管如此，在过去几十年中，巴西是金砖国家

① 李小云、唐丽霞、张雪梅：《我国财政扶贫资金投入机制分析》，载《农业经济问题》（月刊）2007 年第 10 期。

中贫富差距唯一开始下降的国家。巴政府投入大量资金用于改善民生，将GDP的16%用于社会扶贫计划。这一比例比美国都高。”①

从总体上来说，中央财政扶贫资金是国家为解决少数贫困人口温饱问题，进一步改善贫困地区生产、生活条件，巩固温饱成果，提高贫困人口生活质量和综合素质，加强贫困乡村基础设施建设，改善生态环境，逐步改变贫困地区经济社会文化的落后状况，为达到小康水平创造条件而设立的专项扶贫资金。但是，由于扶贫资金管理上的混乱等种种原因，这些有限的扶贫资金却没有能够发挥出应有的效果。

长期以来，面对城市和农村的贫困问题，我国始终没有制定或实行过全社会统一的贫困扶助救济政策；扶贫政策的制定和设计依然是沿袭传统的城乡二元结构的思路，即在城市加快社会保障制度的改革和完善，在农村则只是延续以往的反贫困政策。而且，城乡反贫困政策的差别也很大，甚至在贫困标准的界定方面，农村和城市也存在着很大的差别。更为严重的是，我国目前还没有一个统一的城市贫困标准，也没有一个官方的城市贫困规模的数据，使得针对城镇贫困人口的扶贫开发工作显得相对薄弱。当前，导致城乡贫困的原因进一步呈现出多元化、复杂化等特点，如城市化过程中失地农民陷入贫困，农村贫困“流入”城市并与城市贫困交织在一起等。这都要求我们应当尽快建立一个涵盖城乡的一体化的扶贫体系，使城乡扶贫由二元化走向一体化。这应该是我国扶贫开发工作未来的发展趋势。②

三、农村最低生活保障制度的实施与发展趋势

（一）农村最低生活保障制度的内容

农村最低生活保障制度是对家庭人均纯收入低于当地最低生活保障标准的农村贫困人口，由政府按照最低生活保障标准进行差额救助的新型社会救助制度。建立农村最低生活保障制度的目标，主要是将符合条件的农村贫困人口全

① 商务部：《巴西穷富差距50倍，呈不断下降趋势》，见 http://www.enorth.com.cn。

② 李庆梅、聂佃忠：《负所得税是实现扶贫开发与农村低保制度有效衔接的现实选择》，载《中共中央党校学报》2010年第5期。

部纳入保障范围，稳定、持久、有效地解决全国农村贫困人口的温饱问题。总体要求是实行地方人民政府负责制，按属地进行管理；从当地农村经济社会发展水平和财力状况的实际出发，合理确定保障标准和对象范围，做到制度完善、程序明确、操作规范、方法简便，保证公开、公平、公正；实行动态管理，做到保障对象有进有出、补助水平有升有降；与扶贫开发、促进就业以及其他农村社会保障政策、生活性补助措施相衔接，坚持政府救济与家庭赡养扶养、社会互助、个人自立相结合，鼓励和支持有劳动能力的贫困人口生产自救、脱贫致富。

农村最低生活保障制度的内容，主要涉及低保标准的确定、保障对象、保障方式、资金来源与管理制度等问题。

1. 低保标准的确定。

农村低保的标准，由县级以上地方人民政府进行确定。确定的依据，是能够维持当地农村居民全年基本生活所必需的吃饭、穿衣、用水、用电等费用。标准确定以后，报上一级地方人民政府备案，然后公布执行。农村低保的标准，要随着当地生活必需品价格的变化和人民生活水平的提高适时进行调整。由于我国地域辽阔，各地经济社会发展水平和自然环境条件有着很大的差异，因此各地要从实际出发，合理地确定当地的保障标准。在具体工作中，要靠科学的调查和测算，既不能定得过低，也不能定得太高。太低，如低于国家公布的绝对贫困线，则会影响解决困难群众温饱问题的实际效果；太高，则会使一部分人产生依赖思想，甚至会影响其他群众的生产积极性。从实际工作来看，除了少数东部发达地区，绝大多数地方都是参考国家每年公布的贫困标准来确定农村低保标准的。而且，各地已经基本形成了低保标准和补助水平的动态调整机制，并根据当地经济发展和人民生活水平的提高，同时考虑物价变动等情况，适时、适度地提高低保标准，以保证困难群众能够分享到改革发展的成果。

2. 保障对象与保障方式。

农村低保的保障对象，是家庭年人均纯收入低于当地低保标准的农村居民，主要是因为疾病、伤残、年老体弱、丧失劳动能力以及生存条件恶劣等原因而生活常年困难的农村居民。也就是说，凡是家庭年人均纯收入低于当地低保标准的农村居民，均可以申请低保。农村低保的保障方式，主要分为两种：一种是现金和实物救助相结合，另一种是全部发放现金。保障资金一般每季或每半年由乡镇通过村发放，实物由村来发放；个别地方按每月或每年发放一次。

3. 资金来源与管理制度。

农村低保资金的筹集，主要是以地方为主。各级地方政府要将农村低保资金列入财政预算，按照低保对象的人数等因素足额安排预算；省一级政府要统筹规划本地区农村低保制度的实施步骤和要求，加大对财政困难县（市）的支持力度，以确保所有县（市）都能够建立起较为规范和稳定运行的农村低保制度；中央财政对财政困难地区要给予适当补助，同时鼓励和引导社会力量为农村最低生活保障提供捐赠和资助。农村最低生活保障资金实行专项管理、专账核算、专款专用，严禁挤占挪用。农村最低生活保障制度的管理，主要涉及农村低保的申请、审核、审批、民主公示、资金发放、动态管理等整个过程。农村低保的家庭收入调查、核查等管理工作，既要严格规范，又要从农村实际出发，采取简便易行的方法。在申请、审核、审批过程中，符合当地低保条件的老年人、残疾人和儿童，可以委托赡养人、扶养人、监护人或者村民小组、其他村民代为提出申请，防止发生漏保、错保情况。要公开政策、公开程序，严格实行村级评议公示、乡镇核查公示、县民政局审批公示的“三榜”公示，接受社会监督；坚持农村低保审批的限时办理、书面答复等程序要求，确保公平和公正。基层管理部门要定期审核低保对象的到家庭经济状况，根据其变化情况相应办理退保、增发或减发低保金的手续，切实做到低保对象有进有出、补助水平有升有降。

此外，各地在实施农村最低生活保障制度的同时，也出台了一些配套的优惠政策，以减轻特困低保对象的生活负担：一是减免各种款项，如减免低保对象的提留款、统筹款以及各种集资款；二是减免各种费用，如减免低保对象的医疗费、子女上学的学杂费等。

（二）农村最低生活保障制度的问题分析与发展趋势

农村最低生活保障制度的全面建立，是消除贫困、统筹城乡发展的重要制度安排，也是继农村税费改革后的又一项重大惠农政策，在我国农村反贫困事业中具有里程碑式的重要意义。目前，农村最低生活保障制度已经全面覆盖有农业人口的县（市、区），正在朝着应保尽保的方向和目标推进；保障标准和保障水平也在逐年提高。截至2010年年底，全国农村低保覆盖2528.7万户、5214万人。2010年，全年共发放农村低保资金445亿元。其中，中央补助资金269亿元。全国农村低保平均标准为每人每月117元，月人均补助水平为74元。① 2013年1月19日，民政部发布的《2012年社会服务发展统计公报》显示，到2012年年底，全国农村低保对象为2814.9万户、5344.5万人。全年各级财政共支出农村低保资金718.0亿元。其中，中央补助资金431.4亿元，占总支出的60.1%。低保平均标准为每人每年2067.8元，低保月人均补助水平为104.0元。②

1. 农村最低生活保障制度存在的问题。

（1）低保标准偏低，无法满足低保家庭的生存和发展需求。所谓标准偏低，主要包括两个方面的内容：首先是指标准制定得过低。由于标准制定得过低，只有少数特别困难的个人和家庭才能够符合最低生活保障标准。这就使得救助的范围大大缩小，不能够有效地解决广大实际困难户的贫困问题，从而导致"最后一道安全网"的兜底作用不能够充分地发挥出来。其次是指保障标准过低。由于保障标准过低，即使享受了低保，也难以满足救助对象的最低生活需要，特别是对于那些传统的、没有劳动能力的保障对象，其生活的贫困状态可能会依然如故，因为这些人基本上没有其他的收入来源，全部生活都依赖于最低生活保障的给付。农村低保标准偏低是一个比较普遍的问题。河北省经济发展程度不同的三个县——赵县、文安县、南皮县的低保调查资料显示，"截至2008年第一季度，三县的低保人数依次为14355人、11493人和5538人，人均支出分别为155元、190元和130元，而三县的平均低保标准为赵县58元，文安县40元，南皮县26元"。如此标准，"远不能满足农村困难群众的实际需要，仅在一定程度上缓解其困难，达不到保障基本生活的效果，而每

① 国务院新闻办：《中国农村扶贫开发的新进展》，人民出版社2011年版。

② 尹深：《民政部：2012年全国低保7488万人财政支出1392.3亿元》，见 http://politics.people.com.cn/n/2013/0619/c1001-21891419.html。

个月几十元的补差标准相对于当前的物价上涨水平来说，也只能是杯水车薪”。此外，这个调查材料还显示，在城镇和农村低保资金的投入上，差别也很大。“财政在城镇低保所投入的资金远远高于农村，存在着明显的城乡发展不平衡的态势。”① 这也是一个比较普遍存在的问题。

（2）农村低保对象的家庭收入难以核实，影响和制约了低保救助对象的准确界定。农村低保的保障对象主要是农村家庭年人均纯收入低于当地低保标准的困难群众，因此确定农村最低生活保障线标准的最基本要求，就是保证农村贫困居民的最低生活。然而，在实际工作中，农村低保对象的确定却面临着一系列家庭收入，如有劳动能力的保障对象的隐性收入，申请人的种植、养殖、加工收入、外出务工收入或其他临时性收入，具有法定赡养、抚养关系并且在一起共同生活的全体人员的收入等，难以核实的问题。这些现实问题的存在，在一定程度上影响和制约了低保救助对象的准确界定，致使许多地方低保标准确定的存在着主观判断严重、界定标准单一和标准模糊化等问题，达不到科学合理的基本要求，从而严重地影响了农村低保制度的公平性。

和城镇居民相比，农村居民的收入有其自身的特点，从而使得在收入的界定上存在困难。吕学静认为，困难主要表现在以下方面：一是收入的不稳定性。除农作物收成具有季节性及受自然灾害的影响较大等因素外，外出务工人员的增加也增大了收入的不稳定性。二是由于农村养老金制度远未普及，那些丧失劳动能力和经济来源的老年人口在生活、就医、子女求学等方面的困难加大。王增文进一步指出，由于我国农村主要采用人工手段进行收入审核，反映在审查、审核低保对象时，对困难家庭的收入计算虽有统计部门提供的计算农村家庭收入办法，但实际计算时还比较困难。② 而如果家庭收入的计算出现偏差，其结果就可能会把一些应该享受低保的贫困居民拒之于低保制度的大门之外，甚至还可能会产生相反的后果，让一些本不应该享受低保的人享受了低保。而且，由于低保标准的确定难度比较大、低保户家庭收入的动态监测困

① 河北省社科院课题组（执笔：赵巍、张丽）：《完善我省农村低保制度的对策建议》，河北省社科联民生调研课题，课题编号：2008010035。

② 转引自林志达：《农村最低生活保障制度问题与对策研究综述》，载《中国集体经济》2011 年第 7 期。

难、信息化滞后等原因，一些农村低保户的家庭人均收入超过了低保标准线后不能及时退出低保或不愿意退出低保的现象也时有发生。这从另一个侧面说明了低保制度的进一步完善问题，也就是低保制度正常退出机制的建立问题。

（3）保障资金的落实与低保金的发放问题。保障资金是低保制度赖以实施的物质基础和可靠保证，因此低保资金的筹集和落实问题成为建立农村低保制度的一个重要的制约因素。长期以来，由于城乡二元社会保障模式的影响，政府对城市社会保障的制度建设和财政投入比较重视，而对农村社会保障的制度建设和财政投入则明显不足；存在着社会保障资金投入分配不均，比较严重的重城市、轻农村的现象。国家在农村社会保障的财政投入远远低于城市，现行的农村低保制度也主要采取县以下财政分担、省财政给予适当补助的筹资模式。山东省农村低保制度的调查材料显示，在农村低保制度的实施过程中，一些地方存在着保障资金“列而不支”或“列而少支”的现象。按照规定，农村低保资金是由各级财政按比例负担的，每年需要列入财政预算，但是由于一些地方的经济发展比较落后，乡镇或村级负担的保障资金难以按时足额落实到位，进而出现乡镇财政套取县财政，或行政村套取乡镇财政的现象。而通常越是这些财政紧张、收支勉强能够糊口的乡镇和行政村，贫困人口往往越多，分担低保资金的任务也就越重，落实保障资金的压力也就越大，导致保障资金常常不能落实，成为制约农村低保制度实现应保尽保的瓶颈。这也是导致部分地区低保金发放困难的直接原因。①

（4）法制不够健全，立法严重滞后。社会保障制度作为一种公共产品，其建立和完善必须依靠国家法律法规的支持，在国家法律法规的约束规范下运行。作为农村社会保障制度建设的一个重要内容，农村低保制度的实施是对我国传统的社会救济制度的重大变革与创新，然而从目前来看，我国农村低保制度的规范性文件的效力等级明显低于城市低保，只有一纸《关于在全国建立农村最低生活保障制度的通知》，缺乏与《城市居民最低生活保障条例》同等级别的法律规范，甚至尚未上升到行政立法的层面。立法严重滞后于低保制度

---

① 邢洁、郭健美：《农村居民最低生活保障制度探究——基于山东省农村低保制度调查》，载《新疆农垦经济》2009年第4期。

的发展。对此，一些学者也表达了自己的观点和看法。林莉红、孔繁华认为，农村居民获得低保还只是一项政策性的权利，而未成为法定性权利，或处于“从宪定权利到法定权利”的过渡过程。我国迄今还没有一部专门关于农村社会保障工作的法律，在已制定的条例中也极少有规范农村低保的内容。只有极少数的省份出台了有关管理办法，大部分地方还没有将农村社会保障工作尤其是农村低保纳入政府的目标管理中。因此，关于农村低保仍然没有全国统一的立法，没有全国性的社会救助法，没有一部完整的规范救济对象、救济内容、救济标准、经费来源、救济方式等内容的法律，表现出“各自为政”的做法。各地的分散规定不利于农村低保制度在全国的统一建制。① 正是法律规范的缺乏，造成了农村低保实施过程中各种问题的发生，从而影响和制约了低保制度的健康有序发展。因此，完善农村低保的法律法规，制定和颁布面向农村居民或面向城乡全体居民的《最低生活保障法》，以法律的形式明确农村低保制度的基本原则、保障对象、保障标准，规范政府的责任和义务，确定农村低保工作的组织机构、申请与审核程序、资金的筹措和管理等方面的内容，使农村低保工作实现制度化、规范化和程序化，才能够从根本上保证农村最低生活保障制度的权威性和连续性，确保农民群众的基本生活权益得到保障。

2. 农村最低生活保障制度的发展趋势。

我国低保制度的设计和实际运行，依然是沿袭了传统的先城市、后农村的城乡二元结构的建设思路。这对于农村低保制度的良性运行和发展、完善是不利的，而且也不利于消除制度性贫困，实现底线公平。因此，应当力求在保障法规、保障内容、保障标准、保障资金、保障管理等方面逐步实现统一，走城乡一体化的发展道路，使低保制度由“城乡分治”走向“城乡统筹”，真正实现公民保障最基础层面的公平。景天魁认为，最低生活保障制度具有底线公平的意义，“这项制度被实践证明是花钱最少、效益最好的社会保障制度，因此中国的社会保障制度应以最低生活保障制度为基础”，进而提出要建立“以低

---

① 林莉红、孔繁华：《从宪定权利到法定权利——我国农村居民最低生活保障制度建立情况调查》，载《河南省政法管理干部学院学报》2007年第4期。

保为底线、以卫生保健和服务保障为基础”的城乡统筹的社会保障制度。①

对于农村低保制度的未来走向，许多学者从城乡统筹的发展思路提出了自己的看法。谌立平认为，统筹城乡发展的关键点在于统筹城乡社会保障制度，而实行城乡一体化的低保制度则是统筹城乡社会保障制度的基础工作；它应该成为整个社会保障体系的“最后一道安全网”，担负起保障所有社会成员在陷入生活困难时都能够享受最基本生活的功能。官翃认为，政府应从社会公正的理念出发，在构建农村低保制度中动态地考虑农村低保制度的建设与城市低保制度的衔接问题，建立城乡一体化的低保制度。闫锡杰也认为，应按照“五个统筹”的要求，遵循城乡一体化的发展思路来推进低保制度建设，不断健全和完善以农村低保制度为基础的新型农村社会救助体系，为统筹城乡经济发展和建立和谐社会搞好服务。此外，也有研究者对建立城乡一体化的最低生活保障制度进行了设想：首先，建立农村低保制度以取代农村特困户的定期定量救助；其次，在农村低保领域实现全国统一；再次，实现城乡低保制度的融合。②

因此，从发展趋势来看，作为解决农村贫困人口基本生存问题的最低生活保障制度，应该率先与城市最低生活保障制度进行衔接，实行城乡之间的统一，建立公平的、城乡一体化的最低生活保障制度。当然，考虑到城乡发展、地区发展不平衡的现实问题，以及城乡之间、地区之间居民生活水平的实际差异，在给付标准方面可以有所差别，实行“有差别的统一，即在承认‘差别’的条件下保证基本保障项目的城乡一体化”③。事实上，在我国低保制度的运行实践中，广东、浙江等沿海经济发达省市已经先行一步，实行了城乡统一的最低生活保障制度，提供了这方面的成功案例和经验。浙江省2001年10月1日开始在全省范围内普遍实施最低生活保障制度。其城乡政策完全统一，只是在待遇标准方面有所差别。实行的是“一套制度，多种标准”，即以县级为单位，具体保障标准城乡有别。《浙江省最低生活保障办

① 景天魁：《底线公平与社会保障的柔性调节》，载《社会学研究》2004年第6期。

② 参见肖云、杜毅：《农村最低生活保障制度研究综述》，载《生产力研究》2009年第13期。

③ 李迎生：《为了亿万农民的生命安全——中国社会保障体系研究》，安徽人民出版社2006年版，第230页。

法》规定，“当地人民政府可以根据城乡差别，分别确定、执行不同的最低生活保障标准”。

最低生活保障制度实行城乡统一，走城乡一体化的发展道路，也是社会保障制度发展的总体趋势。郭健美、董毅认为，城乡最低生活保障制度的一体化，是指在同一部法律、法规或规章中对城乡居民的最低生活保障做出统筹规定。国家对城乡居民的最低生活承担同样的义务，以统一的标准向不能满足自身或家庭基本生活需求的城乡居民提供最低生活保障。因此，城乡最低生活保障制度的一体化，是统筹城乡发展、消除制度性贫困、实现底线公平的必然趋势和要求，更是突破改革瓶颈、促进低保制度可持续发展的现实需要。其实施路径应该是在统一制度、保障城乡居民公平权益的基础上，逐步实现制度管理的一体化、资金使用的一体化、申领程序的一体化、待遇发放的一体化。首先，立法统一制度设计。城乡低保一体化应该在统一原则的基础上，立法统一制度的设计。应该根据低保制度的发展修改现有的法规政策，出台《最低生活保障法》或《社会救助法》，统一城乡低保制度的设计，建立一体化的最低生活保障制度。其次，搭建社区管理平台。在具体实施过程中，建立低保的统一机构进行管理，实现低保管理的统一化、规范化。再次，建立社会化保障基金。城乡低保一体化的有效实现，需要设立财政支持为主、社会筹资为辅的最低生活保障资金，实行城乡统筹管理、专款专用。最后，标准有别，分步实施。由于各地经济发展的不平衡，一体化的城乡低保制度如果一步到位，对于经济欠发达地区来讲，财政能力不易承受，因此需要在制度统一的基础上，分步实施。城乡低保的一体化并不是城乡低保制度的完全同一化，体现在救助标准方面，不宜实行完全统一标准的一刀切，而应该在救助标准的确定依据和方法统一的条件下，渐进式地统一救助标准。对于城乡低保标准的设定，应该首先统一救助标准确定的依据和方法；在救助标准确定方法统一的基础上，各地根据经济发展水平和财政能力实行城乡有别的救助标准，逐步调整提高，最终达到城乡统一。①

① 郭健美、董毅：《城乡最低生活保障制度一体化路径探索》，载《农学学报》2011 年第 1 期。

四、农村扶贫与低保制度的衔接与发展

（一）扶贫与低保两项制度的关系

农村扶贫开发与最低生活保障制度是解决农村贫困问题的两项基本制度。作为国家对农村贫困群体救助政策体系的两大组成部分和实施反贫困战略的重要举措，农村扶贫开发与最低生活保障制度在整个社会保障体系中占有非常重要的地位。然而，长期以来，无论是在理论研究上还是在实际工作中，都存在着一种将低保救助与扶贫开发割裂开来的倾向，把低保救助与扶贫开发视为两种不同的、相互独立的制度安排。实际上，低保与扶贫是不能分割的，扶贫并不排斥低保救助。只有实现扶贫开发与低保救助的有机结合、双管齐下，才能够真正实现解决和消除农村贫困的目标。但是，从内容上来看，扶贫开发和低保救助又是两个具有不同内涵的社会救助制度。如果说扶贫开发解决的是增加农村贫困人口的收入、缩小贫困人口与全社会收入的差距、帮助贫困人口实现富裕的问题，那么，最低生活保障制度解决的则是农村部分贫困人口的温饱问题，或者说是农村部分贫困人口的最基本的生存保障问题。最低生活保障的核心是解决温饱和生存问题，扶贫开发的核心则是解决脱贫致富和长期发展的问题，两项制度在建立目的、实施主体、工作对象、手段、性质、机制等方面确实有着重要的区别。另外，从时间上来看，农村低保救助制度的实施虽然晚于扶贫开发，但是扶贫开发的最终成功却必须基于低保救助，必须在解决基本生存的基础上才能够最终达到帮助贫困群体脱贫致富和稳定发展的目的。因此，二者既有着重要的区别，又有着密切的联系，是一种相辅相成、互为补充的关系，而不是相互排斥、互相替代的关系。扶贫开发极大地缓解了农村的贫困状况，为农村最低生活保障制度的实施奠定了坚实的基础；而农村最低生活保障制度作为一项兜底性的制度安排，则有效地减少了农村绝对贫困人口，从而分担和减轻了扶贫开发的一部分压力，使扶贫开发工作从维持生存的包袱中解脱出来，专注于发展目标的实现。二者各司其职、并行不悖。

扶贫开发和低保制度的区别，主要体现在制度建立的目的、工作对象、工作手段、工作性质以及实施主体和工作机制等方面。

一是目的不同。建立低保制度的目的，是维持贫困人口的最低生活水平，

保障贫困人口的基本生活权益，使社会主体平等地享受改革开放和经济社会的发展成果，实现社会公平，促进农村经济社会的稳定协调发展；扶贫开发工作的目的，则是提高贫困地区、贫困人口自我发展的能力，培养贫困人口的自立自强精神，使其真正走上脱贫致富的道路，并且获得尊严、自信和可持续发展的能力。

二是工作对象、工作手段和工作性质不同。低保制度的目标是应保尽保，工作对象是农村家庭人均纯收入低于当地最低生活保障标准的全部贫困人口，并以家庭为单位提供补助；扶贫开发则涵盖了所有的贫困人口和低收入人口，不仅扶持贫困家庭，而且扶持贫困村和重点贫困县。低保制度是一种社会救济制度。其工作手段是通过财政转移支付，给予贫困人口现金或实物方面的生活补助。而扶贫开发则是一种生产扶持形式。其手段是创造生产条件，提供生产发展的机会。因此，从性质上来看，低保是输血式的扶贫，关注的是人的生存权；扶贫开发则是造血式的扶贫，关注的是人的发展权。

三是实施主体和工作机制不同。低保工作的实施主体是民政部门；工作机制是识别低保对象，逐层进行资金和物质的传递。扶贫工作的实施主体则是专门的扶贫部门，工作机制属于项目实施机制。①

我国农村贫困人口的成因，主要分为以下几种类型：一是无劳动能力；二是因病因灾；三是缺乏生产资料；四是文化素质低下，思想观念落后等。从分布情况来看，东部地区主要是零散、个体分布；中部地区主要以村为单元分布；地处中部的湘西、鄂西和西部地区主要以县、乡为单元分布；部分地区呈片状分布，如西南大石山区、西北黄土高原区、秦巴山区以及青藏高寒地区等。因此，针对不同类型的贫困对象，救助政策和措施也应该有所区别，否则就可能会削弱救助政策和救助措施的实际效果。除了临时救助的因病因灾贫困对象之外，对于无劳动能力的贫困对象，主要以低保救助为主；对于有劳动能力的贫困对象，则主要以扶贫开发为主。所以，农村贫困群体的多元化特点决定了政府救助政策体系的多样化，也决定了各种救助制度和救助政策的关

---

① 中华人民共和国财政部农业司（政务信息——调查研究）：《农村低保制度全面建立后扶贫开发工作之研究》，2007 年 12 月 31 日。

联性。

从工作对象来看，虽然扶贫开发是面向全国范围内的所有农村贫困人口，但是其性质和工作重点决定了它只能是扶助“可扶之人”。中央财政扶贫资金的投向，也主要是集中在扶贫开发工作的重点县、重点村，并不是覆盖全国所有的贫困人口。而在农村绝对贫困人口中，一些贫困人群是无法通过扶贫开发摆脱贫困的。比如，居住在交通不便的山区、自然条件特别恶劣地区的绝对贫困人口，通过扶贫开发摆脱贫困的成本过于高昂；身患长期慢性疾病、残疾或其他原因而丧失劳动能力的贫困群体，无法依靠自身的努力摆脱贫困。对于这两类贫困人群，可以通过低保制度来解决其贫困问题。这样，可以使扶贫开发工作的目标更准确，力量更集中，效果更明显。此外，有些贫困人口虽然已经摆脱贫困，但脱贫基础薄弱，抵御各种风险的能力很低，很容易返贫，重新陷入贫困。这部分贫困群体一方面可以通过低保制度保证其基本生存；另一方面，可以通过扶贫开发恢复其生产能力，使其真正走向脱贫致富之路。因此，低保制度应保尽保的目标，可以成为扶贫开发工作的有效补充。与此相对应，扶贫开发又可以成为缓解低保压力、促进贫困群体稳定脱贫的有效手段：一方面，通过扶贫开发为贫困群体创造机会，提高贫困人口的发展能力，促进其可持续发展；另一方面，通过帮助贫困人口稳定脱贫，有效控制低保的规模，缓解低保的压力，使其始终保持在一定的范围内，避免出现对低保越保越多的现象。不仅如此，扶贫开发通过促进经济发展和农民生活水平的提高，可以为低保提供更多的资金来源，从而为低保制度的执行创造更加有利的条件。[①]

（二）两项制度的衔接及其意义

两项制度的衔接，是基于我国在缓解消除农村贫困方面所取得的巨大成就和积累的丰富经验而作出的重大战略部署。进入21世纪后，我国政府明显加大了农村反贫困力度。最低生活保障制度和扶贫开发作为农村反贫困的两项基本制度，都取得了很大的成效。但是，随着农村反贫困的进一步深化，两项基本反贫困制度各自独立开展的弊端逐步突显出来。因此，早在2007年《国务

---

① 中华人民共和国财政部农业司（政务信息——调查研究）：《农村低保制度全面建立后扶贫开发工作之研究》，2007年12月31日。

院关于在全国建立农村最低生活保障制度的通知》（国发〔2007〕19号文件）中，就涉及了低保与扶贫制度衔接方面的问题：农村最低生活保障“要与扶贫开发、促进就业以及其他农村社会保障政策、生活性补助措施相衔接，坚持政府救济与家庭赡养扶养、社会互助、个人自立相结合，鼓励和支持有劳动能力的贫困人口生产自救、脱贫致富”，“扶贫部门要密切配合、搞好衔接；在最低生活保障制度实施后，仍要坚持开发式扶贫的方针，扶持有劳动能力的贫困人口脱贫致富”。2008年10月，党的十七届三中全会通过的《中共中央关于推进农村改革发展若干重大问题的决定》，对两项制度的衔接作了进一步强调：“完善国家扶贫战略和政策体系，坚持开发式扶贫方针，实现农村最低生活保障制度和扶贫开发政策有效衔接。实行新的扶贫标准，对农村低收入人口全面实施扶贫政策，把尽快稳定解决扶贫对象温饱并实现脱贫致富作为新阶段扶贫开发的首要任务。重点提高农村贫困人口自我发展能力，对没有劳动力或劳动能力丧失的贫困人口实行社会救助。”2009年的中央一号文件《中共中央国务院关于2009年促进农业稳定发展农民持续增收的若干意见》也明确指出，“坚持开发式扶贫方针，制定农村最低生活保障制度与扶贫开发有效衔接办法”。此后，国务院扶贫办、民政部、财政部、国家统计局、中国残疾人联合会联合制定和颁布了《关于做好农村最低生活保障制度和扶贫开发政策有效接试点工作的指导意见》（国开办发〔2009〕60号），提出了两项制度分配衔接的总体目标和基本要求，以及具体的衔接思路：县级民政部门在对农村最低生活保障对象进行复核时，确定出有劳动能力者，建立农村低保户档案制度。对于其中具有一定劳动能力的低保对象，根据其不同情况，由扶贫开发部门给予扶贫贴息贷款、产业扶贫项目、劳动力转移培训等方面的扶持政策，综合提高贫困农民生计持续自我改善的能力；对于无劳动能力者，仍然只发放最低生活保障金。同时，制定了农村最低生活保障制度和扶贫开发政策有效衔接试点工作的具体实施方案，开始在全国11个省（区、市）、20个县所辖的340个乡（镇）、5955个行政村进行两项制度有效衔接的试点工作。2010年1月8日，回良玉副总理在国务院扶贫办、民政部、财政部、国家统计局、中国残联联合报送的《关于农村最低生活保障制度和扶贫开发政策有效衔接试点工作情况的报告》中作出重要批示：“切实搞好农村最低生活保障制度和扶贫开发政策的有效衔接，是十七届三中全会提出的明确要求。我们应在认真总结去年试点工作的基础上，今年可适当扩大试点范围。各有关部门要继续加强配合和支持，搞好资源整合，积极探索政策、程序、管理上的有效衔接途径。”目前，两项制度衔接的扩大试点工作正在全国范围内稳步推进。

两项制度的衔接，标志着我国农村扶贫开发工作开始步入“低保维持生存、扶贫促进发展”的新的发展阶段和低保、扶贫“两轮驱动”的新的工作格局。这是我国扶贫开发工作的一项重大转变，也是完善农村社会保障制度、改善民生的一项重大举措。通过两项制度的有效衔接和“两轮驱动”的工作格局，对贫困对象实施分类扶持；对没有发展能力的贫困人口做出兜底性的制度安排，予以低保救助，维持其基本生存；对具有发展生产能力的贫困人口，通过项目扶持，促进其脱贫致富，确保2020年基本消除绝对贫困现象奋斗目标的实现。

农村低保制度和扶贫开发都是以贫困人口为扶持对象的。两项制度的衔接可以使农村地区不同情况的困难群体都能够得到扶持，使贫困人口都能够共享改革发展的成果。国务院办公厅《关于做好农村最低生活保障制度和扶贫开发政策有效衔接扩大试点工作意见的通知》明确指出，实现两项制度的衔接，对于充分发挥两项制度的作用，确保农村贫困人口共享改革发展的成果，进一步激发其自力更生、艰苦奋斗的精神，具有重大意义。① 国务院扶贫办主任范小建《在农村低保和扶贫开发两项制度有效衔接试点工作总结会议上的讲话》中也强调，两项制度的衔接，对于发挥制度的整体效益，落实新世纪第二个《中国农村扶贫开发纲要（2011—2020年）》所规划的扶贫任务，完善国家的扶贫战略和扶贫政策体系，改进农村贫困人口的识别方法，最终实现“生活靠低保、发展靠扶贫”的工作机制和分工布局，确保农村低收入人口应保尽保、应扶尽扶，都具有非常重要的意义。②

---

① 国务院办公厅：《关于做好农村最低生活保障制度和扶贫开发政策有效衔接扩大试点工作意见的通知》，国办发〔2010〕31号。

② 范小建：《在农村低保和扶贫开发两项制度有效衔接试点工作总结会议上的讲话》，2010年2月3日。

（三）两项制度衔接的总体目标和原则要求

总体目标。通过两项制度的有效衔接，充分发挥农村低保制度和扶贫开发政策的作用，保障农村低收入人口的基本生活，提高收入水平和自我发展能力。对有劳动能力的农村低保对象，在最低保障的基础上再给予扶贫开发支持，帮助他们通过劳动进一步增加收入，稳定解决温饱并实现脱贫致富，为实现到2020年基本消除绝对贫困现象的目标奠定基础。

原则要求。两项制度的有效衔接工作必须遵循科学、规范、简便、可操作和公开、公平、公正原则，建立农村低收入人口识别机制和动态管理机制，健全完善农村低收入户档案，瞄准对象落实帮扶措施。按照低保维持生存、扶贫促进发展的要求，不断提高农村最低生活保障和扶贫开发水平，建立“基本生活靠最低保障，脱贫致富靠扶贫开发”的新机制。

两项制度衔接的核心问题和关键环节，主要是如何准确地识别农村低收入人口中的低保对象和扶贫对象，如何将低保资金和扶贫资金按政策要求分别扶持到位并且能够做到有机结合。根据国务院扶贫办等部门《关于做好农村最低生活保障制度和扶贫开发政策有效接试点工作的指导意见》的要求，两项制度有效衔接的关键环节主要集中在三个方面：一是明确救助和扶持对象，二是科学设置对象识别指标，三是规范对象识别程序。在扶贫工作中，建立高效的扶贫瞄准机制，避免扶贫工作的“脱靶”现象，是关系到扶贫工作成效的核心问题。从划定贫困县、贫困乡镇、贫困村，到为贫困户建档立卡，实际上都是在寻求建立更加有效的扶贫瞄准机制。因此，两项制度的衔接，可以有效地解决农村低收入人口中低保对象和扶贫对象的识别问题，从而做到对贫困对象的准确识别、分类扶持和动态管理。所以，两项制度的衔接，是新阶段扶贫战略与政策体系发展与完善的基础性制度建设，是提高扶贫工作水平的有效途径，同时也是对农村低收入人口全面实施扶贫政策的重要前提与基础。

（四）两项制度衔接需要注意的问题

两项制度的衔接，是新形势下农村扶贫开发与最低生活保障制度发展的必然要求和趋势。通过两项制度的有效衔接，完善贫困人口的识别机制，有利于不同困难群体得到扶持，使贫困人口共享改革发展的成果。扶贫和低保都是针对贫困人口的政策措施。如果在实际工作中不能有机结合、形成合力，不仅会增加基层的工作负担，还可能出现扶贫资源配置的重复或遗漏。因此，根据两项制度衔接的要求和规定，建立和完善贫困人口的识别机制，准确识别贫困人口，分类扶持，分别采取有针对性的帮扶措施，既可以减轻基层工作的压力，又能够提高政府扶贫资源的使用效能，进一步完善国家的扶贫战略和政策体系。

两项制度的有效衔接与发展，需要注意以下几个方面的问题：

一是找准制度衔接的结合点。根据两项制度衔接试点的原则要求，农村低保和扶贫开发对象的划分主要分为三类：一是单纯的低保对象，主要是老弱病残等无劳动能力的贫困人口。这部分贫困人口主要侧重于通过生活救济，解决其温饱问题，保障其生存安全。二是单纯的扶贫对象，主要是有劳动能力的贫困人口。这部分贫困人口主要是侧重于通过生产和生活环境的改善、产业项目的扶持、劳动力的培训转移等途径，提高其脱贫致富的发展能力。三是同时享受低保和扶贫政策的对象，主要是指因病、因灾暂时难以维持生存的贫困人口。这一部分贫困人口属于交叉群体。主要是侧重于通过阶段性转变逐步恢复其劳动能力，以低保救助和扶贫开发两种方式的结合，帮助其保生存、促发展。对于这一部分人，低保要保，扶贫也要扶。这就是两项制度衔接的重要结合点。因此，只有把握好这个结合点，才能够防止扶贫资源的错配或遗漏，真正实现两项制度的有效衔接。

二是统一贫困人口的统计数据。科学准确的贫困人口统计数据是研究和实施农村贫困救助的必要条件，更是两项制度衔接的基础性工作。目前来看，我国扶贫开发和低保救助所采用的贫困人口数据比较混乱，缺乏统一的标准。统计、扶贫、民政三个部门的统计口径不一致，统计方法也各不相同。扶贫部门的扶贫监测数据与统计部门农村社会经济调查队的贫困监测数据口径不统一，甚至出入很大；国家统计局公布的贫困线标准、国务院扶贫办发布的全国贫困线标准与民政部门的低保线标准也很不统一。因此，为了减小贫困人口数据结果的偏差，确保贫困人口统计数据的准确性和权威性，国家应该统一认定标准，统一统计口径，把扶贫标准与低保标准合二为一，执行全国统一的贫困线和贫困人口数量，并由全国唯一的权威机构发布。[①] 贫困人口统计数据的准确科学和权威性，特别是贫困人口统计数据的规范和统一，是准确认定贫困人口、有效实施两项制度衔接的重要前提和基础。因此，在全国范围内规范和统一贫困人口的统计数据，对低保和扶贫工作的衔接和发展至关重要。

三是预防衔接的误区。两项制度衔接的目的，是确保低保对象能够应保尽保，扶贫对象能够应扶尽扶。从目前各地试点的情况来看，有两种倾向值得重视：一种倾向是以衔接试点来推导未来十年扶贫开发对象的人口基数；担心没有一定的扶贫人口基数，扶贫工作可能会陷入无事可干的尴尬境地，因此出现了人为拔高贫困发生率的问题。另一种倾向是基层为了得到更多的扶持，人为地抬高贫困人口基数。上述这两种倾向都偏离了两项制度衔接试点的目的。试点是为了“共同识别贫困人口，分别采取有针对性的帮扶措施”。未来十年的扶贫对象基数，靠的是扶贫标准的提高，而不是靠“衔接试点”。而且，贫困人口多了，没有那么多资金来扶持，反而会失信于民，可能还会引起贫困农村的不稳定。所以，在两项制度衔接试点的过程中，必须注意克服和纠正这两种倾向，确保衔接试点工作的顺利进行。[②] 上述这两种倾向的出现实际上是对两项制度衔接的误读，没有能够把握和认识到两项制度衔接的真正目的。因此，为了确保衔接试点工作的顺利进行和健康发展，必须注意克服和纠正两项制度衔接试点过程中的这两种倾向。

四是加强衔接的配套性制度建设。配套性制度的建设，能够为两项制度的有效衔接创造良好的条件。第一，建立有效的部门协作机制，实行信息资源的共享。扶贫部门和民政部门要统一思想认识，统一工作部署，明确任务，各负其责，加强部门之间的合作与协作，实现低保、扶贫的互相对接与融合渗透。第二，建立农民反贫困参与机制，调动贫困群众脱贫致富的积极性。改变农村反贫行动中只重视政府责任、微观机制考察较少的现状，加强农民群众对制度的了解程度、参与程度以及维权意识和监督权利等。只有让贫困群体充分了解

---

① 参见李庆梅、聂佃忠：《负所得税是实现扶贫开发与农村低保制度有效衔接的现实选择》，载《中共中央党校学报》2010 年第 5 期。

② 参见王思铁：《实现农村低保制度与扶贫开发政策有效衔接——学习五中全会〈建议〉体会（六）》，见 http：//blog. sina. com. cn/s/blog_ 599a3d490100cyg. html。

政策，提高其参与率，加强监督并辅之以政府的宏观政策，才能真正做到应保尽保、应扶尽扶。① 因此，在两项制度衔接的实际工作中，扶贫部门和民政部门应建立联合的决策机构和共同的信息平台，整合各部门的管理资源和信息资源，实现管理资源和信息资源的共享，有效地解决两项制度衔接过程中出现的各种问题，指导和推进两项制度衔接工作的顺利进行。

---

① 参见田源、董丽晶：《辽宁省完善扶贫开发与农村低保制度衔接机制实施研究》，载《安徽农业科学》2012 年第 11 期。

第七章 CHAPTER 7

农村福利保障制度

◇ 农村福利的现状及问题

◇ 农村特殊人群的福利制度

◇ 农村社会福利制度的发展

第一节 农村福利的现状及问题

一、农村福利的现状

（一）我国社会福利制度的发展

我国历史上很早就存在与现代福利制度相类似的慈幼院、施药局之类的官办或私立的福利机构，但往往规模较小，受益对象少。新中国成立后，我国对社会福利事业非常重视，社会福利制度逐渐建立起来。1951 年 8 月，民政部发布了《关于城市救济福利工作报告》，报告由政府民政部门负责组织实施，保障对象主要是无依无靠的城镇孤寡老人、孤儿或弃婴、残疾人等；1950 年 6 月，《工会法》颁布，对工会在改善工人、职员、群众福利方面的责任作了规定。在 20 世纪 50 年代，该法对职工生活困难补贴、探亲补贴、取暖补贴、设立食堂和托儿所、冬季取暖、生活困难补助、职工住宅、上下班交通、职工家属医疗补助、生活必需品供应等作了相关规定。在此期间，残疾人福利也有了发展，我国专门设置了一些工厂安置残疾人就业。

进入 20 世纪 80 年代，为了适应经济体制改革的需要，我国的社会福利制度也进行了部分改革，福利制度逐渐从国家包办的体制向国家、集体和个人一起办的体制转变。进入 90 年代，社会福利制度的立法取得更大进展，国家先后出台了《残疾人保障法》、《妇女权益保障法》、《母婴健康法》、《老年人权益保障法》和《住房公积金管理条例》，民政部先后制定了《国家级福利院评定标准》、《社会福利企业规划》、《中国福利彩票管理办法》等。社会福利制度逐渐纳入法制化轨道，推动了社会福利事业健康发展。

（二）农村社会福利的现状

我国传统的社会福利制度是指改革开放之前计划经济时代的社会福利制度，它呈现出一种制度性供给与补缺型福利并存的二元格局，这种福利模式是与我国城乡分割的二元经济体制相适应的。[①] 在城市，社会福利属于制度化再分配型福利，是保障程度和福利水平很高的国家福利模式。绝大多数城市居民通过自己就业的单位得到全面而优厚的社会福利待遇。而在农村，我国的社会福利是典型的补缺型集体福利模式。国家基本上不对农村的社会福利承担责任，而是由农村的集体组织（如人民公社、生产队等）承担有限的责任，即对农村的孤、老、残、幼等“三无”人员实行“五保”供养。[②] 由于当时农村的经济发展十分落后，又很少得到来自国家的财政支持，因此农村集体所办的福利只能覆盖少数“三无”人员，而且福利待遇仅处于社会救济层次。在计划经济时代，由国家包揽、高水平的城市福利与项目残缺、救济型的农村福利相互分割，形成了鲜明的对比。如据民政部门的统计，1959 年，民政部门管理的福利院收养了 64454 位孤老、27964 位孤儿和 14627 位“三无”精神病患者。[③] 在农村，按照 1960 年 4 月二届全国人大二次会议通过的《1956—1976 年全国农业发展纲要》第 30 条确立的对农村中的孤、老、残、幼实行“五保”的制度，许多地区建立了养老院，收养农村中的孤寡老人。到 1994 年，全国已有 33584 个乡镇统筹供养了 273 万“五保”人口；农村敬老院约 4 万所，收养 56 万老人。民政福利制度的实施就使得那些社会上最脆弱群体的生存有了保障，由此极大地显示出社会主义制度的优越性，保障了社会稳定。[④]

二、我国农村社会福利事业发展存在的问题

改革开放后，我国农村社会福利事业开始发展，但与城市的社会福利相比，差距还是太大。改革前后，国家在农村的权力行使方式、社会控制方式及其互动关系经历了一个根本性的变化。改革前，权力高度集中于政治体系的上层，国家对农村的社会控制方式比较强硬、直接而单一，其政治性或者行政性特质凸显，社会位序上的上下隶属关系明显，管理与被管理、命令与服从的关系形态占据主导地位；而改革后，随着分权式改革或曰放权式改革的推行，权

① 钞鹏：《中国社会福利制度改革的方向》，载《科技创业月刊》2005 年第 12 期。
② 钞鹏：《中国社会福利制度改革的方向》，载《科技创业月刊》2005 年第 12 期。
③ 郑功成等：《中国社会保障制度变迁与评估》，中国人民大学出版社 2002 年版。
④ 林嘉：《社会保障法的理念、实践与创新》，中国人民大学出版社 2002 年版。

力开始向政治体系的下层和基层社会扩散，国家对农村社会的控制方式及其权力行使方式也发生了根本转型。①

昔日单向的统治管理式的权力形式转化为如今双向互动的治理型权力，政治与行政之外的更多权力作用形式诸如法律、经济、社会、文化等开始作为主体性的手段进入社会实践领域。可以发现，农村社会福利中政府角色和功能定位的应然状态与当前地方（基层）政府的社会控制方式之间显现了不可小视的张力与错位，这种不断扩展的张力已经极大地制约了农村社会福利的良性发展。在应然层面，与改革以后，尤其是村民自治全面推开后，国家权力的部分退出相反，政府在农村社会福利领域不仅不应退出与弱化，反而必须加强。然而，政府并没有为这些应然层面的社会政策构建起适应性的实现方式和路径，而是继续沿用过去的“政府包办”或者“行政统摄”的运转方式。具体而言，地方政府在实施社会政策时仍然沿用以前硬性、直接的社会控制方式，在控制机制方面也继续采用单一的行政化机制，而没有随着社会转型和社会发展的需要及时作出调整，从而显性地展现为社会转型与政府转型之间的严重不一致、不协调，主要体现在以下方面：一是城市和农村社会福利制度差别大，政府对农村社会福利定位不准，农村居民尚未享受到与城市居民一样的社会福利待遇；二是政府在转变职能的同时退出了一些不应退出的领域，导致农村公共物品供给不足；三是政府所转移和分化出来的社会功能没有得到有效承接，农村社会福利事业在一些地方和一些部位的发展呈现停滞不前的情形；四是农村社会福利政策落实不到位，一些政策在基层执行中走了样、变了味，导致部分农村群体尚未享受到社会福利。

第二节　农村特殊人群的福利制度

一、农村老年人的福利需求与制度安排

世界卫生组织和我国卫生部规定，60 岁以上的人为老年人。老年人是社

① 李海金：《农村社会福利：制度转型与体系嬗变》，载《四川大学学报》（哲学社会科学版）2010 年第 2 期。

会的重要组成部分，让老年人共享经济建设和社会发展的成就是国家和社会义不容辞的责任。农村老年人的福利，就是国家和社会以发扬敬老爱幼美德、安定老人生活、维护老人身体健康、充实老人精神文化生活为目的而采取的一系列的政策措施和服务手段。农村老年人福利首先要体现在保障老年人的基本物质生活，并在解决好养老的基础上，进一步满足老年人精神文化生活的需要，努力实现老有所养、老有所医、老有所为、老有所乐。

（一）农村老年人社会福利存在的问题

1. 二元结构下的农村社会福利政策缺失。

随着农村经济的发展，特别是乡镇企业的崛起，在部分富裕起来的农村地区出现了兴办福利企业的现象。但是，这种条件尚属少数，由于农村社会化养老还没形成规模和制度。传统农业经济条件的限制和城乡二元体制管理使农村社会化养老仅限于贫困救济和养老保险计划。其他措施，如社会福利和社会服务照料，在大部分地区几乎不存在。目前，农村社会福利存在着项目少、范围小、覆盖面窄、水平低、社会化程度低、与城市差距大、资金来源渠道少、资金数量不稳定、资金来源不尽合理、管理机构分散、管理混乱、无单独法律的支持、法律体系不健全等问题。

2. 城乡分治下的农村社会福利基础薄弱。

农村生产力十分落后，农业人口众多；长期以来实行“城乡分治”的宏观管理制度；财政结构不合理，主要用于支持国有单位的发展，支持国家工业化，导致财政支农不力，削弱农业发展后劲和竞争力；农村基层财政困难，资金短缺严重，致使农村老年人社会福利事业基本上没有什么发展；农村基层政府机构设置不合理，沿袭不断膨胀的行政管理机构，造成因资金制约而供应不足；受单位福利政策的影响，农村家庭没有单位福利，而城市家庭大多数是有单位福利的；农村浓厚的家庭养老传统及农村自然因素制约了农村社会福利事业的发展。

3. 社会福利受管理能力、可利用资源、政治、经济和社会历史等诸多因素的影响。

农村老年人社会福利受农村本身诸多因素的限制。第一，由于受地形、地势、气候、十壤等多方面的影响，大多数农村存在着居住分散的问题，因此当地基层政府管理分散，且管理能力低下。第二，受地理条件的限制，农村福利设施建设的成本高且利用率低。从最有效用角度讲，政府会选择福利设施利用率高且成本小的城镇，福利覆盖范围很难拓展到农村。第三，社会历史以及各种传统观念也是制约社会福利发展的重要因素。由于经济发展水平低下，缺乏财政收入，大多数农民傍山吃山、依水喝水，靠着农作物收成增加收入；农村第二产业、第三产业所占比例小，农民收入少且地方政府财政收入渠道少。为了更好地解决农村老年人福利问题，对农村老年人福利的财政支出必须增加。随着人口结构出现老龄化趋势及农村老年人口急剧增加，老年赡养率在未来50年的时间里仍然将迅速升高。

4. 家庭养老保障机制呈弱化趋势。

由于农村中土地保障功能的弱化，人口老龄化、家庭小型化以及人口流动等社会经济因素的变迁，家庭养老功能逐渐弱化。[①] 首先是土地保障功能的弱化。农业经营的绝对收益越来越低，土地的流转价格越来越低。在有些地方，经营土地甚至成了农民的绝对负担。其次是家庭结构的变化，家庭养老负担加大。如今，我国的家庭出现了一个小孩要抚养六个老人的现象。像这样的家庭结构，如果单纯依靠家庭养老，只能使老年人生活贫困，年轻人不堪重负。最后，随着农村工业化、城市化进程的加快，大量农村剩余劳动力不断涌向城市，导致农村的老年人无依无靠。

5. 社区养老机制薄弱。

第一，老年服务体系不健全。很多地方敬老院仅反是“展品”，没有建立配套的老年人活动场所，甚至许多农村还根本没有这种意识，一切养老问题都还由家庭承担。这种服务体系很难满足农村老年人和“空巢老人”的生活要求。第二，缺乏权威性法律的保护。先行农村社区的建立程序不明确，既没有专门机构，也没有形成制度，使家庭养老的引导和监督不够。无论是城市还是农村，由子女的不孝导致的赡养案件日渐增多，致使农村“空巢老人”的权益得不到维护。[②]

---

① 赵爽：《中国农村老年人养老问题研究》，载《科技信息》2010 年第 8 期。

② 赵爽：《中国农村老年人养老问题研究》，载《科技信息》2010 年第 8 期。

6. 受经济条件制约，地区差异明显。

集体经济发展得好不好，直接决定了本村福利事业的好坏。而我国幅员辽阔，经济发展差异大，决定了地区和地区之间的农村福利事业发展差异较大。如位于长江三角洲中腹的江苏省江阴市华士镇的华西村，是全国农村走共同富裕道路的典型。以吴仁宝同志为代表的华西人始终坚持解放思想、实事求是、与时俱进、不断创新、勇于超越、艰苦创业，走出了一条经济繁荣、农民富裕、社会和谐的成功之路，取得了令人瞩目的发展成就，创造了弥足珍贵的发展经验。到2011年年底，全村销售收入超过了550亿元，向国家交税85亿元，年人均收入可达8.5万元，全面实现了衣、食、住、行、用、玩、教、医、养、游“十全”。[①] 为鼓励华西人养成孝敬长辈、尊老爱幼的美德，华西村对每一户出现老寿星的家庭都给以重奖。2000年，一次性为一家百岁老人户奖励30余万元。[②] 而在我国中西部等大部分地区的农村，农民每人每月能领到55元的新型农村社会养老保险的基础养老金，就已经是值得自傲的事情了。由此可见，农村社会福利事业发展如何，受制于当地经济的发展。经济发展得好，社会福利事业也发展得好；当地经济发展得慢，其社会福利事业发展也会不尽如人意。

（二）建立健全老年人福利制度的必要性

1. 政府建立农村福利是职责所在。

我国农村人口占总人口的比例很高。1959年，农村人口占总人口的89.4%；1950年为88.8%；此后一直到1980年，农村人口占总人口的比重始终在80%以上；一直到1982年才降至80%以下。2011年12月19日，中国社会科学院在京发布《社会蓝皮书：2012年中国社会形势分析与预测》。蓝皮书指出，据2010年第六次人口普查主要数据公报，中国城镇人口比重为49.68%。以目前的城市化速度预计，2011年，城镇居民的比例将超过农村居民。可见，从人口数量上讲，对社会做出贡献的农村人口数大于城市人口数，

---

① 《华西村今年年人收入将达8.5万元》，见 http://finance.sina.com.cn/nongye/nyqyjj/20111018/091710640224.shtml。

② 《华西村简介》，见 http://www.ccdy.cn/cehua/2012ch/huaxicun/201211/t20121115.464911.htm。

广大的农村老年人对伟大的中华民族的奉献不可小觑。[①] 农村老年人大多是农业人口。老年人无力从事农活，无收入来源。由农业人口占总人口的比重、农村人口占总人口的比重及农业人口占农村人口的比重可得知，农村无劳动能力的老年人大多是无收入来源的。根据《宪法》第四十五条“中华人民共和国公民在年老的情况下，有从国家和社会获得物质帮助的权利。国家发展为公民享受这些权利所需要的社会保险、社会救济和医疗卫生事业”和第四十九条“禁止虐待老人”的规定，政府有责任、有义务建立健全农村老年人福利制度。

2. 老龄化趋势给老年人福利带来巨大压力。

人口老龄化是与经济社会发展相伴而生的全球性趋势。据联合国预测，到2050年，65岁以上的老年人将占总人口的27%，而发展中国家将达到15%左右。部分国家如中国到2040年，60岁以上的老年人口将占总人口的28%；老年人总数将达到3.97亿人，超过目前法国、德国、日本和英国的人口总和。到2050年，非洲地区60岁以上的老年人占总人口的11.8%，阿拉伯地区占13.4%，亚太地区（仅发展中国家）占22%，中东欧和中亚地区各占28.1%，拉美和加勒比海地区占22.4%，经合组织国家占30%。[②] 全球人口老龄化的加速发展已经是不争的事实。只是由于各国经济发展进程的差异化和社会福利制度供给及完善程度的差异性，人口老龄化进程对众多发展中国家特别是发展中国家的农村社会福利带来的挑战比发达国家更为严峻。

3. 减轻子女负担的需要。

经济上，老年人可以得到福利的部分补给；精神上，老年人可以得到福利的鼓励。目前，中国农村家庭老人的支出来源一般是老人自己的储蓄（如果有储蓄的话）、子女的给予、养老保险金，以子女支付为主。就目前而言，有养老保险金的农村老人很少。由于农村的收入主要来源于农业，农业收成又小，老人们的储蓄金对自身的养老几乎是杯水车薪。子女们，尤其是独生子女们，既要赡养双方老人，又得抚养自己的子女，负担沉重。因此农村老年人福

---

① 石秀和：《中国农村社会保障问题研究》，人民出版社2006年版。

② 林义：《国际农村社会保障改革发展的新趋势》，载《学海》2004年第4期。

利的改善，有助于减轻其子女们的负担。

（三）具体的福利需求和制度安排

1. 老有所养问题。

根据《社会保险法》和国务院关于开展新型农村社会养老保险的意见，虽然我国已实行新型农村社会养老保险制度，但基础养老金目前还仅为55元，远远低于城镇职工基本养老保险的养老金。因此，目前，我国的农村老年人养老，还是主要依靠家庭，家庭成员应当关心和照料老年人。农村要大力发展农村经济。目前，制约农村养老的最根本原因就是农村经济不发达，农民收入低，农村集体经济发展薄弱。只有大力发展农村经济，调整产业结构，增加农民收入，壮大农民经济实力，减轻农民负担，才能为建立农村养老保障制度提供强大的物质基础。这也是解决农村养老问题的重要措施之一。农村除根据情况建立养老保险制度外，有条件的还可以将未承包的集体所有的部分土地、山林、水面、滩涂等作为养老基地，收益供老年人养老。对于部分无劳动能力、无生活来源、无赡养人和扶养人的，或者其赡养人和扶养人确无赡养能力或者扶养能力的农村居民，当地政府要按照《农村“五保”供养工作条例》的规定，切实履行政府责任，解决好农村老年人的老有所养问题。①

2. 老有所医问题。

各级政府应当不断加大财政投入，继续提高参加新型农村合作医疗的财政补助费用，降低新型农村合作医疗的起付线，提高新型农村合作医疗的报销范围和报销比例，提高医疗机构的基本医疗保障水平、基本医疗服务水平及基本公共卫生服务，使农村医疗服务机构提供的医疗服务能基本满足农村老年人的医疗需求，并探索建立大病救治基金。对于患病的农村老人而言，尽量保证小病在基层医疗机构治疗，大病到城市大医院治疗。对于本人和赡养人确实无力支付医疗费用的，当地人民政府根据情况可以给予适当帮助，并可以提倡社会救助。医疗机构应当为老年人就医提供方便，对70周岁以上的老年人就医予以优先。有条件的地方，可以为老年病人设立家庭病床，开展巡回医疗等服

① 王玉旭：《我国生理弱势群体的立法保障及问题初探》，载《河南省政法管理干部学院学报》2008年第6期。

务，提倡为老年人义诊。[①] 同时，国家还要采取措施，加强老年医学的研究和人才的培养，经常性地以村为单位开展老年人疾病控制与预防公益讲座活动，开展各种形式的健康教育，普及老年保健知识，增强老年人的自我保健意识，让农村老年人了解老年人常患疾病的各种预防知识，提高老年病的预防和治疗水平。同时，探索建立老年护理保险制度。农村老年人在40周岁左右，就开始缴纳此项保险，为年老后的基本生存质量买一个保障。在年老生病后，由护理保险来支付长期专业护理所需的高额费用。

3. 老有所住问题。

根据《老年人权益保护法》，赡养人应当妥善安排老年人的住房，不得强迫老年人迁居条件低劣的房屋。对于老年人自有或者承租的住房，子女或者其他亲属不得侵占，不得擅自改变产权关系或者租赁义务。对于老年人自有的住房，赡养人有维修的义务。老年人所在组织分配、调整或者出售住房时，应当根据实际情况和有关标准照顾老年人的需要。新建或者改造城镇公共设施、居民区和住宅时，应当考虑老年人的特殊需要，建设适合老年人生活和活动的配套设施。有条件的地区，还要针对老年人经济条件差、房屋老旧等问题，进行旧屋改造、修缮或重建工程；所需资金由当地村集体予以解决。经济条件较好、老年人居住较为集中的农村地区，应在充分考虑年轻人外出打工、老人居住集中等因素的基础上，通过修建老人院或敬老院等，让老人集中居住，妥善解决老有所住的问题。同时，国家要尽快出台相应政策，在国家层面制定养老机构设立许可办法，鼓励民间资本和多元主体兴办养老机构，积极支持发展以日间照料为主的社区养老服务；支持多元主体发展居家养老服务，逐步建立居家失能困难老年人护理补贴制度，普遍建立养老服务热线、紧急救援系统、信息网络系统，为居家老人提供生活照料、精神慰藉、康复护理、辅具配置、安全援助等服务。[②]

4. 老有所乐问题。

国家和社会要采取各种措施，通过新建或改造现有活动场所，开展适合老

---

① 王玉旭：《生理弱势群体权益保障研究》，郑州大学学位论文，2007年。

② 《中国民政》编辑部：《2013年：民政工作任务与目标》，载《中国民政》2013年第1期。

年人的群众性文化、体育、娱乐活动，丰富老年人的精神文化生活，鼓励、扶持社会组织或者个人兴办老年福利院、敬老院、老年公寓、老年医疗康复中心和老年文化体育活动场所等设施。地方各级人民政府应当根据当地经济发展水平，逐步增加对老年福利事业的投入，兴办老年福利设施，让老年人实现老有所乐。[①] 家庭成员应当关心老年人的精神需求，不得忽视、冷落老年人；与老年人分开居住的，应当经常回去看望或者问候老年人，也就是说要"常回家看看"；而用人单位则应当按照相关规定，保障赡养人休假探亲、看望老人的权利。

（四）应对措施

1. 加强老年人社会福利方面的法律建设。

从长远发展来看，要使老年福利有可靠保障，必须制定出老年福利的专项法律法规，如《老年福利法》、《老年保健法》等。为了加快构建社会养老服务体系，我们要尽快制定政府补贴、购买服务、高龄补助等新政策，并把行之有效的政策及时上升为法规和规章。所以，我们要从制定政策、完善政策和落实政策入手，进而将有效的政策上升为法规规章。国家为发展社会福利事业及养老服务机构，在土地供应、资金投入、税费减免、财政补助、医疗服务等方面出台了一系列优惠政策和优待老年人的政策。[②] 我们要继续采取有力措施抓好落实。

2. 稳步推进城乡统一的老年社会福利保障和制度建设。

我国必须打破城乡二元结构造成的城乡对立局面，逐步建立起城乡协调、均衡、统一的养老保险、医疗保险、护理保险、低保制度、医疗救护和贫困救助制度等。[③] 我们不但要重视农村养老问题，而且要进一步完善城市养老保障制度。在农村养老方面，我们必须建立农村养老、医疗保险和最低生活保障制度，并在税费改革中减免农村老年人的纳税负担。对于特困老人，还要建立专项的救助补贴。在城市养老方面，我们要完善城市职工基本养老保险制度和医

---

① 王玉旭：《生理弱势群体权益保障研究》，郑州大学学位论文，2007 年。

② 马润生：《老龄化条件下的社会养老服务体系建设》，载《剑南文学》（经典阅读）2011 年第 2 期。

③ 阎青春：《中国老年人社会福利政策浅析》，载《社会福利》2006 年第 3 期。

疗制度，向城市居民提倡个人养老储蓄，让他们学会自我保障，从年轻时就树立起自我养老意识，为自己今后的养老做好经济和物质上的储备。

3. 扩大覆盖面，并提高产品、设施和服务的质量。

老年人社会福利保障制度不但要惠及城镇各类就业人员，还要设法覆盖城镇大多数的老年人和农村人口，特别要重视老年女性和高龄老人。现今，我国的老年人主要以居家养老为主，这也是具有中国特色的养老服务的最普遍和最主要的形式，其主要的优点是成本相对较低。我们可以利用这个优势，建立养老服务补贴制度。对于低收入的高龄、独居、失能等养老困难的老年人，经过评估，采取政府补贴的形式，为居家养老提供支持。此外，我们还要增加养老机构和护理人员的数量，增设老人活动场所和设施，努力做到老有所养和老有所乐。

4. 有效投入资金。

没有资金的投入，我们就不能适应老年人的养老服务需求。我们不但要通过积极争取政府的投入来发展老年福利事业，而且要将资金来源多样化。我们还可以通过激励社会投入和扩大福利彩票发行等多种渠道，来加强养老服务的资金保障。对于民办养老机构，可以按照建设规模等指标给予建设补贴和运营补贴。此外，福利彩票公益金是社会养老服务体系建设中的重点，我们可以积极引导社会慈善资源投向社会养老服务体系建设。

二、农村残疾人福利存在的问题与解决对策

残疾人是指在心理、生理、人体结构上，某种组织、功能丧失或者不正常，全部或部分丧失以正常方式从事某种活动能力的人。世界各国均有残疾人权利保护和福利保险的法律，如日本有《残疾人对策基本法》、《残疾人雇佣促进法》、《身体残疾者福利法》。联合国也非常关心残疾人事业。1969 年，联合国在《社会进步与发展宣言》决议中声明："对精神上或躯体上残疾者的康复采取适当措施，以便使他们能尽最大可能地成为社会上有益的成员。这些措施包括治疗和技术设备的准备，教育、职业和社会指导，训练和选择职位及其他必需的帮助，创造不因为残疾人的困难而受到歧视的社会条件。"此后，1971 年，联合国通过《智能发育迟缓者权利的宣言》；1975 年通过《残疾人权利宣言》；1982 年通过

《关于残疾人的世界行动纲领》。国际劳工大会也通过了《残疾人职业康复和就业公约》等文件。

（一）我国农村残疾人事业发展现状

1. 残疾人立法情况。

我国政府历来重视残疾人事业，《宪法》第45条规定："国家和社会帮助安排盲、聋、哑和其他有残疾的公民的劳动、生活和教育。"目前，我国已经形成了以宪法规定为中心的残疾人福利法律体系①，主要包括1989年民政部、劳动部、卫生部、中国残联发布的《社会福利企业招用残疾职工的暂行规定》，1990年民政部、国家计委、财政部、劳动部、物资部、国家工商行政管理局、中国残联发布的《社会福利企业管理暂行办法》，1990年的《残疾人保障法》，1991年的《社会福利企业技术改造贷款贴息资金管理办法》，1994年的《残疾人教育条例》，1995年的《残疾人就业保障金管理暂行规定》，1995年公安部、建设部、劳动部、民政部、国家工商行政管理局、中国残疾人联合会发出的《关于加强对残疾人专用机动车运营管理的通知》，1995年的《残疾人按比例就业工作的若干意见》，1997年的《残疾人专用品免征进口税收暂行规定》，2007年的《残疾人就业条例》，等等。此外，各地方政府也出台了符合本地实际的残疾人地方立法，这些立法的出台为妥善解决残疾人问题提供了充足的法律依据。

2. 农村残疾人现状。

根据2006年的第二次全国残疾人人口普查数据推算，全国各类残疾人总数为8296万人。从残疾人口的年龄构成来看，全国残疾人口中，60岁及以上的人口为4416万人，占53.24%；60岁以上的老年残疾人增加了2365万，占到新增残疾人口数量的75.5%。截止到2012年5月，我国目前各类残疾人总数已达8500万人。② 而在2012年3月20日在贵阳召开的全国农村残疾人扶贫开发工作会议上，全国农村残疾人扶贫开发工作会议透露，目前，中国农村地

---

① 李浩：《〈福利企业资格认定办法〉解读》，《社会福利》2007年第7期。

② 《中国各类残疾人总数已达8500万人》，见 http：/www.jiaodong.net/news/system/2012/05/19/0113661/.shtmlf。

区的贫困残疾人仍在2500万人以上。未来10年的工作目标是，让贫困残疾人除了不愁吃穿，更不愁养老、医疗、住房、子女上学和残疾人特有的康复服务等方面的保障。2001—2011年的10年间，我国近1300万农村贫困残疾人解决了温饱；54.6万户贫困残疾人家庭的危房得到改造，改善了居住条件；868万残疾人接受了农业生产和实用技术培训，掌握了一至两项生产技能；140余万残疾人得到康复扶贫贴息贷款的直接扶持；217万残疾人通过扶贫基地的安置带动实现脱贫致富；11.8万个单位与贫困残疾人家庭结成帮扶对子。

（二）农村残疾人福利存在的问题

1. 农村残疾人的温饱问题是第一大问题。

身体健康的农村居民既可以随时外出务工，也可以在农闲时打零工，从而增加劳动收入，改善生活条件，提高生活质量，但农村残疾人，尤其是偏远山区的农村残疾人，有时会发生吃不饱、穿不暖的情况。即使经济条件较好的地方，农村残疾人社会福利相对于健全人的社会福利也相差不少。因此，如何真正解决好农村残疾人的温饱问题，是解决农村残疾人社会福利的第一大课题。且农村贫困残疾人数量众多，几乎占了全部残疾人总数的三成当其他农村居民正在为改善生活条件、提高生活质量而努力时，这些贫穷残疾人却仍在为如何解决温饱问题而发愁。政府财政投入的多少、解决贫穷农村残疾人的基本需求即温饱需求的决心的大小，直接决定了广大农村残疾人的生活水平和生活质量。

2. 农村残疾人的社会福利服务水平低，供需矛盾突出。

在农村社会福利远远低于城市社会福利的情况下，农村残疾人福利也远远低于农村社会福利。一个基本现状是我国农村残疾人社会福利服务水平滞后于经济社会发展的总体水平，能够享受到残疾人社会福利服务的残疾人仍然是少数。① 虽然我国政府解决了大量城镇与农村的残疾人就业问题，但新增就业的残疾人速度远远低于新增残疾人速度，我国每年仍有大量残疾人接受着失业的考验，加上我国残疾人社会福利金水平低，从而导致我国处于绝对贫困线和相对贫困线以下的残疾人数量仍然很大。政府对农村残疾人提供的社会福利服务

① 解佳龙：《我国残疾人社会福利存在的问题及其对策》，载《理论月刊》2009年第9期。

水平低，社会福利公共产品的供给远远不适应农村残疾人对社会福利的需求，由此导致公共产品供求长期处于矛盾状态。

3. 社会福利城乡差距大，残疾人社会福利与农村社会福利整体相比也有差异。

受我国城乡分割、二元社会格局和经济社会发展水平制约的影响，农村残疾人社会福利城乡差距过大；农村残疾人社会福利既严重落后于城市，又落后于农村整体社会福利。[①] 城乡残疾人社会福利差距较大主要表现在以下几个方面：一是残疾人最低生活保障方面，农村最低生活保障与城市最低生活保障水平相比，农村最低生活保障水平还远低于城市最低生活保障水平。二是残疾人参加社会保险方面，对于无法到城市工作的农村残疾人来讲，只能在当地参加新型农村养老保险和新型农村合作医疗；农村社会保险与城市职工社会保险相比，无论是养老待遇、医疗机构的医疗服务水平还是其他诸如就医的报销比例等，均有较大差异。

（三）对策建议

1. 坚持城乡统筹，协调发展农村残疾人福利。

将农村残疾人的生存发展纳入城乡社会建设与管理范畴，统筹安排、同步实施；各项保障和改善民生、公共服务的政策措施向农村残疾人倾斜，促进城乡残疾人社会保障体系与服务体系建设协调发展。对于农村老年残疾人，初步建立起农村残疾人托养服务体系框架，东部农村地区机构托养、社区日间照料、居家服务同步发展，中西部农村地区残疾人托养工作有较快发展；对于农村的年轻残疾人，要积极开发适合残疾人特点的就业岗位，有序安排农村残疾人转移就业，并选取符合农村实际，适合残疾人从事的投资小、见效快项目，引导、扶持农村贫困残疾人及家庭成员从事维修、商贸、手工艺加工、家庭服务等多种形式的就业创业项目，重点扶持农村残疾人创业带头人及带动残疾人就业的农村产业龙头企业。对农村适龄残疾儿童少年，要普遍使其接受义务教育，提高并不断巩固入学率，切实保障残疾儿童少年和贫困残疾人家庭子女顺利完成学业；积极发展残疾儿童学前康复教育、残疾人职业教育、普通高中教

---

① 解佳龙：《我国残疾人社会福利存在的问题及其对策》，载《理论月刊》2009 年第 9 期。

育和高等教育，减少农村残疾人青壮年文盲。

2. 坚持多措并举，提高残疾人生活保障水平。

各级政府应当采取多种措施缩小残疾人生活水平与社会平均水平的差距，改善农村残疾人的生产、生活状况。中央和地方要多渠道安排筹措资金，继续实施中西部地区农村贫困残疾人家庭危房改造、农村贫困残疾人生产和实用技术培训等项目，研究推动残疾人扶贫基地建设等扶持政策，加大残疾人就业保障金对农村残疾人就业创业的支持力度，实现基本公共服务覆盖农村残疾人并不断提高水平，农村残疾人家庭收入达到或接近当地平均收入水平，使残疾人生存有保障、生活有尊严、发展有基础。对于我国中西部地区，要落实各项社会保障政策，保障贫困残疾人的基本生活；扶持家庭发展生产，增加收入、稳定脱贫。对于集中连片特困地区，有针对性地采取措施帮扶贫困残疾人家庭稳定解决温饱。对于我国东部地区，要不断提高社会保障水平，扩大受益面，加大扶持与开发力度，稳步提高残疾人家庭收入。

3. 坚持住房优先，实现住有所居。

在保障性安居工程、新农村建设、小城镇建设、易地扶贫搬迁、生态移民、农民进城落户、农村危房改造过程中，对农村贫困残疾人家庭住房给予优先安排；继续实施中央彩票公益金支持的“阳光安居工程”。“十二五”期间，继续对贫困残疾人家庭危房改造进行补助，完善用水、用电等配套设施；有条件的地方对贫困残疾人家庭无障碍改造给予补贴。在社会主义新农村建设、农村实施的重大工程中，充分照顾贫困残疾人利益；在农村土地承包经营权流转政策实施过程中，切实维护贫困残疾人合法权益；各类公共资源向贫困残疾人及家庭倾斜，创造条件帮助贫困残疾人家庭享受各项支农惠农政策。①

4. 坚持特别扶持，落实社会保险政策。

对于参加新型农村社会养老保险的重度残疾人，地方政府为其代缴部分或全部最低标准的养老保险费。通过农村医疗救助制度，帮助符合条件的贫困残疾人参加新型农村合作医疗，并随着筹资水平的提高，逐步提高门诊和住院报

---

① 村委主任编辑部：《我国将对农村残疾人实施特别扶持政策/2012 年财政惠民政策新亮点/国土部严禁强迫农民上楼，土地出让净收益要全返还》，载《村委主任》2012 年第 1 期。

销比例，扩大报销范围。有条件的地方可适当提高对特困残疾人家庭危房改造的补贴标准并实施居家无障碍改造。加强对农村贫困残疾人的救助，合理确定救助水平。鼓励有条件的地方探索建立困难残疾人生活补贴和重度残疾人护理补贴制度，扩大残疾人社会福利范围；帮助有发展生产愿望的贫困残疾人家庭选择合适项目，给予重点扶持，提供切实有效服务。依托乡镇、村基层公共卫生机构开展康复和残疾预防工作，优先为贫困残疾人提供知识普及、医疗康复、功能训练、辅具适配等个性化康复服务，提高其生活自理能力。坚持以政府投入为主，鼓励通过社会募集等多种渠道筹措托养服务资金，逐步提高托养服务的补助标准，扩大受益面。

5. 坚持平等对待，转变思想观念。

除了吃得饱，还要充分考虑农村残疾人的住房问题，不搞歧视，不搞两个标准。没有残疾人的存在，就没有预防和治疗残疾的医学知识的产生。残疾人有作为人的尊严和权利，有参与社会生活的愿望和能力；作为公民，有宪法赋予的合法权益。残疾人也是社会财富的创造者。残疾人参与就业后，为社会物质文明的发展贡献了力量。残疾人也是精神财富的创造者。① 因此，无论是身体健全的公民，还是农村残疾居民，都要转变思想观念。正常人要平等对待残疾人；残疾人也要改变自己是社会包袱的观念，积极参加社会活动。他们无论是就业、入学还是生活，都是社会的一分子，与其他人没有区别。只有转变观念，才能实现 2020 年残疾人生存有保障、生活有尊严、发展有基础的宏伟目标。

三、农村妇女的权益保障与留守儿童的教育问题

（一）农村妇女权益保障现状

1. 农村妇女权益的法律保护。

我国宪法第 48 条规定，中华人民共和国妇女在政治的、经济的、文化的、社会的和家庭的生活等各方面享有同男子平等的权利。《妇女权益保障法》规定，妇女在政治的、经济的、文化的、社会的和家庭的生活等各方面享有同男

① 解佳龙：《我国残疾人社会福利存在的问题及其对策》，载《理论月刊》2009 年第 9 期。

子平等的权利，实行男女平等是国家的基本国策。国家采取必要措施，逐步完善保障妇女权益的各项制度，消除对妇女一切形式的歧视。国家保护妇女依法享有的特殊权益。[①] 在《中华人民共和国劳动法》中，除全面地规定了妇女与男子平等享有的劳动权益外，还专门规定了女职工的特殊保护。除了上述法律规定以外，《女职工劳动保护规定》还对女职工的招收、禁忌从事的劳动、产假及其待遇、有关保护设施等问题作了全面规定；我国的《民法通则》、《婚姻法》等还从实体上保护妇女的人身权利不受侵犯；而《刑事诉讼法》、《民事诉讼法》、《行政诉讼法》、《行政复议法》、《国家赔偿法》等，则从程序方面保障了妇女的人身权利不受侵犯。一旦她们的权利受到侵犯，可以通过行政或民事诉讼程序解决。

2. 农村妇女权益现状及存在的问题。

建设社会主义新农村是我国新时期的重大历史任务。而农村妇女占了农村人口的一半，是建设社会主义新农村的重要力量。只有切实维护农村妇女的合法权益，才能充分发挥农村妇女在社会主义新农村建设中的主体作用，社会主义新农村建设的历史任务才不会落空。全国维护妇女儿童权益协调组 2006 年开展的全国农村妇女权益状况和维权需求调查报告中的调查数据表明，近年来，侵害农村妇女权益的现象得到了一定遏制，农村妇女在政治、文化教育、劳动和社会保障、财产、人身、婚姻家庭等权益保障方面取得了一些进步，但仍然存在一些问题，需要引起高度重视，主要表现在以下几方面：

（1）劳动收入偏低，家庭地位不高。虽然《妇女权益保障法》规定了国家保障妇女享有与男子平等的劳动权利和社会保障权利；实行男女同工同酬，妇女在享受福利待遇方面享有与男子平等的权利，但在实践中，女性在求职、劳动报酬等方面受到的歧视是显而易见的，且由于农村妇女因在家照料老人或孩子，外出务工较难，导致其家庭地位不高。根据全国维护妇女儿童权益协调组 2006 年开展的全国农村妇女权益状况和维权需求调查报告，截至 2006 年，妇女的个人年收入情况是，600 元（包括 600 元）以下的占 47.9%，600—1000 元（包括 1000 元）的占 19.9%，1000—2000 元（包括 2000 元）的占

① 引自《妇女权益保障法》。

19.0%，2000—3000元（包括3000元）的占7.5%，3000—4000元（包括4000元）的占2.7%，4000—5000元（包括5000元）的占2.2%，5000—6000元（包括6000元）的占0.4%，6000元以上的占0.4%。目前，妇女个人的主要支出项目排在前五位的依次是，个人及家庭日常生活支出占20.4%，供子女上学的费用占19.3%，各种其他费用占14.0%，家人看病支出占11.5%，修房支出占8.8%。供子女上大学的费用、家里有病人和致富无门是目前妇女最担心、最发愁的三件事。农村妇女的劳动收入普遍偏低，而且近一半妇女的生活水平仍在贫困线以下。①

（2）农村家庭妇女综合素质不高，受传统旧观念影响严重。随着九年义务教育的普及，农村妇女的受教育水平有了很大提高，但一些中老年妇女的受教育水平依然很低，特别是外地妇女，综合素质不高，受传统的旧观念影响严重。在农村，“男娶女嫁”、“从夫居”仍是一种传统思想，所谓“嫁出去的姑娘泼出去的水”。她们认为只要女孩子嫁了就应该离开娘家，受这种消极的传统思想、错误的人生观念、低下的文化素质、浅薄的法律知识和社会偏见等因素的影响，农村妇女的经济、政治、文化、婚姻家庭生活和社会生活还不能适应男女平等发展、构建社会主义和谐社会的要求。一旦发生侵害农村妇女权益的情况，不懂拿起法律武器维护合法权益，碍于面子而不愿依法处理的现象普遍存在。这说明提高农村妇女依法维权能力的任务还很艰巨。

（3）家庭暴力时有发生，法律规定执行不到位。虽然《妇女权益保障法》规定了妇女的人身自由不受侵犯；禁止非法拘禁和以其他非法手段剥夺或者限制妇女的人身自由，禁止非法搜查妇女的身体；妇女的生命健康权不受侵犯，禁止溺、弃、残害女婴；禁止歧视、虐待生育女婴的妇女和不育的妇女，禁止用迷信、暴力等手段残害妇女，禁止虐待、遗弃病、残妇女和老年妇女②，但实际上，数千年的“夫权思想”并非一朝一夕就能根除。在农村，由于经济、文化水平欠发达，人们的法律意识虽然有了很大的提高，但相对来说还是普遍

① 李巧玲：《甘肃省农村妇女经济生活状况调查——兼论贫困对农村妇女权益保障的影响》，载《开发研究》2009年第3期。

② 李明舜：《改革开放以来我国对妇女健康权的立法保护》，载《中华女子学院学报》2008年第4期。

偏低。家庭暴力在一定范围内依然存在。农村不少人包括为数不少的妇女在内，认为打老婆是夫妻之间的正常吵架，是别人的私事，是不需要自己管的闲事。妇女遭受暴力后，村民往往以朴实的想法好心劝架，劝说不成只有无可奈何，不愿通过司法途径帮助受害者，且由于世代同村居住，村民并不愿意得罪施暴者本人；再鉴于家庭暴力取证难等因素，农村妇女家庭暴力时有发生。

3. 对策建议。

（1）建立健全法规政策，严格执行保障妇女权益的法律法规。虽然我国对妇女权益的法律规定已基本形成权益保护体系，但由于法律的滞后性和严谨性，很多实践中发生的违法侵害农村妇女权益的行为还没有以法律的形式予以规定，且具体的政策还需要妇女组织进一步出台，有法不依、执法不严和违法不究的现象普遍存在。农村妇女要进一步解放思想，转变思想观念。合法权益受到侵害的，有权要求有关部门依法处理，可以向妇女组织投诉。妇女组织应当维护被侵害妇女的合法权益，有权要求并协助有关部门或者单位查处。受侵害者还可以依法向仲裁机构申请仲裁，或者向人民法院起诉。同时，继续加大国家法律法规，特别是妇女权益保障方面法律、法规的宣传力度。通过司法、妇联等部门联合，采取送法上门，发放明白纸，开辟电视、电台法律知识专栏及寓教于乐的文艺演出等形式，多层次、多渠道重复宣传，使基本法律法规知识、司法程序家喻户晓，使广大农村人人形成知法、用法、遵纪守法的意识，使广大妇女进一步增强自我保护意识。一旦发生侵害农村妇女权益的行为，采取法律手段依法维护自己的合法权益。

（2）加强农村妇女素质工程力度，提高农村妇女的教育水平。当前农村妇女接受实用技术培训的比例在逐年提高，但这并不意味着农村妇女的权益保障也得到了同步发展。各级政府及部门在重视农村妇女技能培训的同时，还要加强对她们基本文化素质的教育和综合素质的培养。比如，对农村已成年的妇女，可以通过文化提高班提高她们的文化知识水平；通过“女性素质工程”提高她们的科技创新能力和科技致富能力，帮助她们掌握一至两门农业新技术，让她们成为发展农村经济、治理生态环境的一支重要力量。对于未成年的农村女孩，主要是抓好九年制义务教育。对于家庭贫困的女童，可通过“希望工程”、“关爱女孩行动”、“春蕾计划”和民政救助等形式保障她们顺利完成基础教育。对于被迫中途辍学、退学的农村女学生，各级干部要耐心细致地做好其家长的思想工作；对于那些经教育不改的家长，相关部门要动用法律手段追究其责任。只有农村妇女的受教育水平、自身综合素质以及劳动技能都得到了普遍提高，她们的合法权益才能真正得到保障。

（3）完善就业服务体系，增加农村妇女的劳动收入。实践证明，只有农村妇女劳动收入增加了，其在家庭中的地位才能上升，其合法权益才不会轻易受到侵害。除了增加农业收入外，增加从事职业劳动所获取的收入，则是农村妇女增加劳动收入的根本途径。为了进一步增加农村妇女的收入，尤其是从事职业劳动带来的收入，各地应当进一步完善就业服务体系；对于有就业意愿和就业能力的农村妇女，通过专业技能培训或订单式培训等方式及劳务输出，积极促使其到外地就业，使其获得稳定的劳动收入。对于不愿到外地务工的农村妇女，各地政府可以依托区域经济、小城镇建设、个体私营经济大力发展商贸流通、交通运输、旅游、休闲、餐饮等服务为农村妇女在当地就业增加更多的机会；同时，还可以通过发展来料加工、来单加工等方式，让一部分妇女在家中实现就业。

（二）农村留守儿童的教育问题

1. 农村留守儿童现状。

农村留守儿童是一个特殊的群体，是指父母双方或一方外出到城市打工而自己留在农村生活的孩子们。他们一般与自己的父亲或母亲中的一人，或者与上辈亲人，甚至父母亲的其他亲戚、朋友一起生活。① 留守儿童问题是近年来非常突出的社会问题。随着中国社会政治经济的快速发展，越来越多的青壮年农民走入城市，在广大农村也随之产生了一个特殊的未成年人群体——农村留守儿童。全国妇联的最新调研结果显示，目前，我国农村留守儿童分布十分集中，主要集中居住在中西部。安徽、四川、河南、广东、湖南和江西6个省的农村留守儿童占全国农村留守儿童总量的52%。2005年的全国抽样调查数据显示，全国农村留守儿童高达5861万人，与2000年相比，增加了140%。“在全部农村儿童中，留守儿童的比例高达28.29%，即每4个农村儿童中就有1

① 孙良溦：《赣南地区留守儿童的社会人类学调查》，载《科教文汇》2010年第5期。

个以上的留守儿童。”全国妇联儿童工作部部长邓丽对记者说，超过半数的农村留守儿童不能和父母中的任何一方一起生活，他们最缺失亲情。一项对农村留守儿童的调查显示，农村留守儿童中，33%的父亲、25%的母亲外出务工5年以上，30%的父母每年回家一次，打电话成为留守儿童与父母联系的主要方式，约2%的父母与孩子常年无联系。由于长期与父母分离，他们在面对自身变化、学习压力、人际交往等问题时，缺少父母的关怀指导。他们在心理方面存在一定阴影。[①] 留守的少年儿童正处于成长发育的关键时期，但他们无法享受到父母在思想认识及价值观念上的引导和帮助，成长中缺少了父母情感上的关注和呵护，极易产生认识、价值上的偏离和个性、心理发展的异常。[②] 一些人甚至会因此而走上犯罪道路。

2. 农村留守儿童的教育现状。

由于地理和历史等原因，我国不同区域的经济发展很不平衡，农村人地矛盾尖锐。在市场经济迅猛发展的推动下，大量农村剩余劳动力为改变生存状况外出务工。其中，大部分为夫妻一同外出，因经济等原因无法将子女带在身边，由此引发留守儿童问题。由于留守儿童多由祖辈照顾，父母监护教育角色的缺失，对留守儿童的全面健康成长造成不良影响。“隔代教育”问题在留守儿童群体中最为突出。[③]

（1）留守儿童的家庭教育现状。由于留守儿童的父母长期在外，没有办法照顾孩子，绝大多数孩子由年迈的祖父母、外祖父母等祖辈来照顾，也有一小部分由其他的亲戚来照看。老人们一般年龄偏大，文化程度偏低，对孙辈较为溺爱，只重视孙辈们的身体健康，在教育方面不怎么在意。而其他亲戚因为留守儿童不是自己的孩子，可能会出于各种原因放任自流，导致对留守儿童的监管不力甚至根本不管。因此，留守儿童的家庭教育缺失太多。

（2）留守儿童的学校教育现状。由于长期没有家长的陪同及约束，又缺乏好的学习环境，留守儿童在学校的学习成绩普遍偏低。而在大部分学校中，

---

① 刘声：《将农村留守儿童关爱服务纳入民生工程》，载《中国青年报》2012年5月31日。

② 王晓燕：《农村基础教育改革现状及其对策》，载《内蒙古电大学刊》2011年第1期。

③ 潘晓红：《我校的留守儿童及存在的问题》，载《教育界》2011年第20期。

学生成绩的好坏是对学校和教师进行评价的重要标准。因此，教师在教学过程中就只重视“好学生”而忽视对“差学生”的教育和管理，从而导致学习成绩不好的留守儿童形成了“破罐子破摔”的心理。同时，由于教师的教学任务和家务负担都很繁重，他们没有更多的精力和时间去特别关照那些留守儿童。①

3. 农村留守儿童教育存在的问题。

（1）监护人素质普遍偏低，对孩子的学习介入过少。一方面，农村留守儿童的父母想通过外出务工方式改变贫穷现状。在那些父母在外的家庭中，爷爷奶奶由于等文化水平较低，对孩子学习的问题一般都不能给予帮助。另一方面，父母只有一方在家的，由于每天所要承担的家务很多，既要照顾老人，还要照料土地，没有时间去关注孩子。

（2）平时缺乏亲情的关爱。父母打工对留守儿童的生活造成很大的影响，缺乏亲情关爱会对孩子造成许多不良的影响。最为直接的就是孩子在生活上很难得到很好的照顾，使孩子无法养成良好的生活习惯。留守儿童成长期间缺乏抚慰与关怀，也是我们应该给予重视的。

（3）缺乏完整的家庭教育，导致心理问题。小学生正处于身心迅速发展的时期，对自身变化、人际交往等方面有着自己的理解与认识，由此也带来了一些烦恼和冲突。② 他们需要有倾诉的渠道，也需要有人能告诉他们怎样正确对待这些问题。家人在这方面应起到非常重要的引导作用，但由于父母在外，留守儿童缺少了起码的与父母交流的机会。他们长期远离伙伴、远离集体，其性格往往由于封闭式管理和享用过多的关爱与呵护而出现问题。有的变得娇惯、任性、自负，甚至唯我独尊、目空一切，缺乏自律、自理、自制、自重和自尊；有的变得抑郁、内向、冷漠，甚至孤僻，不爱说话、情绪不稳定等，导致他们上学或长大以后，往往对社会的适应能力差、人际交往能力差、相互协调能力差，很难适应集体生活。这些对于儿童心理的健康成

---

① 陈静：《留守儿童受教育权问题的法律思考》，载《科技信息》（科学·教研）2006 年第 3 期。

② 陈恒彬：《对农村留守儿童问题的调查与分析——以山东省莱州市 400 名留守儿童为例》，载《西安石油大学学报》（社会科学版）2007 年第 3 期。

长非常不利。[①]

4. 对策建议。

（1）政府要加大财政投入，使留守儿童有学上。对于农村留守儿童等未成年人，政府要舍得投入、增加投入，建寄宿制学校和农村幼儿园，保证留守儿童有学上。对于符合上幼儿园的儿童，要切实解决好农村学前留守儿童入园难的问题，利用中小学闲置校舍办好乡村幼儿园（班），保证在每一个农村乡镇中心建一所幼儿园，提高农村学前三年幼儿的入园率。对于上中小学的留守儿童，要建寄宿制学校，解决好农村寄宿制学校学生生活用房不够、设备设施配备不齐、生活管理和卫生保健人员不足等问题，努力为农村留守儿童提供良好的学习和生活条件。探索在农村边远地区小学对留守儿童进行保育管理试点制度；在农村寄宿学校推行任课教师兼职生活辅导员制度，并提高生活辅导员待遇，使他们将精力用在留守儿童身上。

（2）建立教师代理家长制，解除农民工的后顾之忧。学校要按照各级教育部门的要求，建好校舍，尤其是容易发生地震、泥石流等自然灾害的偏远地区。校舍要经得起重大自然灾害的考验。探索实施“关爱留守儿童工程”，逐步探索以“教师作为代理家长”为主的关爱留守儿童模式，让留守儿童有固定的学习环境、固定的生活条件、固定的联系对象、固定的心理疏导场所、固定的家庭氛围营造渠道、固定的监护管护办法，促进留守儿童的健康成长，解除外出务工农民工的后顾之忧，为农村留守儿童健康快乐地成长创造良好的环境和条件。

（3）开展心理健康教育，让农村留守儿童树立信心。有条件的地区，可以探索实施“亲情培育工程”：开通亲情电话，保证每个孩子每月与在外务工的父母通话两次以上；建立亲情聊天室，使学生与家长进行视频聊天；设立“知心姐姐”、“知心哥哥”信箱，给学生提供向老师倾吐心声、答疑解惑的渠道；每月开展一次集体生日活动，让留守儿童在点滴中感受到远方父母的爱、身边老师的爱和全社会的爱，将学校的教育延伸到政治思想、心理情感、行为养成、人格品质、体质健康等各方面，对农村留守儿童进行全方位培养，让农

① 段文星：《谈农村留守儿童的社会福利保障问题》，载《商业时代》2007年第4期。

村留守儿童树立信心。

第三节　农村社会福利制度的发展

一、农村社会福利与城市社会福利的体制机制性障碍

我国传统的社会福利制度是改革开放之前计划经济时代的社会福利制度，它呈现出一种制度性供给与补缺型福利并存的二元格局，这种福利模式是与我国城乡分割的二元经济体制相适应的。[①] 在城市，社会福利属于制度化再分配型福利，是保障程度和福利水平很高的国家福利模式。这种模式与充分就业的就业制度紧密相连，绝大多数城市居民通过自己就业的单位得到全面而优厚的社会福利待遇。从衣食住行到生老病死，人们生活中几乎一切方面都得到了单位的关怀与保障。这种制度的福利水平与西方的福利国家相比，有过之而无不及。因为传统体制下的国有单位并不自负盈亏，和国家财政实际上是“一本账”，所以国家和单位具有同一性，单位只是国家向城市居民提供各种福利的工具和途径。此外，城市里也存在一些非就业人口，如孤、老、残、幼等“三无”对象，接受着国家民政部门的收养和救济，属于补缺型的福利模式，但因为覆盖的人数极少，在我国城市的社会福利体系中只是处于附属和补充地位。而在农村，我国的社会福利是典型的补缺型集体福利模式。国家基本上不对农村的社会福利承担责任，而是由农村的集体组织（如人民公社、生产队等）承担有限的责任，即对农村的孤、老、残、幼等“三无”人员实行“五保”供养。由于当时农村的经济发展十分落后，又很少得到来自国家的财政支持，因此农村集体所办的福利只能覆盖少数“三无”人员，而且福利待遇处于社会救济层次。[②] 在计划经济时代，国家包揽、高水平的城市福利与项目残缺、救济型的农村福利相互分割，形成了鲜明的对比。农村社会福利事业发展的不平衡，使得农村居民并不能像城市居民那样享受到均等化的待遇。因

① 钞鹏：《中国社会福利制度改革的方向》，载《科技创业月刊》2005 年第 12 期。
② 钞鹏：《中国社会福利制度改革的方向》，载《科技创业月刊》2005 年第 12 期。

此，农村社会福利事业必须改革，消除制度障碍，改革体制机制性问题，使农村居民也能享受到改革开放带来的成果。

二、农村社会福利的发展趋势

（一）全民福利体系是最终发展方向

农村社会福利的发展方向，突出以人为本、关注与推进人的全面发展的新理念，充分兼顾中国在不同发展时期的财政能力、人口结构收入水平、市场化程度、区域发展差别、城乡二元结构、城市化水平、劳动力流动性、就业多样化和儒家文化传统等特征，使福利体系的改善与中国社会经济的发展阶段相适应，最终构建起覆盖城乡全体居民的全民福利体系。全民福利体系要惠及全体国民，特别是广大的农村居民。一是要为没有制度保障的社会群体建章立制，为农民、农民工建立专门养老保险等保障制度，为城乡无收入老年人提供养老保障和基本医疗服务。二是要扩大已有制度安排的社会群体的覆盖面。[①] 三是要逐步提高社会福利水平和社会福利的公平性，使每个农村居民通过国家福利项目保障能维持正常生活并享有适当的公共服务；同时还要建立社会福利水平调整机制，随着物价指数、人们收入水平与国家财政收入的提高进行适时调整，保证全国人民尤其是农村居民能共享社会经济发展的成果。

（二）打破城乡二元结构，加快推进城乡社会福利体系建设

在现有法律规定的基础上，打破区域限制，打破户籍限制，打破城乡限制，打破体制限制，将老年人的社会福利、残疾人的社会福利、少年儿童的社会福利、妇女的社会福利等内容进行整理、归纳，形成覆盖全体居民的《社会福利法》。

（三）加大财政投入，提高全体居民的社会福利水平

要基本建成一个全覆盖的发展型社会福利体系，无疑是在中国历史上，也是在人类历史上史无前例的壮举；是中国社会与经济的又一次重大变革。而根据民政部2007年的测算，以2007年不变价匡算，每年财政对福利的投入都要大幅增加。例如，2012年需财政资金25968亿元，而2020年约需财政资金

---

① 周栋青：《现阶段我国无直接利益冲突危机管理研究》，南京师范大学学位论文，2010年。

57388 亿元。测算结果显示，如果 GDP 年均增长率保持在 8%，财政收入占 GDP 的比重在 2007—2011 年的金融危机调整期内保持在 21% 左右，而后逐年增长到 26% 左右并保持稳定；同时，福利支出占财政收入的比重在 2009 年至 2012 年能够从当前的 27% 以年均 1.2 个百分点的速度增加到 33%，随后增长到 35% 并保持稳定，政府今后各年的财政支出就能够支持全民福利体系。[①] 如果经济年均增长率达不到 8%，要基本建成全民共享的发展型福利体系，必须对财政支出占 GDP 的比重以及财政性福利支出占财政收入的比重作较大的调整。这需要国家财政收支结构的调整和财政体制的进一步改革，并不断加大财政投入，最终使得城乡全体居民的福利水平大幅上升，使其始终能与经济发展水平相适应，始终能与人民群众的期盼相匹配。

（四）统筹规划社会福利资源，整合社会福利管理部门

根据西方国家的社会保障理论，社会保障包括社会保险、社会救济、社会福利、社会优抚和社会互助五个方面的内容，但我国的社会福利只是社会保障制度体系中的一个子项目，在制度设计上降低了社会福利的地位及其重要性。且我国的社会福利管理部门众多，社会福利的主管部门为民政部门，但妇女联合会负责妇女权益问题，老龄委员会（办公室）负责老年人权益问题，国土部门负责土地问题，教育部门负责学生的入学问题，人力资源和社会保障部门负责社会保险和职工福利待遇问题，卫生部门负责新型农村合作医疗和医疗机构问题，城乡和住房建设部门负责房屋问题，财政部门负责财政投入。如此众多的社会福利管理部门，造成九龙治水的现状。国家应该对政府机构进一步进行改革，统筹规划社会福利资源，整合社会福利管理部门；可以将民政部门管理的社会福利、社会救济和社会优抚，人力资源和社会保障部门管理的社会保险，卫生部门管理的新型农村合作医疗，整合组建为一个新的政府部门，即打造成真正意义上的社会保障部，从而实现由一个部门管理全体社会成员的社会保险、社会救济、社会福利和社会优抚事业。这既有利于发挥政府职能的高效、便民作用，也有利于统筹规划资源，为建立健全全民福利体系奠定基础。

① 丁福兴：《中国农村社会福利体系的构建》，载《中共福建省委党校学报》2011 年第 6 期。

第八章 CHAPTER 8

农民工与被征地农民保障制度

◇ 农民工社会保障制度

◇ 被征地农民社会保障制度

第一节 农民工社会保障制度

农民工是我国改革开放和工业化、城镇化进程中出现的一支新型劳动大军，已成为我国产业工人的重要组成部分，为我国现代化建设做出了重大贡献。农村居民进城务工，有利于我国劳动力合理流动，有利于统筹城乡发展和解决“三农”问题，是事关我国经济和社会发展全局的战略问题。农村居民进城务工是伴随着我国经济、社会转型的阶段性现象，适应了发展需求，但由于一些制度的缺失和不足，也出现了一些亟待解决的问题。

我国的第一、二、三产业都有着农民工的身影。在迅猛发展的第二、三产业，如建筑施工业、制造采掘业、家庭服务业、餐饮酒店业等的从业人员中，农民工数量已超过上述行业全部从业人员数量的半壁江山，极大地推动了我国经济的发展，是我国经济社会发展的一支重要力量。[①] 外出务工的农民工，在为城市不断创造财富、改变城市面貌的同时，也为农村居民增加了劳动收入，并不断改变着农村居民的传统思想观念，为城乡发展注入了动力和活力，成为工业带动农业、农业反馈工业，城市带动农村、农村反哺城市的有效形式。随着农民工技术的不断提高，越来越多的农民工返乡创业，从城市带回了大量资金、先进技术和市场观念，加快了社会主义新农村建设的进程。全力做好新形势下的农民工工作，对于稳定改革发展大局，顺利推动工业化、现代化和城镇化具有重要意义。

一、农民工的界定、总体情况和群体特征

（一）农民工的界定

农民工是指在本地乡镇企业或者进入城镇务工的农业户口人员，农民工是

① 徐敏：《重庆农民工培训的激励问题研究》，西南大学学位论文，2010 年。

我国特有的城乡二元体制的产物，是我国在特殊的历史时期出现的一个特殊的社会群体。农民工有广义和狭义之分：广义的农民工包括两部分人，另一部分是在本地乡镇企业就业的离土不离乡的农村劳动力，一部分是外出进入城镇从事二、三产业的离土又离乡的农村劳动力；狭义的农民工主要是指后一部分人。①

“农民工”一词是中国社会经济发展的畸形产物，是被逼无助的一群奔走在农村与城市之间的谋生者，是中国社会结构转型期的最大牺牲者和贡献者。他们是农业户口，既从事着务农工作又从事着务工工作。农民工的出现，深刻折射出中国农村社会的现状和未来，提醒政府已经到了必须加快农村社会发展的紧要关头。农民工还包括大中专院校毕业后户口在农村而在城市工作的中高学历人员，“农民工”是“进城务工人员”的同义词。社会学家、“三农”问题评论家艾君认为，在中国实施多年的二元户籍管理制度下，我们所说的“农民工”，实际是指身在城市从事非农业工作的农业户口的工人。

农村居民主要在农村从事农业生产活动，进城务工的农民工情况较为复杂。从劳动类型看，相当一部分常年在城镇打工，不再从事农业生产；有的有较为固定的就业岗位；有的辗转于不同城镇，流动性很强；还有的则是农闲时出来打工，农忙时回家务农，主要还是从事农业生产活动。从就业区域看，有的是异地转移就业，农村居民到城镇就业，有的是本地转移就业，农村居民进入本地乡镇、现成的企业就业。从就业形式看，有的是进入企业提供劳动，建立劳动关系，签订劳动合同，属于法律意义上的正规就业；有的是从事个体工商户等灵活就业；还有的短期打工，哪里有活就去哪里。

（二）我国农民工的总体情况

根据国家统计局发布的《2011 年我国农民工调查监测报告》②，目前，我国的农民工总体情况如下：

---

① 刘玮玮：《农民工养老保险的经济效应分析》，山东大学学位论文，2010 年。

② 《国家统计局发布 2011 年我国农民工调查监测报告》，见 http：//finance. people. com. cn/GB/17766442. html。

1. 农民工数量持续增加，中西部地区的农民工人数增长快于东部地区。

截至2011年末，全国农民工总量达到25278万人，比上年增加1055万人，增长4.4%。其中，外出农民工15863万人，增加528万人，增长3.4%。住户中外出农民工12584万人，比上年增加320万人，增长2.6%；举家外出农民工3279万人，增加208万人，增长6.8%。本地农民工9415万人，增加527万人，增长5.9%。①

从输出地看，东部地区农民工10790万人；比上年增加323万人，增长3.1%，东部地区农民工占农民工总量的42.7%。中部地区农民工7942万人，比上年增加323万人，增长4.2%；中部地区农民工占农民工总量的31.4%。西部地区农民工6546万人，比上年增加409万人，增长6.7%；西部地区农民工占农民工总量的25.9%。②

2. 关于权益保障情况。

（1）拖欠工资状况继续改善。2011年，外出受雇农民工，被雇主或单位拖欠工资的占0.8%，比上年下降了0.6个百分点。被拖欠工资的外出农民工主要还是集中在建筑业和制造业，建筑业农民工被拖欠工资的占1.9%。从近几年调查数据看，被雇主或单位拖欠工资的农民工比例逐年下降，2008—2011年分别为4.1%、1.8%、1.4%和0.8%。解决和遏制农民工工资拖欠的一系列政策措施，取得明显成效。③

（2）外出农民工劳动时间偏长的情况有所改善。2011年，外出农民工的平均在外从业时间是9.8个月，平均每个月工作25.4天，每天工作8.8小时。每周工作超过5天的占83.5%，每天工作超过8小时的占42.4%，32.2%的农民工每天工作10小时以上。与上年相比，尽管外出农民工劳动时间偏长的情况略有改善，但是每周工作时间超过《劳动法》规定的44小时的农民工仍高达84.5%。

① 吴欣：《上海初中农民工子女的心理健康研究——以上海市T中学为例》，华东师范大学学位论文，2011年。

② 吴欣：《上海初中农民工子女的心理健康研究——以上海市T中学为例》，华东师范大学学位论文，2011年。

③ 李宇征：《大历史视野下的农民进城与返乡》，载《农业经济》2013年第2期。

（3）外出农民工参加社会保险的水平有所提高，但总体仍然较低；中西部地区农民工参保比例明显低于东部地区。2011 年，雇主或单位为农民工缴纳养老保险、工伤保险、医疗保险、失业保险和生育保险的比例分别为 13.9%、23.6%、16.7%、8%和 5.6%。除工伤保险比上年略减外，养老保险、医疗保险、失业保险和生育保险的比例分别比上年提高 4.4、2.4、3.1 和 2.7 个百分点。[①] 从输入地看，不同地区的农民工社会保障状况差异仍较大。中西部地区的农民工参保比例比较接近，落后于在东部地区务工的农民工。2011 年，东部地区的各项保险参保率进展明显，与中西部地区差距扩大。东部地区养老保险、医疗保险、失业保险和生育保险的比例分别比上年提高 5.5、3.2、3.8 和 3.2 个百分点。[②]

（4）不同行业外出农民工的社会保障水平差异较大，建筑业、住宿餐饮业农民工的社会保障状况仍需重点关注。从主要行业看，制造业、批发零售业、交通运输仓储和邮政业的参保情况相对较好，交通运输仓储和邮政业、批发零售业、服务业的参保率进展明显。需重点注意的还是农民工数量较多的建筑施工行业和酒店餐饮行业，这些行业中的用人单位为农民工依法缴纳五项社会保险费的比例远远低于其他行业的用人单位。

（三）农民工群体的显著特征

从农民工人员规模和工作情况等领域分析，现在的农民工群体的显著特征主要有以下几个方面：

1. 人员外出集体化明显，地区分布突出。

（1）人员数量不断增加。农民工总量从 2008 年开始，已经连续 6 年持续不断增加。这说明越来越多的农村居民外出务工需求明显，城市里的一些工作岗位需要大量的农民工。从人员流动方面看，我国中西部地区的单位和雇主需要的农民工数量增长，这些地区对农民工的吸纳、接受能力不断增强。

（2）农民工就业区域更为集中。从农民工就业的地区情况分析，2011 年，在我国东部沿海地区工作的农民工数量为 16537 万人；比上年增加 324 万人，

① 乔峥：《基于人力资本视角的农民工就业援助对策研究》，安徽大学学位论文，2012 年。
② 乔峥：《基于人力资本视角的农民工就业援助对策研究》，安徽大学学位论文，2012 年。

增长2.0%；占农民工总量的65.4%，比上年降低1.5个百分点。在中部地区务工的农民工数量为4438万人；比上年增加334万人，增长8.1%；占农民工总量的17.6%，比上年提高0.7个百分点。在西部地区务工的农民工数量为4215万人；比上年增加370万人，增长9.6%；占农民工总量的16.7%，比上年提高0.8个百分点。[①] 从各省的情况看，就业地区主要分布在广东、浙江、江苏、山东等经济发达省份，这四个省吸纳的农民工数量占到全国农民工总数的近一半。

（3）从分布看，跨省务工的基本格局开始改变。跨省外出的农民工数量减少，农民工以跨省外出为主的格局改变。截至2011年，在省内务工的农民工8390万人，比上年增加772万人，增长10.1%，占外出农民工总量的52.9%；在省外务工的农民工7473万人，比上年减少244万人，下降3.2%，占外出农民工总量的47.1%。在省内务工的比重比上年上升3.2个百分点。2011年，去省外务工人数的减少，改变了多年来跨省外出农民工比重大于省内务工比重的格局。

2. 就业年龄复杂化，衍生社会问题凸显。

（1）农民工以男性为主，30岁以下农民工占40%左右。分性别看，男性农民工占65.9%，女性占34.1%；分年龄段看，农民工以青壮年为主，16—20岁占6.3%，21—30岁占32.7%，31—40岁占22.7%，41—50岁占24.0%，50岁以上的农民工占14.3%。调查资料显示，40岁以上农民工所占比重逐年上升，由2008年的30.0%上升到2011年的38.3%。三年中农民工平均年龄也由34岁上升到36岁。尽管每年农村新增劳动力主要会加入农民工的行列，但农民工年龄结构的变化，也说明农民工的“无限供给”状况在改变。[②]

（2）婚恋之后面临的社会问题更加复杂。由于年龄关系，大部分年轻农民工群体要在外出务工期间解决从恋爱、结婚、生育到子女上学等一系列人生重要问题，需要受到更多政策上的关注。

---

① 王颢：《劳动力流动对区域经济发展差距影响研究》，中国石油大学（华东）学位论文，2012年。
② 王颢：《劳动力流动对区域经济发展差距影响研究》，中国石油大学（华东）学位论文，2012年。

（3）农民工家庭中的留守儿童数量潜在增多。农民工中，已婚者占73.4%。其中，本地农民工已婚者占90.2%，远高于外出农民工已婚者58.2%的比例。这主要是由于本地农民工平均年龄高出外出农民工12岁。本地农民工中，40岁以上的占60.4%，而外出农民工40岁以上的仅占18.2%。这一方面反映了已婚、年纪较大的农民工更倾向于就近就地转移。大龄农民工不仅外出缺少竞争力，而且需要照顾家庭。这使得他们的外出积极性减弱。[①]另一方面，由于户籍的限制，他们的子女需要在农村入学，留守儿童的问题越来越严重。

3. 教育普及化，农民工学历水平差异大。

农民工以初中文化程度为主，青年农民工和外出农民工的文化程度相对较高。在农民工中，文盲占1.5%，小学文化程度占14.4%，初中文化程度占61.1%，高中文化程度占13.2%，中专及以上文化程度占9.8%。外出农民工和年轻农民工中，初中及以上文化程度分别占88.4%和93.8%。[②] 外出农民工的受教育水平明显高于本地农民工。青年农民工受教育水平最高，也是最具潜力的农民工群体。

4. 传统用工地呈下降化趋势，大中城市仍是打工重点。

（1）在长三角和珠三角地区务工的农民工比重继续下降。2011年，在长三角地区务工的农民工为5828万人，比上年增加18万人，增长0.3%；在珠三角地区务工的农民工为5072万人，比上年增加7.4万人，增长0.1%。在长三角和珠三角地区务工的农民工增加数量和增幅均明显低于上年水平。在长三角和珠三角地区务工的农民工分别占全国农民工的23.1%和20.1%，分别比上年下降0.9和0.8个百分点。[③] 随着中西部地区的快速发展，东、中、西部地区农民工的工资水平趋同，长三角和珠三角地区对农民工的就业吸引力在逐步下降。

（2）外出农民工仍主要流向地级以上大中城市。从外出农民工就业的地

① 王颢：《劳动力流动对区域经济发展差距影响研究》，中国石油大学（华东）学位论文，2012年。
② 乔峥：《基于人力资本视角的农民工就业援助对策研究》，安徽大学学位论文，2012年。
③ 王颢：《劳动力流动对区域经济发展差距影响研究》，中国石油大学（华东）学位论文，2012年。

点看，在直辖市务工的占10.3%，在省会城市务工的占20.5%，在地级市务工的占33.9%，在地级以上大中城市务工的农民工比上年提高1.7个百分点。①

5. 人员“非农”特点显著，工作的行业结构日益合理。

（1）和第一代农民工外出务工不同，现在外出的农民工年龄日益年轻化，但绝大多数农民工外出前未参加过学校或政府有关部门举办的“涉农”与“非农”职业技能培训，年轻的农民工更愿意通过参加非农职业技能培训来提高自己外出务工的就业能力。在农民工中，学习过“涉农”职业技能的占1/10左右，学习过“非农”职业技能培训的占1/4左右，而既没有学习农业技术培训也没有参加“非农”职业技能培训的农民工的数量达到七成。年轻的农民工学习“非农”职业技能的比例远高于年长农民工，而年长的农民工在“涉农”方面的技能远高于年轻农民工。因此，越是年轻的农民工，越愿意学习“非农”的职业技能。这也从另一方面说明年轻的农民工正慢慢失去“涉农”方面的生产技能。

（2）农民工从业行业还是以传统的建筑施工业、服务业和制造业为主，建筑施工业的比例增加。在从事的行业中，劳动密集型的制造业比重最大，占1/3左右；其次是建筑施工业，占1/6左右；服务业占1/10左右；流通业占1/10左右；物流业占1/16左右；酒店餐饮业占1/20左右。从这几年的数据分析可知，建筑施工业是变化比较明显的行业，该行业农民工的比重年年增加，但从事制造业的比重日趋下降。

（3）沿海地区务工的农民工主要集中在制造业行业，但比重有所减少。从农民工的务工地区看，东部沿海地区务工的农民工仍以劳动密集型的制造业为主，但比重有所减少；中部和西部地区制造业的比重有所增加。随着我国经济调结构、转方式和产业结构的升级，劳动密集型的制造业正从东部向中部和西部有序转移，将来农民工在务工地区的就业结构还将继续发生变化。

6. 收入差异化，大中城市工资收入较高。

（1）农民工收入增长较快，东部地区和中西部地区的农民工收入差距缩

① 乔峥：《基于人力资本视角的农民工就业援助对策研究》，安徽大学学位论文，2012年。

小。2011 年，外出农民工月均收入 2049 元，比上年增加 359 元，增长 21.2%。分地区看，在东部地区务工的农民工月均收入 2053 元，比上年增加 357 元，增长 21.0%；在中部地区务工的农民工月均收入 2006 元，比上年增加 374 元，增长 22.9%；在西部地区务工的农民工月均收入 1990 元，比上年增加 347 元，增长 21.1%。近两年，外出农民工的收入增速加快，中西部地区的增幅高于东部地区，东部和中西部地区的收入差距缩小。①

（2）本地农民工与外出农民工之间、受雇人员和自营人员之间的收入差异明显。2011 年，在外出农民工中，受雇人员月均收入 2015 元，比上年增加 360 元，增长 21.8%；自营人员月均收入 2684 元，比上年增加 458 元，增长 20.6%。受雇人员比自营人员收入低 669 元。对比本地务工与外出务工的收入情况，在本地受雇的农民工月均收入比外出受雇的低 261 元。调查数据显示，外出农民工收入高于本地农民工的收入，自营人员的收入高于受雇人员的收入。②

（3）在大中城市务工的农民工收入水平相对较高。从外出农民工的从业地点看，在直辖市务工的农民工月均收入 2302 元，在省会城市务工的农民工月均收入 2041 元，在地级市、县级市和建制镇务工的农民工月均收入分别为 2011 元、1982 元和 1961 元。从不同地区务工收入的增幅来看，在直辖市务工的收入增幅要快于平均水平。③

（4）不同行业的收入水平差别较大，交通运输仓储邮政业、建筑业和制造业的收入增幅高于平均水平。从外出农民工从事的主要行业看，收入水平较高的是交通运输仓储邮政业和建筑业的农民工，月均收入分别为 2485 元和 2382 元；收入较低的分别是住宿餐饮业、服务业和制造业的农民工，月均收入分别为 1807 元、1826 元和 1920 元。从收入增幅看，增幅高于各行业平均水平的是交通运输仓储邮政业、建筑业和制造业，住宿餐饮业、服务业和批发零售业收入增幅低于平均水平。④

---

① 乔峥：《基于人力资本视角的农民工就业援助对策研究》，安徽大学学位论文，2012 年。

② 乔峥：《基于人力资本视角的农民工就业援助对策研究》，安徽大学学位论文，2012 年。

③ 刘翠玉：《论建设社会主义新农村背景下农民工就业问题》，载《学理论》2011 年第 10 期。

④ 刘翠玉：《论建设社会主义新农村背景下农民工就业问题》，载《学理论》2011 年第 10 期。

二、年轻一代农民工的新诉求——关注新生代农民工

目前，农民工正在从亦工亦农向全职非农转变，从城乡流动向融入城市转变，从谋求生存向追求平等转变。而年轻一代农民工的数量较多，近6300万30岁以下的年轻农民工不同于父辈等第一代农民工。

（一）新生代农民工的界定

据统计，2009年，我国1.5亿外出农民工中，新生代农民工大约1亿，占61.6%，而且这一数字还将不断上升。和第一代农民工相比，新生代农民工的年龄、性别结构、受教育程度、生活消费观念、从业选择、迁移目标等，都表现出新的特点。这说明农民工群体内部的代际差异已非常明显。早在2001年，中国社会科学院王春光研究员已经开始关注“新生代农村流动人口”问题，开启了这一研究的先河。2005年以后，本主题的研究日趋增多，并产生了大量成果。

关于新生代农民工界定的研究越来越多，但存在诸多差异。首先是关于该群体年龄的不同认识，有学者仅给出上限，指出该群体年龄“在25岁以下”①；多数学者认为该群体是20世纪80年代以后出生，并给出较为明确的年龄区间，认为是“16—25岁之间”②、“18—30岁之间”、“30岁以下16岁以上”③，或者“16—29岁之间”④。国家统计局规定，年满16岁即达到劳动年龄，而根据我国社会变迁中代际变化的实际情况，群体的年龄界定为16—30岁为宜。其次是关于该群体的代际认定，争议更大。王春光研究员认为，新生代是一个介于第一、二代农村流动人口之间的过渡代⑤；另有学者指出，新生代主要是20世纪70年代以后出生⑥。这两种界定其实都包括了20世纪

① 王春光：《新生代农村流动人口的社会认同与城融合的关系》，载《社会学研究》2001年3月。

② 吴红宇、谢国强：《新生代农民工的特征、利益诉求及角色变迁》，载《南方人口》2006年2月。

③ 钱正武：《新生代农民工的主观诉求与政策建议》，载《中国青年研究》，2006年第4期。

④ 唐有财：《新生代农民工消费研究》，载《学习与实践》2009年第12期。

⑤ 严翅君：《警惕：新生代农民工成“职业枯竭”早发群体》，载《江苏社会科学》2010年第1期。

⑥ 钱正武：《新生代农民工的主观诉求与政策建议》，载《中国青年研究》2006第4期。

70年代出生的农村人口。

（二）新生代农民工的诉求

新生代农民工无论是在生存环境，还是在生活理念上，都发生了巨大的变化。他们的诉求也不同于父辈，具体来说主要表现在以下方面：

1. 外出动因从“生存型”向“生活型”转变。

30岁以下农民工占农民工总量的近40%。这些年轻一代农民工成长在改革开放后较好的生活环境中，从小受到城市文化影响，接受了多元化的开放价值观。他们的行为、观念已经相当城市化、现代化。不同的文化素质和思想观念，使他们的外出动机有了明显变化。年轻农民工基本上不再像他们的父辈一样将谋生、赚钱作为主要目标，而更多的是为了改变生活方式，寻求更好的发展机会。与第一代农民工多有城市“过客”心理、过着城乡流动“候鸟”式的生活不同，他们希望融入城市主流社会。

2. 身份认同从普通农民向企业员工转变。

年轻一代农民工不像他们的父辈经历了一个从农村到城市改革前后变化的比较，他们是现实的、横向的比较。他们没有务农的经历和种田的技能，对土地已没有情结，对传统农业更是疏远。他们很多人出了学校门就进了城市、进了工厂，有的还是在城里跟着打工的父母成长起来的，就业观念、生活方式、消费方式基本上和城里人相差无几。他们认为自己和城里从学校毕业参加工作的人。没有什么不同，普遍将自己定位为企业员工，对于农民身份没有很强的认同感。

3. 发展取向从关注工资待遇向更为关注自身发展转变。

与第一代农民工相比，他们受教育年限较长，有知识、有文化，有着强烈的自我发展愿望。部分农民工的拼搏意识和进取精神较强；在职业发展上，不满足于仅仅挣点钱来改善家里的生活，而是更加注重自身的成长与发展。他们渴望融入到社会中去，注重单位能否提供培训的机会、能否有提升的机会，并且不断通过自身努力创造条件，获得事业和地位。

4. 维权意识从被动接受向主动追求权利平等转变。

对于年轻的新一代农民工，他们更注重尊严和地位，期望通过前往城市务工而得到与城市居民同样的权利和机会。他们的思想更倾向于城里人的现代思想，不愿再继续像父辈一样扮演“廉价劳动力”的角色。他们的劳动职业技能更强，在劳动报酬讨价还价方面的能力不断提高。① 他们强烈要求获得公平就业、平等福利待遇以及参加社会活动的机会；对于工作求职和工作过程中遇到的不公平和不合理问题，懂得采取向政府部门寻求救济或向人民法院起诉等方式，主动拿起法律武器解决用人单位侵犯其合法权益的违法行为。

5. 职业选择从“苦力型”工作向“体面型”工作转变。

如果说上一代农民工多集中在建筑、搬运、城市清洁等偏重体力付出的“苦力型”行业，年轻一代农民工则更偏重选择到制造、酒店、商贸等“更体面”的行业就业，并倾向于选择管理正规、工作环境好、有发展前景的企业。除此之外，一部分农民工有较强的自主创业意识和强烈的向上发展愿望。调查显示，农民工中，希望找到一份有发展前景工作的有 37. 4%，希望找到一份收入更高工作的有 33. 1%，希望创业当老板的有 29. 5%。

6. 生活方式从单一枯燥的生活向追求现代城市生活转变。

相对于上一代农民工来说，农民工的生活支出较高，注重生活享受。与上一代农民工把收入带回家用于家庭支出和农业再生产不同的是，绝大多数年轻农民工的意识形态、消费习惯、生活方式发生很大变化，他们倾向于把自己收入的全部或者绝大部分用于个人的吃、穿、住、用、行。他们敢于追求现代的城市生活方式、物质和精神生活，像城里人一样享受上网、聚餐、运动、休闲购物、看电影等丰富多彩的都市生活，而很少寄钱回家。

三、农民工面临的新问题

（一）就业层次依然偏低，从业稳定性差

一是从事行业受限。受就业门槛限制，农民工从事的行业有限，大多集中在制造业、建筑业和服务业等劳动密集型产业。调查显示，有 62. 8% 的农民工在择业时倾向于选择规模较大的企业，但 78. 4% 的农民工的实际就业岗位则以一线生产或服务人员为主，就业层次较低。二是合同签订率低。2011 年，

① 韩振方：《论新生代民工的特点与作用》，载《山东行政学院/山东省经济管理干部学院学报》2006 年第 8 期。

农民工签订劳动合同的比例略有提高，但仍有一半以上农民工没有签订劳动合同，外出受雇农民工与雇主或单位签订劳动合同的仅占43.8%。分行业看，从事建筑业的农民工没有签订劳动合同的比例最高，占73.6%；从事制造业的占49.6%；从事服务业的占61.4%；从事住宿餐饮业和批发零售业的分别占64.6%和60.9%。[①] 总体看，外出农民工与雇主或单位签订劳动合同的比例与上年相比略有提高，但是建筑业农民工没有签订劳动合同的比例仍居高不下。三是流动性更大。他们在考虑工作环境的同时更为注重雇主的人格、人品及自身受尊重与否，而不太能接受上级的批评和指责，抗压能力较弱，导致流动性较大。

（二）知识技能结构不合理，制约职业发展

一是学历教育难以满足企业需求。随着受教育水平的提高，大多数农民工的文化知识有了一定积累，但在实际工作中往往缺乏操作技能和经验，无法满足所在企业对他们的工作要求。二是培训的实用性有待提高。根据国家统计局调查总队的调查，认为职业培训“非常重要”、“效果不明显”、“没有必要”的分别占到47.8%、26.4%和12.6%，还有13.2%的人“不清楚”。可见，目前的职业培训与农民工的多元培训需求存在差异，部分人由于对职业培训了解不足而产生困惑。三是知识技能提升的可持续性不强。农民工就业岗位变换比较频繁，学习培训的专业技能缺少可持续性，不利于其人力资本的积累和企业用工的稳定。

（三）公共服务水平较低，“融城”存在障碍

根据国家统计局调查总队的调查，接近一半农民工有在城市定居的打算，“坚决不回农村”和“尽量留在城市，实在不行再回农村”的分别占到13.8%和42.7%。他们认为，在城市定居最主要的困难和障碍依次是“收入太低”、“住房问题”、“子女教育问题”等。总体看来，农民工市民化最大的障碍和上一代农民工一样，仍然是政策制度障碍。他们对政府公共服务的提供、对社会容纳度的改善等的要求在不断升级。这就意味着目前户籍制度改革不匹配、不协调、不同步问题还比较突出，与之相关的住房、医疗、子女上学、养老等方

① 李丹丹：《农民工企业认同过程中的企业责任分析》，郑州大学学位论文，2012年。

面的制度供给还远远满足不了他们的愿望。

（四）精神需求难以满足，易致心理失衡

一是文化生活依然贫乏。农民工精神文化生活的条件不容乐观。他们没有足够的闲暇时间，不具备相应的经济条件；公共设施和大众活动也不能很好地满足他们的需求。除了上网、阅读和看电视之外，他们能够参加的文化娱乐活动十分有限。二是人际交往受到影响。多数农民工仍是处于“半成人”阶段的青年一代，他们对思想沟通和情感交流的需求更强。由于上班时间长，接触面较窄，工资收入低，部分行业就业男女比例失调，他们普遍面临想交友没时间、想恋爱没人选、想倾诉没对象的困境。[①] 三是人文关怀缺失。由于企业管理和文化建设的不足，以及社会人文关怀的欠缺，农民工存在心理问题的现象比较普遍，总体心理健康水平不太乐观。他们常常感到社会孤立、生活枯燥、前途渺茫，容易导致心理失衡。如富士康出现的跳楼事件，就是一个典型的人文关怀缺失案例。

（五）城市生活成本较高，自身行为疏于约束

一方面，农民工的收入水平普遍低于城市劳动者。随着城市物价的持续上涨，多数人除了生活的必要开支所剩无几，有的甚至吃光用光。另一方面，农民工的消费水平普遍提高。他们在选择生活状况的参照系时，更倾向于与城里人相比较。而对于当前的收入水平，农民工的物质和精神需求比上一代更为旺盛，而收入尚未达到一定高度。一面是扩张的欲望，另一面是紧缩的钱袋，两者之间的矛盾和冲突导致其失范行为增多。农民工缺少家庭的约束，也基本脱离了其户籍所在地基层组织的管理，而城市又缺少能够起到临时管理作用的相应组织。这种制度的缺失和管理的缺位使农民工缺乏外部保障和约束，容易走向犯罪，成为潜在的不稳定因素。

四、农民工的社会保障措施

（一）加快户籍制度改革，开辟融城“绿色通道”

积极探索有利于促进农民工在城市定居下来的户籍登记制度。对于在中小

① 全国总工会新生代农民工问题课题组：《关于新生代农民工问题的研究报告（摘要）》，载《中国职工教育》2010 年第 8 期。

城市、小城镇实现稳定就业创业而又放弃农村责任地的农民工，应取消准入门槛。大城市应放宽农民工进城落户的相关政策，采取积分制落户办法，将教育、技术资格、工龄、社保缴纳年限等作为积分内容，形成农民工与城市居民身份统一、权利一致、地位平等的制度体系。应普遍推行居住证制度，进一步取消歧视性规定，为农民工融入城市开辟“绿色通道”。

（二）加速城镇化建设，拓宽就地就近就业渠道

要把城镇化发展作为扩大内需的战略重点，加强城镇化发展的规划指导和管理，引导好要素资源配置，促进产业聚集和城市群、城市带发展，形成科学合理的产业与城市布局，促进特色产业、优势项目集聚城市。加强城市对不同层次群体的吸纳能力，提高城市的综合承载能力，以吸纳农民工加快向城镇集中。县域经济的发展，对于解决本地农民工就近就地就业、提高农民工家庭劳动收入发挥着重要作用。地方要通过行政审批制度改革，将有关事项的审批权下放到县级，扩大县级发展的自主权；要引导人力资本和技术资金等生产要素流向县域，支持县域经济的壮大和发展，使得本地农民工留得下、干得住、挣得多。同时，鼓励农民工回乡创业；对于符合国家有关规定、吸纳一定数量农民工的单位，要在用地、税收、融资和资金补贴等方面给予优惠政策，提高自主创业的积极性，发挥创业带动就业的倍增效应。

（三）加强职业技能培训，有效提升就业能力

加强农民工的职业技能培训和创业培训，满足农民工在职业发展上的诉求，最终改善他们的收入状况。建立规范的培训资金管理制度，按照统筹规划、集中使用、提高效益的要求，将中央和省级财政安排的各项农民工培训资金统筹使用。充分发挥企业培训促进就业的作用。重点加强产学结合的企业培训，强化企业培训责任。[①] 努力提高培训质量，规范培训管理，加强绩效评估，严格培训结业考核和发证制度。为有创业意愿的农民工提供创业培训，积极探索新的培训方式，精心安排培训计划，帮助他们掌握创业知识和技能，成功创办自己的企业。

---

① 魏晓东：《新生代农民工问题研究》，载《广西社会主义学院学报》2010 年第 5 期。

（四）强化各类制度保障，实现基本公共服务均等化

1. 提高农民工的社会保险参保率和参保水平。

在制度设计上，要针对农民工群体规模大、工资水平低、流动性强、经济条件有限、个人状况多样化等特点，抓紧制定并组织实施适合农民工的社会保险关系转移接续办法，降低缴费，畅通结转，遏制退保，因地制宜地扩大参保覆盖面。加大与农民工社会保障相关的法律法规的执行力度，按照分类指导、稳步推进的原则，逐步解决农民工的社会保障问题。

2. 多渠道改善新生代农民工的居住条件。

要完善多层次城镇住房市场体系，多渠道、多形式地提供农民工居住场所。组织实施农民工标准化宿舍行动，由工棚向工房转变，发展公共租赁住房，鼓励和支持有条件的企业设置夫妻房。探索建立农民工住房公积金制度，鼓励有条件的城市将有稳定职业并在城市居住一定年限的农民工逐步纳入城镇住房保障体系。要运用土地、财税、金融等多种政策工具，发挥市场机制作用，形成保障性住房资金来源的多元化，逐步将农民工纳入城镇保障性住房的覆盖范围，促进城乡住房资源的合理配置。

3. 着力解决新生代农民工子女的教育问题。

教育部门特别是义务教育阶段的学校应大力落实相关政策，将农民工子女的义务教育和学龄前教育都纳入城市教育规划和管理。逐步解决农民工子女就读幼儿园的实际困难，适当扩大城乡结合部幼儿园建园数量，并且给予经费支持。加强流入地公办学校对农民工子女的容纳能力，消除因户籍问题引起的歧视，取消借读费，统一学费标准，减轻农民工子女入学的经济负担。建立更加灵活的学籍管理制度，为农民工子女的教育管理和入学转学提供便利。同时，要关爱农村留守儿童，做好农民工疾病预防控制和计划生育管理。

（五）加强社会服务管理，切实维护合法权益

1. 逐步提高农民工劳动合同签订率。

用人单位必须依法与农民工签订劳动合同。人力资源和社会保障部门要对不签订劳动合同的用人单位，加大依法纠正和行政处罚的力度。建筑、餐饮等流动性大的行业可使用简易合同，将大量通过亲朋好友介绍而达成的口头协议逐步转变为适用于农民工的简易劳动合同；对从事家庭服务业的农民工使用劳

务协议；对使用农民工较多的劳务派遣企业作出专项规定。积极探索适合农民工特点的劳动管理办法，重点加强对危险行业、工种和职业危害严重的作业场所的安全生产进行监督检查，依法保障受工伤事故和职业危害的新生代农民工能够得到医治和赔偿。①

2. 健全完善新生代农民工工资保障机制。

加强分配保障制度建设，建立和完善工资支付监控制度和工资保证金制度，推动建立农民工工资正常增长的企业制度，建立由地方政府主导的欠薪应急周转制度。严格执行最低工资和小时最低工资制度，合理确定和提高农民工工资水平，切实改变农民工工资偏低、同工不同酬的状况。有关部门要强化对农民工工资支付的监督管理，建立预防和解决拖欠农民工工资问题的机制和制度，并通过劳动保障监察执法，纠正和处理拖欠农民工工资的违法行为。

3. 畅通新生代农民工维权渠道。

推动使用农民工的单位建设和谐的劳动关系。用“台阶低、语气和、调解柔、仲裁正”的办法处理农民工劳动争议，建立农民工劳动争议快速调解、简易仲裁“绿色通道”；持续打击坑骗农民工的非法职业中介和欺诈行为，开展整治非法用工、打击违法犯罪专项行动；加大对农民工的司法救济力度，充分发挥政府、工会和企业组织三方机制在协调劳动关系方面的作用。

4. 进一步加强安全生产工作。

重点加强高危行业农民工的安全保障检查，维护农民工的职业安全卫生权益。探索建立农民工职业安全联合执法机制，加大对煤矿、易爆易燃、危险化学品等高危行业农民工的安全培训和监督执法力度，深入开展粉尘等危害治理专项行动，加强农民工职业健康监护。

（六）高度重视人文关怀，关注未来长远发展

要丰富农民工的精神文化生活，在农民工集聚地探索建立农民工综合服务中心，为农民工提供一站式服务。实施“两看一上”工程，积极创造条件使农民工方便看报纸、看电视，有条件的可使农民工能上网，满足农民工日益增

① 全国总工会新生代农民工问题课题组：《关于新生代农民工问题的研究报告（摘要）》，载《中国职工教育》2010年第8期。

长的精神文化需求。大力提高农民工的社会政治地位，逐步提高农民工在各级党代会、人大和工会代表大会及企业职代会中的比例，增加其参政议政、权益表达、参与决策管理的渠道和机会。充分发挥共青团、妇联等组织的积极作用，加大宣传力度，充分发挥相关组织的维权优势。要关注农民工及其子女的心理健康，帮助他们缓解心理压力，引导他们正确看待社会发展过程中产生的一些问题，帮助他们形成积极健康的心态，努力减少他们由于进城务工时心理准备不足所带来的社会矛盾。

五、农民工社会保险的制度安排与实施模式

进城打工的农民工，参加何种社会保险对其最有利为？因城市和农村社会保险制度尚未完全统一，城市和农村社会保险待遇差别较大，因此是参加农村的社会保险，还是参加城镇职工的社会保险，显得尤为重要。

（一）农民工参加职工社会保险是现实需要，体现了公平正义

目前，农民工参加基本养老、基本医疗及工伤、失业和生育保险的比例偏低，致使这部分人群的工伤保险问题和医疗保险问题显得尤为突出，尤其是农民工因自身技能原因而发生的工伤事故层出不穷，引发的矛盾尖锐不可调解。农民工参加社会保险的比例不高有多种原因：既有用人单位为了降低用工成本而不参加社会保险的原因，也有农民工本身对社会保险制度认识不到位从而不愿意参加社会保险的原因，还有社会保险制度本身不适应进城务工的农村居民特点的原因。农民工只有依法参加社会保险，按时足额缴纳社会保险费，才能避免上述问题的发生。

1. 农民工参加职工社会保险体现了公平性。

我国在有关解决农民工问题的政策中明确指出，要解决好农民工问题，就必须贯彻好平等原则，对农村居民和城镇居民在就业、社会保险、教育等各方面一视同仁，不搞差别对待。进城务工的农民工与城镇职工一起参加了国家经济建设，都提供了劳动，理应享受统一标准体系下的劳动报酬和社会保险福利待遇，不能因户籍不同而使用不同标准。职工社会保险是由用人单位缴费、国家补助的保障性制度，直接关系到职工在年老、患病、失业、工伤和生育时能否从社会保险制度中获得物质帮助，是职工的一项重要福利待遇。如果仅仅因

为职工是农村户口而将其排除在社会保险制度之外，有失公平，也有悖正义。

2. 体现了法律的前后延续和统一。

从2008年至今，我国先后实施的人力资源社会保障法律包括《劳动合同法》、《就业促进法》、《劳动争议调解仲裁法》和《社会保险法》。这些法律的立法原则，就是将进城务工的农民工纳入统一的职工概念，反对将进城务工的农民工特定化、类型化，更反对为其单设不一样的制度。因此，无论是从法律规定，还是从实践情况上来看，农民工都是职工的一员，理应参加职工社会保险。

3. 符合现行做法。

为了解决进城务工农民工参加社会保险的比例偏低的问题，近年来，国务院先后出台了若干个关于农民工的政策，人力资源和社会保障部也在积极推动此项工作，已经取得了阶段性成果。截至2010年6月底，参加职工基本养老保险的人数为2950万人，参加职工基本医疗保险的人数为4475万人，参加失业保险的人数为1811万人，参加工伤保险的人数为5876万人。[①]

4. 认为土地是进城务工农民工的保障的观点不正确。

随着城镇化的发展，以及有关进城务工的农村居民配套制度的建立、完善，多数进城务工的农民工有条件也有意愿在城市生活，不愿再回到农村务农。社会保险是职业关联保障。任何劳动者只要在用人单位提供劳动，与用人单位建立劳动关系，就有权参加社会保险。这与土地完全是两回事。土地保障归根结底还要劳动。只有劳动才有农产品的产出，才能称得上有保障。但进城务工的农民工已经形成了固定的工作时间，没有时间再到土地里进行劳作。从这个意义上而言，土地的保障也就与农民工无关了。

（二）制度安排和实施模式

农民工参加职工社会保险毋庸置疑，但为了农民工的合法权益，在《社会保险法》的基本要求下，可以规定农民工参加社会保险在制度设计和实施模式上与完全的职工社会保险略有差异，具体内容如下：

1. 基本养老保险。

进城务工的农民工，应当参加基本养老保险模式，而不是参加新型农村社

---

① 人力资源和社会保障部2010年统计年鉴。

会养老保险模式。在制度设计上，参加基本养老保险的内容，主要包括下面四个方面。

（1）适用范围。在城镇就业并与用人单位建立劳动关系的农民工，应当参加基本养老保险。用人单位与农民工签订劳动合同时，应当明确农民工参加社会保险的相关事宜，应按规定为农民工办理参保手续。一旦使用农民工，用人单位应当自用工之日起30日内为其向社会保险经办机构申请办理社会保险登记，在社会保险经办机构办理增员手续，并按时足额缴纳养老保险费。灵活就业人员可以参加职工基本养老保险，退休后按照企业职工基本养老金计发办法计发基本养老金。

（2）缴费比例。用人单位和农民工个人共同缴纳基本养老保险费，缴费基数按基本养老保险有关规定确定。因农民工工资水平相对较低，可以规定用人单位和农民工的缴费比例，低于一般情况下参加养老保险并缴纳养老保险费的比例。根据人力资源和社会保障部养老保险司的测算，可以规定用人单位的缴费比例为12%（城镇职工基本养老保险用人单位的缴费比例在13%—22%）；农民工的个人缴费比例为4%—8%（城镇职工基本养老保险职工缴费比例为8%），由所在单位从本人工资中代扣代缴，并全部计入其基本养老保险个人账户。规定较低的缴费比例，不但可以吸引更多的用人单位使用农民工，从而解决农民工的就业问题，而且使得农民工的养老保险待遇权并未受损，两全其美。对于城镇个体工商户和灵活就业人员参加基本养老保险的缴费比例问题，可以规定缴费比例为20%，将其中的8%记入个人账户。这样，农民工的待遇不会受到影响。

（3）待遇计发。领取基本养老保险金的条件之一就是要达到法定的退休年龄和最低缴费年限。农民工参加基本养老保险的缴费年限累计满15年以上（含15年），符合待遇领取条件后，可按规定由本人向基本养老保险关系所在地的社会保险经办机构提出领取申请。社会保险经办机构按基本养老保险有关规定核定、发放基本养老金，包括基础养老金和个人账户养老金。农民工达到待遇领取年龄而缴费年限累计不满15年、参加了新型农村社会养老保险的，由社会保险经办机构将其基本养老保险权益记录和资金转入户籍地新型农村社会养老保险，享受相关待遇；没有参加新型农村社会养老保险的，比照城镇同类人员，一次性向其支付其个人账户养老金，终止养老保险关系。①

（4）转移接续。农民工离开就业所在地后返回户籍所在地或继续前往其他地时，就业所在地社会保险经办机构原则上不为其办理退保手续，而是为其开具在就业地的参保缴费凭证。在农民工跨统筹地区就业并继续参保时，农民工向新就业所在地社会保险经办机构出示原就业所在地社会保险经办机构出具的参保缴费凭证，由新就业和原就业两地社会保险经办机构负责为农民工办理社会保险关系转移接续手续；农民工虽新就业但未能继续参保的，由原就业地社会保险经办机构保留社会保险关系，暂时封存其权益记录和个人账户资金。农民工的基本养老保险封存期间，个人账户部分继续按国家规定计算利息。农民工再次或多次离开就业地的，其社会保险转移接续手续仍然按照上述规定予以办理。

2. 基本医疗保险。

进城务工的农民工，应当参加基本医疗保险模式，而不是参加新型农村合作医疗模式。在制度设计上，参加基本医疗保险的内容，主要包括四个方面。

（1）适用范围。在城镇就业并与用人单位建立劳动关系的农民工，应当参加基本养老保险。这些用人单位应当包括城镇的所有用人单位，包括企业（国有企业、集体企业、外商投资企业、私营企业、混合所有制企业等）、机关、事业单位、社会团体、民办非企业单位等。与用人单位建立劳动关系的灵活就业人员，应当按照用人单位参加基本医疗保险的办法缴费参保；其他灵活就业人员，可以以个人身份缴费参保。当然，由于很多灵活就业人员的工作地点和时间并不稳定，收入也不固定等，如何提高其参保缴费积极性，还需要在实践中继续创新工作方法。

（2）缴费比例。对于用人单位和农民工的缴费比例问题，可以按照国家现行规定予以执行，即用人单位缴费比例控制在职工工资总额的6%左右，职工缴费比例为本人工资的2%。由于各地经济发展水平不一，缴费比例可以由医疗保险统筹地区根据本地实际情况进行规定。目前，用人单位缴费比例全国平均为7.43%，最低的为3%，较高的如上海、北京等达到了10%和9%；个人缴费比例平均为2%。

① 刘玮玮：《农民工养老保险的经济效应分析》，山东大学学位论文，2010年。

（3）待遇计发。从缴费次月起，农民工享受基本医疗保险待遇。对于用人单位未按规定缴费或中断缴费的，从未缴费的次月起，农民工不再享受基本医疗保险待遇。由于我国目前对医疗保险均设定了最低缴费年限，因此对于医疗保险缴费不够年限的退休人员，如果已经办理了养老保险退休手续且享受按月领取养老金，用人单位还应于办理养老退休手续的当月到参保地社会保险经办机构办理基本医疗保险在职转退休手续，并缴足年限。一般要求男缴费满30年或25年，女缴费满25年或20年。

（4）转移接续。关于跨统筹地区流动就业时农民工城镇基本医疗保险关系的转移与接续，农民工在新就业地重新就业并有接收单位的，由接收单位按照规定为农民工办理社会保险登记手续，社会保险登记完成后参加新就业地的城镇职工基本医疗保险。农民工若没有用人单位接收，本人应在中止原基本医疗保险关系后的3个月内到新就业所在地医疗保险经办机构办理个人登记手续，并按新所在地规定参加城镇职工基本医疗保险或城镇居民基本医疗保险，个人按规定缴纳有关医疗保险费用。农民工跨统筹地区流动就业并参加新就业所在地城镇基本医疗保险、缴纳医疗保险费的，由新就业所在地医疗保险经办机构通知原就业所在地医疗保险经办机构办理医疗保险转移手续，农民工不再享受原就业所在地城镇基本医疗保险待遇。

新型农村合作医疗参合人员参加城镇基本医疗保险后，由就业地社会（医疗）保险经办机构通知户籍所在地新型农村合作医疗经办机构办理转移手续，按当地规定退出新型农村合作医疗，不再享受新型农村合作医疗待遇。由于劳动关系终止或其他原因中止城镇基本医疗保险关系的农村户籍人员，可凭就业地社会（医疗）保险经办机构出具的参保凭证，向户籍所在地新型农村合作医疗经办机构申请，按当地规定参加新型农村合作医疗。①

3. 工伤保险。

（1）适用范围。各类企业（包括在我国境内注册的各种形式的企业）、有雇工的个体工商户、事业单位、社会团体和民办非企业等用人单位和农民工，

① 夏宜：《7月1日起流动就业人员医疗保险可跨省转移接续》，载《劳动保障世界》2010年第3期。

应当参加工伤保险。

（2）缴费比例。工伤保险个人不缴费，工伤保险费由用人单位缴纳。

（3）待遇计发。农民工一旦发生工伤事故导致丧失或大部分丧失劳动能力时，由于其户籍所在地并不在城市，家庭也几乎不在城市，农民工像城镇职工一样在打工地按月领取工伤保险有关待遇在实际中很难实现。据此，在设计农民工工伤保险待遇制度时，可以和城镇职工的工伤保险待遇计发方式有所不同：在农民工本人同意的前提下，由农民工本人提出申请，与用人单位解除或者终止劳动关系；与参保所在地的工伤保险经办机构签订书面协议，终止工伤保险关系时，一次性计算发放应享受的长期工伤保险待遇。

4. 失业保险。

（1）适用范围。城镇企业事业单位、城镇企业事业单位职工依照法律法规规定，缴纳失业保险费。城镇企业，应包括国有企业、城镇集体企业、外商投资企业、城镇私营企业以及其他城镇企业。

（2）缴费比例。城镇企业事业单位按照本单位工资总额的2%缴纳失业保险费，城镇企业事业单位职工按照本人工资的1%缴纳失业保险费，城镇企业事业单位招用的农民合同制工人本人不缴纳失业保险费。

（3）待遇计发。失业人员符合失业前用人单位和本人已经缴纳失业保险费满一年、非因本人意愿中断就业和已经进行失业登记并有求职要求等条件的，可以从失业保险基金中领取失业保险金。

（4）转移。职工跨统筹地区就业的，其失业保险关系随本人转移，缴费年限累计计算。

5. 生育保险。

（1）适用范围。根据目前的规定，与用人单位建立劳动关系的农民工，应当参加生育保险。从实践情况看，在全国各地颁布的生育保险政策中，除了将企业纳入生育保险覆盖范围外，还有近一半的地方规定将机关、事业单位、社会团体、民办非企业、个体工商户等用人单位纳入生育保险覆盖范围。

（2）缴费比例。用人单位按照国家规定缴纳生育保险费，职工不缴纳生育保险费。

（3）待遇计发。用人单位已经缴纳生育保险费的，其职工享受生育保险待遇，包括生育的医疗费用、计划生育的医疗费用和法律法规规定的其他项目费用；按照国家规定享受生育津贴，包括女职工生育享受产假、享受计划生育手术休假和法律法规规定的其他情形。生育津贴按照职工所在用人单位上年度职工月平均工资计发。如果职工参加生育保险，其未就业配偶按照国家规定享受生育医疗费用待遇，所需资金从生育保险基金中支付。[①] 因此，即使在男方农民工一人参加生育保险，其配偶未参加生育保险的情况下，其配偶在生育时，也可以享受到生育医疗费用待遇。这明显区别于其他社会保险项目。因为只有生育保险才存在夫妻双方中男方一人缴费、另一人享受待遇的情形。

第二节　被征地农民社会保障制度

一、被征地农民的社会风险与政府责任

根据世界经济以及社会发展的基本规律，城市化是一个国家走向工业化和现代化的必然选择，城市化必然伴随着农业人口向非农业人口转变并在城市集中的现象和趋势。按照刘易斯的二元经济理论，实现农村富余劳动力向现代部门的转移是促进国民经济结构转换、生产方式转换及向现代化迈进的关键，也是工业化国家发展所必然要经过的阶段。如何保障被征地农民的合法权益，并以制度安排的形式解决他们今后的生存和发展问题，对于缓解征地矛盾、统筹城乡社会经济发展以及构建社会主义和谐社会等都具有非常重要的意义。作为城市化进程中的特殊产物，被征地农民不同于传统意义上的农民。传统意义上的农民可以依赖农业产出维持基本生活，从而获得相应的保障。而从职业身份来讲，被征地农民已不再属于农民，但又没完全融入城市，不能享有城镇居民所拥有的各项社会保障权利，因此成了城乡社会保障的边缘群体。再加上被征地农民的构成又非常复杂，既有劳动年龄之内的青壮年，又有劳动年龄之上的老年人；既有部分失去土地的，也有全部失去土地的，因此现阶段有必要单独建立一套针对被征地农民的过渡性社会保障制度，以切实解决城市化进程中土

① 《中华人民共和国社会保险法》。

地被征用农民的基本生活保障问题，使他们老有所养、病有所医、有业可就、基本生活有保障。

（一）被征地农民及其问题的产生与发展

只要一谈到征地问题，一个无法回避的话题就是被征地农民问题。这里所讲的被征地农民问题，是指在目前农村土地被征收过程中，因土地征收而发生的侵害土地所有者各种权益的全部问题。① 我国的被征地农民问题和国外不一样，国外最早可以追溯到英国进行的城市化圈地运动，而我国国内的情况非常复杂。从我国情况看，在新中国成立之初，因实行农村土地集体共有性质的集体经营土地方式，即使政府因各种需要在城市建设、基础设施建设领域征收了大量的农村土地，也没有产生大量的被征地农民。到20世纪50年代，我国开展土地改革运动，由此开始产生了被征地农民问题。随着改革开放的发展，20世纪80年代和90年代发生过两次圈地热，但因我国当时仍实行计划经济而非市场经济，在各级政府的计划安置下，被征地农民的问题和各种矛盾没有全面激化。这些问题和矛盾在21世纪初开始凸显。各地为了优惠政策而开始建开发区和高新区，为了解决大学扩招问题而修建大学城甚至超级大学城，为了招商引资而修建高尔夫球场，为了发展经济而修建机场。城市的基础建设开始侵占农村土地，政府以各种形式将本应是农村的集体土地变为城镇建设用地。被征地农民的数量像滚雪球一样，越来越多。根据原劳动和社会保障部的《城镇化进程加快过程中被征地农民社会保障制度研究报告》，目前，我国被征地农民的数量在4500万人左右。按照《全国土地利用总体规划纲要》，从2001年到2010年，全国还需安排非农建设占用耕地1850万亩。其中，90%以上为集体土地。按目前全国人均耕地水平和现阶段每征收一亩耕地大约造成1.43个农民失去土地的标准进行测算，非农建设占用耕地1850万亩，将有近2646万被征地农民需要陆续安置，年均需要安置被征地农民265万人左右。② 国土资源部统计公报显示，仅2003年全年净减少耕地3806万亩。其中，建设占用耕地344万亩。一年就形成被征地农民492万人。从2000年到2030年，我国

① 孙由体：《被征地农民权益的法律保护问题研究》，苏州大学学位论文，2007年。

② 《全国土地利用总体规划纲要（2006—2020年）》，载《资源与人居环境》2008年第22期。

城市化过程中占用的耕地将超过5450万亩，新增被征地农民数量将超过7800万人。这里所讲的非农建设使用土地数量，还是仅仅指依法使用的耕地，并不包括违法占用的耕地。党中央和国务院为了保护现有耕地，已经提出实行最严格的耕地保护制度，对农村土地转为非农使用实行严格的审批制度。但有些地方政府为了单纯追求经济发展的高速度，为了将卖地钱快速装入当地政府财政，依然采取诸多变通办法，由此导致违法征占土地屡禁不止，被征地农民问题愈发严重。

（二）被征地农民遇到的各种风险

1. 被迫失去赖以生存的土地。

我国自古以来就是一个传统的农业大国。无论过去、现在还是将来，农业一直是我国赖以生存的国民经济基础产业，农民是我国的主要生产力，土地则是农民的“命根子”。土地是农民的核心。有了土地，农民才会安心种植农作物和经济作物，才会利用土地获取定期作物收入，才会保障农民即使没钱花也会有饭吃。土地稳，则农民稳；农民稳，则农村稳；农村稳，则国家稳。党中央和国务院高度重视农村问题。在推行农村税费改革并且最终免除农业税后，农民负担大大减轻，由此引发的农村社会矛盾基本消除。但是现在，农民因为土地问题不断上访，集中表现在非法征用或占用农村集体所有土地以及由此产生的侵害被征地农民权益问题。

2. 侵害被征地农民权益的情形时有发生。

在征地或占地过程中，有些法律政策规定还不完善，有些土地管理部门对违法占地行为有法不依、执法不严、违法不究，有些农民本身法律意识淡薄甚至根本不懂法，造成被征地农民的诸多权益经常受到侵害，使其陷入想种地却无地可种、想上班却无岗可上、想创业却无钱可用的境地。由地方政府的征地问题而引发被征地农民不断上访，由征地问题而引发的利益冲突不断加剧，严重影响了我国的城乡社会稳定和农村经济发展，给社会主义和谐社会和新农村建设带来极大隐患。正是在这种背景下，前国家总理温家宝曾在2006年3月14日答中外记者问时明确指出“中国农民问题的核心是土地问题”，要求各级政府“必须实行最严格的耕地保护制度，必须保护农民对土地生产经营的自主权，占用农民土地必须给予应有补偿，土地出让金应主要给予农民。必须依法严惩那些违背法律、强占和乱占农民土地的人"①。

3. 征地补偿标准低。

根据我国《土地管理法》第四十七条和有关规定，征收土地的，应按照被征收土地的原用途给予补偿。补偿费用主要包括以下几部分：土地补偿费、安置补助费、地上附着物和青苗补偿费。关于具体费用的有关标准，土地补偿费为该耕地被征收前三年平均年产值的六至十倍。安置补助费则按照需要安置的农业人口数计算，需要安置的农业人口数按照被征收的耕地数量除以征地前被征收单位平均每人占有耕地的数量计算。每一个需要安置的农业人口的安置补助费标准为该耕地被征收前三年平均年产值的四至六倍，但最高不得超过被征收前三年平均年产值的十五倍。按照上述规定还是不能使需要安置的农民保持原有生活水平的，可以增加安置补助费，但总和不得超过土地被征收前三年平均年产值的三十倍。② 虽然法律对此规定得较为清楚，但是从实际执行情况看，不管是最低限额还是最高限额的征地补偿费用标准，都远远不足以使被征地农民保持原有的生活水平，甚至不少地区的农民真正能拿到手的补偿费用也仅仅是补偿费用的一小部分，其余部分被违法侵占或挪作他用。

4. 对社会保障的认识不够。

城镇化意味着土地的征收和征用，城镇化的最前沿是被征地农民，城镇化的突出问题是被征地农民的社会保障问题。从目前的征地情况看，被征地农民的类型有三类：第一类是农民土地被全部征用而转为非农户的情况；第二类是原有土地被全部征用后，由村民委员会调剂土地，使其重新获得土地仍为农户的情况；第三类是部分土地被征用，仍为农户的情况。城镇户籍是被征地农民获得城镇制度认可和保护的重要标志。从被征地农民的户籍情况看，天津被征地农民中，"农转非"人数占涉及失地总人数的9.5%，仍保留户籍的占绝大多数。山东省被征地农民征地后仍保留农业户口的占总人数的70%—80%，转为城镇居民的占20%—30%，湖北省被征地农民中，约有70%保留农业户口，实现"农转非"的只有30%左右。其中，武汉市农民土地被征后，有

① 孙由体：《被征地农民权益的法律保护问题研究》，苏州大学学位论文，2007年。
② 《中华人民共和国土地管理法实施条例》。

70.6%的农民仍然保留农业户口，有29.4%的农民转为城镇户口；枝江市被征地农民保留农业户口和转为城镇户口的各占50%。[①] 由此可见，被征地农民获得城镇制度认可和社会认同的速度明显滞后于被征地的速度。其中，只有30%左右的被征地农民转为城镇户口，基本完成了从职业到身份的彻底城镇化，从而获得社会保障等制度的保护。而且，越是大城市，对户籍控制得越严格，被征地农民身份的转换越困难。

5. 被征地农民的就业处于无序状态。

被征地农民的就业与经济来源呈多样化趋势。被征地农民以灵活就业为主，就业形式主要有以下几种：一是外出务工，二是继续经营农业，三是赋闲在家，四是少数人被安置就业，五是自己创业经营二、三产业。但对于许多被征地农民而言，失去了土地就失去了最根本、最稳定的就业岗位，而在其他工作岗位上的竞争一般都处于弱势。被征地就意味着面临着"下岗"（农民戏称自己是"下岗农民"）无业的危机，相当部分被征地农民处于无地、无业、无保障、无创业资本的"四无"状态。被征地农民的收入来源主要有以下几项：一是各种征地补偿安置费，为一次性收入；二是固定工资收入，主要通过政府安置、村办企业用工、征地企业用工、乡镇企业用工等方式获得就业岗位和工资收入；三是集体补助，部分条件好的村对本村村民发放生活补助；四是自谋职业收入。这是被征地农民收入来源的主要方式，50%以上的被征地农民主要是依靠从事个体私营经济、经营服务业、外出打工等渠道获得收入来维持生活。五是少量房屋出租；六是被征地后"农转非"的生活特别困难的居民，还可享受城镇最低生活保障；七是部分已经参加城镇和农村社会养老保险的被征地农民开始享受社会保险的待遇；八是剩余土地的务农收入。部分被征地农民没有固定的收入来源，导致将土地补偿款坐吃山空，由此带来的社会问题层出不穷。

（三）被征地农民的政府责任

1. 改革征地制度，提高征地补偿标准。

为解决被征地农民社会保障问题，要预留必要的政策空间，应当及时修改

---

① 劳动和社会保障部农村社会保险司：《建立健全被征地农民社会保障制度的理论思考与政策建议》，见 http：//www. caein. com/index. asp？ xAction = xReadNewsID = 14632。

《土地管理法》中与市场经济要求和保障农民权益不适应的条款，切实改变现行征地制度对农民的补偿标准严重偏低、违反市场经济和城镇化基本规律的现状。根据被征土地的原有收益、未来用途、区位、质量、供求关系等综合因素，结合当地城镇居民社会保障水平和被征地农民未来生存发展的实际需要，制定评估办法，合理确定征地补偿标准，为解决被征地农民基本生活、就业和社会保障问题留下必要的政策空间，为解决这些问题做出必要的制度安排。①按照安置农民的实际社会成本，将妥善解决被征地农民基本生活、就业培训和社会保障等问题作为制定征地补偿标准的重要依据，制定补偿安置最低标准应遵循的基本原则，合理提高补偿标准，改进补偿费的分配方法，完善补偿机制，杜绝压低征地费用的现象。提高补偿标准的新增资金，主要用于被征地农民社会保障制度建设。此外，大幅度提高征地补偿标准也有利于制止乱占耕地。

2. 建立部门联动的被征地农民工作机制。

目前，财政、国土资源、人力资源和社会保障、民政、卫生、农业、监察等部门都涉及被征地农民的工作，但基本上是各司其职、各负其责。各级人民政府应当建立被征地农民工作机制；成立由政府主管领导挂帅，财政、国土资源、人力资源和社会保障、民政、卫生、农业、监察等部门参加的被征地农民工作领导小组，并明确各部门的工作职责。各个部门在职责范围内对被征地农民问题依法进行处理，并且相互之间要协调配合、密切协作，妥善解决被征地农民工作中的实际问题。

3. 进一步完善安置补偿和社会保障措施。

一是要建立社保资金预存制度。各个县市可以以被征地村为单位，在征收土地审批前，将社保资金一次性预存到财政部门设立的土地补偿资金专户。此项资金可以通过如下渠道筹集：一是政府按一定比例进行财政拨款；二是从政府土地出让金净收益中提取不少于10%的资金；三是在行政划拨土地和有偿出让土地时，按照每平方米30元以上的标准提取资金用于设立被征地农民社会保障制度建设基金；四是从土地储备增值收益中提取10%的收益；五是从

① 薛东刚：《土地征用与失地农民社会保障法律问题研究》，河北大学学位论文，2008年。

全国社会保障基金投资收益、社会各界捐献、国有资产变现收入等渠道筹集资金。①

4. 促进被征地农民就业。

就业是解决被征地农民基本生活保障的主要保证。各级政府要引导和教育被征地农民进一步转变就业观念，破除等、靠、要等传统思想，提高自谋职业、竞争就业、自主创业的自觉性和能力，积极主动地参与市场就业。对于城市规划区内的被征地农民，在法定劳动就业年龄内、有就业意愿且尚未就业的，各级政府的公共就业服务机构应当将其纳入城镇失业登记范围，并对就业困难的发给《就业优惠证》，使其享受下岗失业人员再就业扶持政策。各级政府公共就业服务机构还要建立健全再就业援助机制，帮助困难被征地农民再就业。援助的重点是四五十人员和双失业家庭，争取双失业家庭至少要有一人再就业。同时根据困难对象的特点及需求拓展岗位。对于政府购买的公益性岗位，要优先安排四五十人员和双失业人员，拓展长期稳定的再就业援助基地，落实相关优惠政策。在同等条件下，用地单位和企业要优先吸收被征地农民就业。政府要鼓励被征地农民从事个体私营企业发展，并把被征地农民培训工作纳入城镇下岗失业人员再就业培训体系，大力开展以职业技术、岗位技能为重点的就业培训，提高被征地农民的就业能力。所需资金应由政府在征地费用里统筹安排。

5. 推进农村土地产权制度改革。

2013 年的中央 1 号文件提出，要改革农村集体产权制度，有效保障农民财产权利。农民与农村土地之间的关系是农村最重要的经济关系，也是最重要的政治关系。以农村土地产权制度改革为中心的农村集体资产产权制度的改革，是发展现代农业、建设社会主义新农村的基础和前提。通过全面确权颁证，明晰农村集体耕地、林地、宅基地、其他集体土地及资产的产权，将承包地、宅基地之外的集体土地以及其他资产、资金在村民小组范围内以股份的形式量化到人。通过这种改革，集体经济组织成员能摸清和掌握自己所在集体的全部家底，并将自己对土地承包经营权、宅基地的用益物权以及集体资产的收益权坐实，在一定程度上可避免有的地区出现村干部背着群众把地卖了，而群

① 薛东刚：《土地征用与失地农民社会保障法律问题研究》，河北大学学位论文，2008 年。

众却处于“不知道卖了多少地，也不知道还剩下多少地”的窘境；为农民合法行使权利、稳定农村经济关系和政治关系创造条件，并为创新农业基本经营体制奠定坚实的产权基础。这种改革应当确保两点：一是让农民充分分享土地价值或级差地租升值的收益。农民能够直接行使农村土地处置的权利，形成对行政力量、各色利益集团力量的直接制衡。二是部分农民在放弃农村土地所有权、土地使用权并自由迁徙到城市居住生活时，能够得到足够的利益补偿，支持并推动农业现代化及农业产业升级。①

二、被征地农民社会保障制度安排的思考

（一）被征地农民纳入社会保险制度的必要性

随着我国经济的发展和城市规模的扩张，城市土地越来越少，在城市征用土地的成本也越来越高，导致征用农村集体土地成为各地经济扩张的普遍现象，被征地农民的数量持续增长，涉及的人数众多。

农民以土地为生，一旦失去土地，就失去了生活来源。实现被征地农民生活水平不降低、长远生计有保障，就要求各级政府必须要采取补偿、安置、就业等综合措施，将被征地农民纳入社会保障体系，解决被征地农民的当前和长远问题。建立社会保险制度，就是要保障公民在年老、患病等情况下获得物质帮助。农民的土地被征用后，失去了原有生活来源。为了确保被征地农民不因被征地而导致生活水平下降，保护被征地农民的切身利益，政府将被征地农民纳入社会保险制度，使其享受社会保险待遇成为最佳选择。将被征地农民纳入社会保险制度，有利于统筹城乡发展，构建社会主义和谐社会。缩小城乡收入差距，不仅需要通过税收和产品补贴对收入进行再分配，还必须通过社会保障政策来进行有效调节，把城乡就业和社会保障切实统筹起来一并考虑。这可以解决被征地农民的长远生计和后顾之忧，可以有效减少和消除因征地引发的纠纷和矛盾，减少因此引起的越级上访等问题，从而促进社会和谐稳定。将被征地农民纳入社会保险政策，也有利于规范土地管理，明确社会保障费用不落实不得批准征地，严格规范土地管理制度，从源头上解决被征地农民的养老

① 王玉杰：《浅谈土地产权制度的变革》，载《中国房地产业》2011 年第 12 期。

问题。

（二）被征地农民的社会保险制度规定

将被征地农民纳入社会保险制度，关键是社会保险费的经费来源如何解决。过去，被征地农民社会保障工作的资金筹集非常困难。其原因是补偿费用过低，补偿费用中没有包括社会保障所需费用。针对这个问题，2004 年 10 月 21 日国务院下发了《关于深化改革严格土地管理的决定》（国发〔2004〕28 号）。文件要求，县级以上地方人民政府要采取切实措施，使被征地农民的生活水平不因征地而降低；要保证依法足额和及时支付土地补偿费、安置补助费以及地上附着物和青苗补偿费，依照现行法律规定支付土地补偿费和安置补助费。尚不能使被征地农民保持原有生活水平的，不足以支付因征地而导致无地农民社会保障费用的，省、自治区、直辖市人民政府应当批准增加安置补助费。要妥善安置被征地农民。县级以上地方人民政府应当制定具体办法，使被征地农民的长远生计有保障。对于有稳定收益的项目，农民可以经依法批准的建设用地土地使用权入股。在城市规划区内，当地人民政府应当将因征地而导致无地的农民纳入城镇就业体系，并建立社会保障制度。在城市规划区外，征收农民集体所有土地时，当地人民政府要在本行政区域内为被征地农民留有必要的耕作土地或安排相应的工作岗位；对于不具备基本生产生活条件的无地农民，应当异地移民安置。①

2006 年 4 月 10 日，国务院办公厅转发的《劳动保障部关于做好被征地农民就业培训和社会保障工作的指导意见》（国办发〔2006〕29 号）要求，对于城市规划区内的被征地农民，应根据当地经济发展水平和被征地农民的不同年龄段，制定保持基本生活水平不下降的办法和养老保障办法；对于符合享受城市居民最低生活保障条件的，应按规定纳入城市居民最低生活保障范围；已开展城市医疗救助制度试点的地区，对于符合医疗救助条件的，要按规定纳入救助范围。有条件的地区可将被征地农民纳入城镇职工养老、医疗、失业等社会保险参保范围，通过现行城镇社会保障体系解决其基本生活保障问题。对于

① 刘晓兰：《失地农民养老保障问题与对策研究——以宜兴市为例》，江苏大学学位论文，2008 年。

城市规划区外的被征地农民，凡已经建立农村社会养老保险制度、开展新型农村合作医疗制度试点和实行农村最低生活保障制度的地区，要按有关规定将其纳入相应的保障范围。没有建立上述制度的地区，可由当地人民政府根据实际情况采取多种形式保障被征地农民的基本生活，提供必要的养老和医疗服务，并将符合条件的人员纳入当地的社会救助范围。

2006 年 12 月 17 日，国务院办公厅下发了《关于规范国有土地使用权出让收支管理的通知》，要求土地出让收支全额纳入地方基金预算管理，收入全部缴入地方国库，支出一律通过地方基金预算从土地出让收入中予以安排，实行彻底的“收支两条线”。要建立对被征地农民发放土地补偿费、安置补助费以及地上附着物和青苗补偿费的公示制度，改革对被征地农民征地补偿费的发放方式。被征地农民参加有关社会保障所需的个人缴费，可以从其所得的土地补偿费、安置补助费中直接缴纳。地方人民政府可以从土地出让收入中安排一部分资金用于补助被征地农民社会保障支出，逐步建立被征地农民生活保障的长效机制。①

（三）现行制度的主要内容和特点

1. 社会保险代替原有土地，从制度上解决被征地农民的基本生活问题。

从对被征地农民的安置历程看，对被征地农民安置的发展过程主要是农业安置、用人安置、货币安置、社会保障安置。在原有计划经济条件下，实行的是用人安置，也就是谁征地、谁安置，由征地的用人单位来负责安置土地的农业人员，由用人单位提供有关就业岗位。这些被征用土地的农民则摇身一变，由农民变为工人，由在田地里种地变为到工厂上班，从而获得工资收入，用工资收入代替土地收入。随着改革开放的进行，我国从计划经济开始向市场经济转变，社会主义市场经济的确立给企业的用工形式带来巨大挑战。企业用人自主化，传统的用人安置方式已经不适应形式发展，货币安置开始发挥作用。货币安置，即由征地企业一次性发放一定数额的货币来换取土地。但因多数农民的投资知识和理财意识极度匮乏，一些农民在拿到货币后往往很快就花费殆尽，个别家庭又回到了土地没有、货币花完的困境。为了妥善解决这些问题，

① 林家彬：《我国土地制度的特征及其对住宅市场的影响》，载《中国发展观察》2007 年第 3 期。

我国政府决定在进行货币安置的同时，强制性实施被征地农民社会保险制度，用社会保险代替原有土地，从制度上解决被征地农民的基本生活问题。

2. 建立了比较科学的资金筹集和管理模式。

资金筹集是被征地农民社会保障制度建设的重点问题，也是难点问题。在被征地农民基本生活保障基金筹集上，浙江采取了多方筹资的原则，采用“政府出一点、集体补一点、个人缴一点”的方法筹集被征地农民的社会保障基金，充分体现政府、集体、个人的共同责任。其中，政府出资部分原则上不低于保障资金总额的 30%，主要从土地出让金收入中列支；集体承担部分不低于保障资金总额的 40%，从土地补偿费中列支；个人承担部分则从征地安置补助费中抵交。此外，为了应对今后的支付风险，确保被征地农民能按时足额领到基本生活保障金，各地可以按被征地农民基本生活保障和养老保险资金总额的一定比例，建立被征地农民基本生活保障风险准备金。资金主要来源于土地出让金或地方财政。

在资金管理上，则采用“收支两条线”，并实行财政专户管理。在土地征用过程中，由国土资源部门对被征地农民社会保障基金进行统一征缴，并按时足额划拨到当地财政部门开设的社保基金专户中，同时抄送给人力资源和社会保障部门，最后由人力资源和社会保障部门负责养老金的发放。对于缴集的资金，则实行财政专户管理，即由当地财政部门单独建账，专款专用。同我国现行农村社会养老保险制度的资金筹集与管理模式相比，这种模式比较科学，资金来源的社会化程度较高，运作的透明度较大，且监督力度相对较强，能够有效防范和杜绝资金收缴与发放过程中转借、挪用、截留或挤占等不良现象。

3. 区分对象，分类实施。

在征地时，对于已经达到法定退休年龄的农民，可以采取在一次性足额缴纳 15 年的基本养老保险费后，按月领取基本生活保障金的制度，使其可以直接享受基本生活保障。在征地时，对于已满 16 周岁且还达不到法定退休年龄的农民，在进行测算后，按有关规定和标准一次性缴足基本生活保障费用，为农民建立社会保险个人账户，分情况予以保障：在该农民未就业时，从征地调节资金中发放不超过 24 个月的生活补助费作为未就业期间的生活费；24 个月后仍未就业且符合领取城市居民最低生活保障条件的，按规定纳入当地低保予以保障。该农民就业后按规定参加职工基本养老保险的，其个人账户储存额可以按职工基本养老保险的规定衔接并将储存额予以折算；该农民就业且参加社会保险后又失业的，可以纳入失业保险，使其享受失业保险待遇。因年龄偏大、技能单一等原因不能就业的人员，在达到法定退休年龄时，可以享受与法定退休年龄段以上人员相同的基本生活保障待遇。对于征地时未达到劳动年龄段的人员，则按征地补偿规定一次性发给征地安置补助费。他们达到就业年龄或学习毕业后，即作为城镇新生劳动力进行就业，并参加五项法定社会保险。

4. 做好和有关社会保险制度的衔接。

按照城镇化的要求，被征地农民的最终发展方向是城镇居民而不是农村农民，因此地方政府不仅仅要做到对征地农民进行身份转换，给他们办理“农转非”，更为重要的是要充分考虑身份转换后的生计问题。也就是说，政府有关部门在设计被征地农民的社会保障制度时，要充分考虑制度和其他社会保险的衔接，尤其是考虑和企业职工养老保险、城镇居民养老保险制度的衔接问题。制度的衔接要打通渠道，不能处在三条平行线上，而是要有所交叉。可以将制度规定如下：对于在被征地前已经参加职工基本养老保险、在征地当年被用人单位招用、自谋职业并已办理“农转非”户口的被征地农民，可将其缴纳的养老保险费按办理基本养老保险参保手续时上年度本地职工平均工资和企业职工正常缴费比例折算成基本养老保险费，并规定折算的最长年限。个人账户部分折算后仍有剩余的可退还本人。对于征地后新就业或再次就业的农民，在达到法定退休年龄计算基本养老金并享受基本养老保险待遇时，按参保时的缴费规定折算养老保险年限，按基本养老保险规定的“新人”办法计发基本养老保险待遇。①

5. 充分考虑就业问题。

由于受一些问题的困扰被征地农民，在就业时并不占优势。对此，政府应积极发挥促进就业的作用。在城市规划区内，当地人民政府将被征地农民纳入城镇就业体系；在城市规划区外，在本行政区域内也为被征地农民留有必要的耕地或安排相应的工作岗位，将被征地农民的就业问题纳入政府经济和社会发

① 杨翠迎：《中国农村社会养老保障制度：实践、评价及改革》，浙江大学学位论文，2005 年。

展规划及年度计划。对于被征地农民的培训，所需资金均由当地财政列支，以保证资金的可靠性，推动被征地农民的就业。

（四）现行制度存在的问题

应该说，我国对被征地农民的征地补偿实现了从一次性的货币补偿到社会保障安置，这是一个巨大的进步。但由于这是一项崭新的事业，当前尚处于探索实践阶段，因此在制度设计和实施中难免会存在着这样或那样的问题，主要表现在以下几个方面：

1. 保障项目单一化问题存在。

从社会保障制度的理论角度来分析，被征地农民的社会保障制度应包括社会保险制度（养老保险、医疗保险、失业保险、工伤保险和生育保险）、（城市和农村）最低生活保障制度、就业促进制度、再就业帮扶制度和职业技能培训等各方面内容。但从各地的实践执行情况看，目前，多数地区只是以养老为主，被征地农民的就业、再就业、职业技能培训、医疗等方面的保障很少，保障项目单一化问题较为突出。在市场经济条件下，被征地农民面临的风险来自不同领域，不仅仅是养老风险，还包括失业、就业与再就业困难和疾病风险等。如对于年龄偏大、已经超过法定退休年龄的被征地农民而言，这些人最关心的是如何吃饭和养老的问题，而不是就业、再就业问题。再如，对于年龄偏大、技能单一的被征地农民，由于他们多数文化程度较低，又没有什么技术和一技之长，再加上长期从事农业生活而缺乏必备的就业技能，失去了土地也就意味着失去了就业岗位和稳定的收入来源，几乎不可能在激烈的劳动力市场竞争中获得就业机会。对于这部分人而言，显然保障基本生活是他们最为迫切的需求。

2. 保障水平相对偏低。

社会保障水平高，被征地农民的生活质量就高；社会保障水平低，则被征地农民的生活质量就低。虽然《土地管理法》等法律已经规定了对被征地农民的保障水平原则上要高于当地城市居民的最低生活保障水平，但从各地的实践情况看，实际结果并不理想，被征地农民的保障水平普遍偏低。虽然一些地方的保障水平基本达到或超过当地城镇低保标准，但还有相当一部分地区的保障水平低于当地低保水平。由于各种原因，少数地区甚至连农村最低生活保障水平都达不到，严重影响到了被征地农民的生活水平和生活质量。

3. 制度设计的科学性和安全性需要进一步加强。

从目前设计的社会保障制度模式来看，制度设计不够科学、安全。在缴费方式上，我国绝大多数地区都采取一次性缴足15年费用的方法。这种方式给政府和被征地农民带来较大缴费压力，且不够科学，潜伏着较大风险。因为养老保险是一种理论性、技术性和操作性都很强的制度；它不是静态的、不动的、一成不变的，而是受到通货膨胀、人口寿命、基金规模、基金投资收益等多种因素的影响，很容易出现基金收支不平衡、支大于收的基金支付缺口，影响制度的安全性和可持续发展。在参保原则上，自愿原则使得纳入制度范围的参保人往往是那些年龄较大的被征地农民，而不是年纪较小的被征地农民。年轻人由于还未受到养老、医疗等方面的压力，往往不愿选择参保。这种参保年龄结构也影响了制度的安全性和可持续发展。制度设计的统筹层次较低，县级统筹在很大程度上降低了基金抵御风险的能力，化解风险、抗击打压、保障支撑的能力有待加强。

4. 制度有待于进一步统一和规范。

由于我国迟迟没有出台全国统一的被征地农民社会保障制度实施办法，因此各地在制度制定和实施过程中做法不一、差异较大。例如，在资金筹集方式上，有的地方采用的是直接将被征地农民社会保障基金列入征地成本，然后由“土地统征办”统一划拨给当地的人力资源和社会保障部门的方式；有的地方采用的是分别向被征地农民个人、村（组）集体进行征缴的方式。又如在待遇水平上，有的高，有的低，高低相差很多倍。在各主要社会保险参数的确定上，各地也不尽相同。例如，在参保对象的年龄界定上，有的地区要求必须年满16周岁及以上才能参保，有的地区要求须年满18周岁及以上，也有的地区则要求所有年龄段的被征地农民都可以参保；在对女性人口享受待遇的年龄要求上，50周岁、55周岁以及60周岁的都有。

5. 资金的筹集情况存在空账运行的隐患。

虽然现行制度在基金筹措上采取了多方筹资的办法，但在实际操作中依然面临着较大困难。第一，从被征地农民个人缴纳部分来看，由于现行征地补偿标准普遍偏低，多数被征地农民的征地补偿费在扣除应缴纳的基本生活保障费后，已所剩无几；有的即使将全部所得补偿费用于缴纳养老保险费也不足以支付，尤其是那些属省部级建设工程项目征收的土地（如国道建设及拓宽、高速公路建设及拓宽、新建铁路或复线建设、天然气管道铺设、运河及水库移民工程等）而涉及的被征地农民，他们所得的征地补偿标准更低。第二，从集体缴费部分来看，由于其所占的比例较高（占保障费用的40%），数额较大，因此村（组）缴费除从土地补偿费中列支外，一般还需集体经济的支持。这对于那些集体经济不强的远郊村来讲，负担较大，无力缴纳。第三，从政府出资部分来看，由于一些地方政府怕资金到财政专户后，实行专款专用，变成“死钱”，因此并未实现资金的按时足额到位，依然只是停留在文件承诺上。也有部分地方政府将土地出让金的净收益作为扩大城市建设和搞政绩工程、形象工程的主要资金来源。[①] 第四，从制度的支付能力来看，可持续性较差。当前，多数地区被征地农民社会保障基金的静态支付时间只有数年，有的地区甚至更少。如果以当前社会平均预期寿命75岁计算，则至少存在着一定年限的支付缺口。更何况随着享受待遇人口的逐渐增多以及待遇水平的逐步提高，资金的后期支付压力将会越来越大。因此，如果不未雨绸缪，提前逐年解决风险准备金，那么数年后，政府将背上沉重的财政支付负担。

6. 制度的覆盖范围有待于进一步扩大。

近年来虽然，我国各地积极推进被征地农民社会保障制度建设，努力实现应保尽保和即征即保的政策，但由于种种原因，还有相当一部分被征地农民依然游离于制度保障范围之外。其一是因为宣传不到位。由于受前期商业保险和农村社会养老保险的影响，部分被征地农民对现行制度采取不信任或观望态度，参保积极性不高，尤其是那些年纪较小的被征地农民，认为自己离养老还早，不愿即时参保。其二是因为不少地区仅将被征地农民基本生活保障的范围局限于建制镇和乡集镇规划区内；而许多规划区外的被征地农民则被排除在外，基本生活难以得到保障。其三是因为部分被征地农民无力缴纳基本生活保障费，主要是那些经济欠发达地区以及偏远山区的被征地农民。由于征地所得的补偿标准较低，即使将所有征地所得的补偿费用于缴纳养老保险费也不够。

① 周美艳：《被征地农民社会保障问题的对策研究》，载《理论界》2010年第10期。

其四是历史遗留原因。由于现行制度建立于2003年，这就使得那些在制度建立前就已被征地的农民没有被纳入制度覆盖范围。

（五）对策和建议

1. 推动出台立法，确保制度统一、规范。

虽然自2003年以来，国务院相继出台了有关被征地农民社会保障制度的政策性文件，对我国被征地农民社会保障工作的开展起到了积极的推动作用，但由于政策性文件的层次较低，缺乏法律强制约束力，因此在执行过程中不仅随意性大，而且出现了各地标准不一、待遇差异较大等问题。现代社会是法制社会，需要以法律来规范各项制度。被征地农民社会保障制度的建设也应以法律为依据，坚持制度先行的原则，加快推进制度的法制化和规范化。这不仅是制度高效、健康运行的基础，而且是建设"法治政府"的基本要求。因此，国家应在广泛开展调查研究并借鉴国外成功经验的基础上，尽快出台《征地补偿和被征地农民基本生活保障办法》，从行政法规的层面对征地补偿标准和被征地农民的参保年龄、缴费标准、领取年龄、待遇水平、基本生活保障金调整以及基金的筹集、管理和使用等作出相对统一的规定，并加大对各种违规操作行为的处罚力度；待条件成熟时再将其上升为法律规定，从而切实保障被征地农民的合法权益。①

2. 完善征地制度，提高对被征地农民的征地补偿标准。

被征地农民为城市化和工业化做出了巨大贡献和牺牲，理应得到合理补偿。但囿于我国现行的土地管理和征地补偿制度，对被征地农民的补偿标准明显偏低。据相关资料统计，当前土地征用的收益分配中，地方政府占的比例为20%—30%，企业占40%—50%，村级组织占25%—30%，被征地农民仅占5%—10%。② 可见，从土地成本价到出让价之间所生成的巨额土地资本增值收益，大部分被企业或地方政府所获取；而作为土地经营权和使用权的所有者，被征地农民并没有享受到土地增值带来的收益。这种不合理的土地收益分配制度既导致了城市建设的盲目扩张和土地资源的极大浪费，引起了被征地农

① 周美艳：《被征地农民社会保障问题的对策研究》，载《理论界》2010年第10期。

② 周美艳：《被征地农民社会保障问题的对策研究》，载《理论界》2010年第10期。

民的强烈不满和抵触情绪，影响了社会的和谐与稳定。

根据国外的经验，对被征地农民一般都是按照市场价格实施补偿的。如日本《土地征用法》规定，征地补偿金额为土地市场价格乘以物价变动修正率；法国征地补偿以协议价格为准；荷兰征地补偿考虑土地未来预期收益。① 当然，基于我国的现实国情以及地方政府的财力限制，对征地农民的补偿不可能照搬国外的经验，完全按照土地的市场价格进行，但应完善征地制度，提高对被征地农民的补偿和安置标准，并建立确保征地补偿费和土地有偿使用收益首先被用于被征地农民社会保障的法律机制。建议一方面积极呼吁国家修订《土地管理法》；另一方面，要以统筹城乡发展为目标，按照市场经济规律，通过地方立法的形式对被征地农民进行合理补偿。要综合考虑城镇居民的生活成本以及土地市场价格等各种因素的影响，按照土地级差等合理确定对被征地农民的补偿标准，并定期对补偿标准进行调整。调整时要通过举行听证会、论证会等形式，广泛听取民意。同时，还要取消目前政府用地和商业用地两个价格的办法，统一征地补偿标准。对于城市化过程中的公共基础建设等公益性征地成本，应将其列入政府财政预算，由政府予以保障。

3. 坚持分类指导，制定更有针对性的保障措施。

由于被征地农民是一个复杂的群体，包括劳动年龄段以内和劳动年龄段以外、城市规划区内和城市规划区外、土地全部被征用和部分被征用等各种不同情况及成员，因此对他们的保障绝对不能搞一刀切，不能简单地制定一个模式或将其纳入一个社会保障体系。对于不同的对象，应依据其特点和保障需求的不同，重点进行不同的保障，并将其纳入不同的社会保障体系。对于那些劳动年龄段以上以及大龄被征地农民，应重点解决他们的基本养老和医疗保险问题；对于劳动年龄段以内的被征地农民，应重点提高他们的就业能力，加强就业培训及就业指导，并制定各种就业的优惠措施，积极促进他们的就业和自主创业；对于未达到劳动年龄内的人员，可以一次性发给征地安置补助费，并待他们达到就业年龄且实际就业后，再作为新增劳动力，参加相应的社会保障。

在保障模式上，对于那些在城市规划区内或已实现非农就业的被征地农

---

① 周美艳：《被征地农民社会保障问题的对策研究》，载《理论界》2010 年第 10 期。

民，应将其积极纳入城镇职工社会保障体系和就业服务体系，使他们与城镇居民享受到同样的养老、医疗、失业、工伤和生育保险以及最低生活保障待遇。对于城市规划区外的被征地农民，要为其留有必要的耕地或安排相应的工作岗位，并将其纳入被征地农民基本生活保障或农村社会保障体系之内。对于那些无缴费能力的被征地农民以及制度建立前的已征地农民，则可以通过建立基本生活补助等办法，妥善予以解决。对于在2003年以前被征地的农民，只要符合新的政策保障条件的，也应当尽可能将其纳入保障范围。

4. 加强资金的筹集和保值增值，促进制度可持续发展。

基金的筹集及能否实现有效的保值增值是被征地农民基本生活保障制度长期稳健运行的关键。首先，一方面，各级政府要高度重视被征地农民的社会保障问题，把它作为一项体现以人为本、构建社会主义和谐社会和关爱民生的重要目标来抓，确保被征地农民的各项社会保障资金按时足额到位。另一方面，要积极创新机制，改变现行筹资办法。可直接将被征地农民的社会保障费用列入征地成本，并由各地“土地统征办”进行统一征缴；根据被征地农民的总数，直接将基本生活保障费划给当地人力资源和社会保障部门。这样不仅可以简化工作程序，降低被征地农民社会保障资金的筹集难度，确保资金的按时足额到位，而且可以防止被征地农民对制度的逆向选择，扩大覆盖面，优化参保对象的性别和年龄结构，促进制度的可持续发展。其次，要切实加强对被征地农民社会保障基金的监督、管理和使用，实行“收支两条线”和财政专户管理，做到专款专用，并在确保基金安全运营的基础上，积极探索保值增值办法。再次，要加快建立被征地农民社会保障风险准备金制度，每年必须按土地出让收益的适当比例提取风险准备金；有条件的地方也可以通过财政列支等多渠道筹资的办法，充实风险准备金。①

5. 加强对法定劳动年龄段内被征地农民的就业培训。

就业是民生之本，也是最好的保障。确保劳动年龄段内的被征地农民群体有稳定的收入来源，是今后被征地农民社会保障制度建设的核心内容。且由于

---

① 葛芳：《被征地农民纳入城镇职工养老保险体系探讨——以江苏省南通市为例》，载《中国集体经济》2009年第22期。

被征地农民文化程度较低，没有什么技术特长，而且长期从事农耕生活，因此要他们一下子实现从农业向非农产业的职业转换，有一定的困难，尤其是那些40岁以上及长期从事纯农产业的被征地农民，其实现职业转换的难度更大。因此，政府一方面要加强对被征地农民的就业培训与指导，提高他们的就业技能；另一方面，要制定更多的就业优惠政策，如为被征地农民提供小额担保贷款、社会保险补贴等，鼓励各类企事业单位和社区吸纳被征地农民就业以及被征地农民自谋职业和自主创业。同时，要积极加强基层劳动保障平台建设，完善对被征地农民的就业服务，并大力发展乡村经济，为被征地农民创造更多的就业岗位。

6. 积极探索多种安置保障方式。

在社会主义市场经济条件下，对于被征地农民，不能只是局限于某种特定的安置方法，而应积极进行探索，采取灵活多样的安置方式，给被征地农民提供一条确保其长远生计的出路。结合各地的实践，目前有以下几种方式可供选择：

（1）留地安置保障。即由城市规划部门按照征用农地面积的适当比例安排一定的经济建设用地给被征地村的集体经济组织，并鼓励他们兴办二、三产业，或建标准厂房，或建市场等用于租赁、经营或作价入股。留地安置不仅可以为被征地农民提供长期稳定的收入来源，而且可以有效促进被征地农民就业。通过调查，留地安置当前已成为最受被征地农民欢迎的安置方式，建议在适当规范的基础上继续实行这项措施。

（2）住房安置保障。即结合城郊结合部住房拆迁，给被征地农民提供两套住房；一套房用于解决被征地农民的居住问题；另一套房可用于出租，获取租金收入。目前，这一安置方式在城郊结合部还是比较有效的。

（3）土地入股保障。即农民以土地使用权入股的形式投资各种经营性或建设项目，并根据项目经营情况每年获取股息和利润分红，从而得到稳定的收入。

（4）农业安置保障。即将本村或其他村集体的机动地和土地开发整理后的新增耕地以及其他农户同意调整出的承包地，重新安排给被征地农民使用。目前，对于城镇规划区范围外的征地，一般是采用这种安置方式。

7. 创新机制，提高对被征地农民的保障水平。

要合理确定被征地农民的保障水平。首先，改变现行以所筹集到的资金总额来倒推被征地农民社会保障待遇水平的办法，从适当高于当地城镇或农村最低生活保障水平的高度上来进行保障待遇的设计，从而确定筹资水平。其次，在制度设计时，要适度向大龄人口以及劳动年龄段以上人口进行倾斜。如对于男性45周岁、女性40周岁以上的被征地农民，可根据城镇“双低”标准直接为其一次性缴纳15年的养老保险费；对于男性45周岁、女性40周岁以下的被征地农民，则视其年龄的不同，一次性为其缴纳5—10年不等的养老保险费，并积极促进其就业，为其继续参加职工基本养老保险提供条件；对于劳动年龄段以下的人员，则直接根据其年龄的不同给予不同数额的货币补偿，从而使有限的土地出让金发挥最大的保障作用。再次，要建立被征地农民基本生活保障水平的动态调整机制，及时根据物价水平以及城乡居民收入水平的变动调整被征地农民的待遇，使他们能够分享社会经济发展带来的成果。最后，要积极鼓励被征地农民继续参加城镇职工养老保险，并加强被征地农民基本生活保障制度与职工基本养老保险制度的衔接，允许其在不同制度下的缴费年限和缴费金额可以进行合理的折算。这不仅可以大大提高对被征地农民的保障水平，而且是统筹城乡社会保障制度发展的基本要求。因为随着城市化进程的推进，被征地农民最终必将融入城市，成为城市居民的一部分。

参考文献

一、著作

[1]《中华人民共和国国民经济和社会发展统计公报》。

[2] 贝弗里奇:《贝弗里奇报告——社会保险和相关服务》,中国劳动社会保障出版社 2008 年版。

[3] 布吕姆:《德国社会福利法导论》,《中德劳动和社会法合作文集(1996—1999)》,中国劳动社会保障出版社 1999 年版。

[4] 陈亚东:《失地农民社会保障制度研究——以重庆为例》,人民出版社 2008 年版。

[5] 邓大松、刘昌平等:《新农村社会保障体系研究》,人民出版社 2007 年版。

[6] 邓微:《中国转型期农村社会保障问题研究》,湖南人民出版社 2006 年版。

[7] 多吉才让:《新时期中国社会保障体制改革的理论与实践》,中央党校出版社 1995 年版。

[8] 多吉才让:《中国最低生活保障制度研究与实践》,人民出版社 2001 年版。

[9] 方青:《解组与重构——二元社会结构下的农村社会保障》,安徽人民出版社 2006 年版。

[10]《 福建社会科学院"日本社会保障制度考察团"访日报告》,2010 年 12 月。

[11] 郭金丰:《城市农民工社会保障制度研究》,中国社会科学出版社 2006 年版。

[12] 国家统计局“中国城市居民贫困问题研究”课题组:《“中国农村贫困标准”课题组研究报告》,1990 年。

[13] 国务院:《中国农村扶贫开发纲要(2001—2010 年)》。

[14] 国务院办公厅:《关于做好农村最低生活保障制度和扶贫开发政策有效衔接扩大试点工作意见的通知》,国办发〔2010〕31 号。

[15] 何春雷:《社会保障制度的国际比较》,法律出版社 2001 年版。

[16] 河北省社科院课题组(执笔:赵巍、张丽):《完善我省农村低保制度的对策建议》,河北省社科联民生调研课题,课题编号:2008010035。

[17] 胡务:《社会救助概论》,北京大学出版社 2010 年版。

[18] 李迎生:《为了亿万农民的安全——中国社会保障体系研究》,安徽人民出版社 2006 年版。

[19] 林嘉:《社会保障法的理念、实践与创新》,中国人民大学出版社 2002 年版。

[20] 刘钧:《社会保障理论与实务》,清华大学出版社 2005 年版。

[21] 刘文海:《发达国家社会保障制度》,时事出版社 2001 年版。

[22] 刘应杰:《中国城乡关系与中国农民工人》,中国社会科学出版社 2000 年版。

[23] 楼培敏:《中国城市化,农民土地与城市发展》,中国经济出版社 2004 年版。

[24] 聂华林、杨建国:《中国西部农村社会保障概论》,中国社会科学出版社 2002 年版。

[25] 任保平:《中国社会保障模式》,中国社会科学出版社 2001 年版。

[26] 石秀和:《中国农村社会保障问题研究》,人民出版社 2006 年版。

[27] 世界银行:《1993 年世界发展报告:投资与健康》,中国财经出版社 1993 年版。

[28] 宋晓梧:《中国社会保障体制改革与发展报告》,中国人民大学出版社 2001 年版。

[29] 孙光德、董克用:《社会保障概论》(修订版),中国人民大学出版社 2004 年版。

[30] 孙绍骋:《中国救灾制度研究》,商务印书馆 2004 年版。

[31] 庹国柱等:《制度建设与政府责任——中国农村社会保障问题研究》,首都经济贸易大学出版社 2009 年版。

[32] 王猛、周秋光:《中国农村社会保障的理论和实践》,中国社会科学出版社 2012 年版。

[33] 奚洁人主编:《科学发展观百科辞典》,上海辞书出版社 2007 年版。

[34] 严俊:《中国农村社会保障政策研究》,人民出版社 2009 年版。

[35] 杨翠迎:《中国农村社会保障制度研究》,中国农业出版社 2003 年版。

[36] 张岩松:《发展与中国农村反贫困》,中国财政经济出版社 2004 年版。

[37] 郑功成:《社会保障学》,中国劳动社会保障出版社 2005 年版。

[38] 郑功成:《社会保障学——理念、制度、实践与思辨》,商务印书馆 2001 年版。

[39] 郑功成:《中国社会保障制度变迁与评估》,中国人民大学出版社 2002 年版。

[40] 郑杭生等:《转型中的中国社会与中国社会的转型》,首都师范大学出版社 1996 年版。

[41] 国务院新闻办:《中国农村扶贫开发的新进展》,2011 年 11 月。

[42] 范小建:《在农村低保和扶贫开发两项制度有效衔接试点工作总结会议上的讲话》,2010 年 2 月 3 日。

[43] 回良玉:《在全国扶贫开发工作电视电话会议上的讲话》,2013 年 1 月 18 日。

[44] 中华人民共和国财政部农业司(政务信息——调查研究):《农村低保制度全面建立后扶贫开发工作之研究》2007 年 12 月 31 日。

二、期刊

[1]《农业投入》总课题组:《农业保护:现状依据和政策建议》,《中国社会科学》1996 年第 1 期。

[2]《中国民政》编辑部:《2013 年:民政工作任务与目标》,《中国民政》2013 年第 1 期。

[3] 钞鹏:《中国社会福利制度改革的方向》,《科技创业月刊》2005 年第 12 期。

[4] 陈恒彬:《对农村留守儿童问题的调查与分析——以山东省莱州市 400 名留守儿童为例》,《西安石油大学学报》(社会科学版)2007 年第 8 期。

[5] 陈静:《留守儿童受教育权问题的法律思考》,《科技信息》(科学·教研)2006 年第 12 期。

[6] 陈俊:《新世纪以来中国农村扶贫开发面临的困境》,《学术界》(月刊)2012 年第 9 期。

[7] 陈树文:《转型时期中国农村社会养老保险模式研究》,《大连理工大学学报》(社会科学版)2004 年第 9 期。

[8] 仇雨临:《加拿大社会保障制度对中国的启示》,《中国人民大学学报》2004 年第 1 期。

[9] 丁文萱:《加拿大农民所得政策及对我国农村社会保障制度建设的启示》,《东方论坛》1999 年第 3 期。

[10] 段庆林:《中国农村社会保障的制度变迁(1949—1999)》,《宁夏社会科学》2001 年第 1 期。

[11] 段文星:《谈农村留守儿童的社会福利保障问题》,《商业时代》2007 年第 4 期。

[12] 范姣艳:《我国自然灾害救助制度探讨》,《法制与社会》2008 年第 8 期。

[13] 傅宏波:《中国如何面对社会老龄化》,《观察与思考》2005 年第 18 期。

[14] 甘曦之:《转型期我国农村社会养老保险模式研究》,《科技与管理》2007 年第 3 期。

[15] 葛芳:《被征地农民纳入城镇职工养老保险体系探讨——以江苏省南通市为例》,《中国集体经济》2009 年第 22 期。

[16] 郭健美、董毅:《城乡最低生活保障制度一体化路径探索》,《农学学报》2011 年第 1 期。

[17] 海韵:《现实条件彰显必然趋势》,《中国医疗保险》2010 年第 10 期。

[18] 韩振方:《论新生代民工的特点与作用》,《山东行政学院/山东省经济管理干部学院学报》2006 年第 8 期。
[19] 曹晨:《中国农村社会保障制度的选择》,《中国保险报》2006 年 4 月 13 日。
[20] 郝演苏:《解读城乡居民大病保险制度》,《经济》2012 年第 10 期。
[21] 贺蕊玲:《浅析新农保与老农保的区别》,《经济与社会发展》2010 年第 12 期。
[22] 洪猛:《农村集体经济发展有效实现形式研究》,《湖北经济学院学报》(人文社会科学版)2011 年第 3 期。
[23] 侯晓娜:《从人口老龄化谈现代社会的养老保障体系》,《传承》(学术理论版)2010 年第 3 期。
[24] 黄雄:《日本农村社会保障的特色及启示》,《亚太经济》2001 年第 3 期。
[25] 贾海彦:《公共财政框架下的农村养老保险制度建设研究》,《价值工程》2009 年第 9 期。
[26] 姜长云:《农村土地与农民的社会保障》,《经济社会体制比较》2002 年第 1 期。
[27] 解佳龙:《我国残疾人社会福利存在的问题及其对策》,《理论月刊》2009 年第 9 期。
[28] 景天魁:《底线公平与社会保障的柔性调节》,《社会学研究》2004 年第 6 期。
[29] 来红州:《国家灾害救助标准的历史沿革》,《中国减灾》2007 年第 11 期。
[30] 兰东娟:《我国巨灾保险体制构建的几点思考》,《中国市场》(周刊)2011 年第 52 期。
[31] 李丙金:《浅述我国农村社会保障政策制定背景、研究现状和意义》,《华章》2007 年第 9 期。
[32] 李芳凡、廖成丽:《我国建立城乡一体化社会保障体系的时机选择——借鉴西方发达国家的历史经验》,《南昌大学学报》(人文社会科学版)2008 年第 6 期。

[33] 李海金:《农村社会福利:制度转型与体系嬗变》,《四川大学学报》(哲学社会科学版)2010 年第 3 期。

[34] 李浩:《〈福利企业资格认定办法〉解读》,《社会福利》2007 年第 7 期。

[35] 李欢:《日本农村养老保险制度及其对我国的启示》,《四川省干部函授学院学报》2009 年第 3 期。

[36] 李慧翔:《社保缴费率高低要看保障水平》,《新京报》,2012 年 9 月 12 日。

[37] 李明舜:《改革开放以来我国对妇女健康权的立法保护》,《中华女子学院学报》2008 年第 8 期。

[38] 李巧玲:《甘肃省农村妇女经济生活状况调查——兼论贫困对农村妇女权益保障的影响》,《开发研究》2009 年第 6 期。

[39] 李巧莎、贾美枝:《日本农村社会保障制度的演变及其启示》,《日本问题研究》2008 年第 2 期。

[40] 李庆梅、聂佃忠:《负所得税是实现扶贫开发与农村低保制度有效衔接的现实选择》,《中共中央党校学报》2010 年第 5 期。

[41] 李唐宁、白田田、孙韶华:《十八大报告:将建设更加公平的社会保障体系》,《经济参考报》,2012 年 11 月 15 日。

[42] 李文君:《论我国财政对农村社会保障支出的责任》,《山东财政学院学报》2003 年第 5 期。

[43] 李小云、唐丽霞、张雪梅:《我国财政扶贫资金投入机制分析》,《农业经济问题》2007 年第 10 期。

[44] 李迎生:《从分化到整合:二元社会保障制度体系的起源、改革与前瞻》,《教学与研究》2002 年第 8 期。

[45] 李宇征:《大历史视野下的农民进城与返乡》,《农业经济》2013 年第 2 期。

[46] 李智勇:《国务院办公厅转发卫生部等部门关于建立新型农村合作医疗制度意见的通知》,《中国乡村医药》2003 年第 2 期。

[47] 梁鸿:《试论中国农村社会保障及其特殊性》,《复旦学报》1999 年第 5 期。

[48] 林家彬:《我国土地制度的特征及其对住宅市场的影响》,《中国发展观察》2007 年第 7 期。

[49] 林莉红、孔繁华:《从宪定权利到法定权利——我国农村居民最低生活保障制度建立情况调查》,《河南省政法管理干部学院学报》2007 年第 4 期。

[50] 林义:《国际农村社会保障改革发展的新趋势》,《学海》2004 年第 4 期。

[51] 林志达:《农村最低生活保障制度问题与对策研究综述》,《中国集体经济》2011 年第 7 期。

[52] 刘翠玉:《论建设社会主义新农村背景下农民工就业问题》,《学理论》2011 年第 4 期。

[53] 刘峰:《农村社会保障建设中政府资金来源研究》,《改革与开放》2010 年第 3 期。

[54] 刘吉香:《日本"穷忙族"问题对中国经济发展的启示》,《科技致富向导》2012 年第 11 期。

[55] 刘建华:《聚焦老龄化:农村人口老龄化带来发展动力不足》,《人民日报》,2012 年 4 月 10 日。

[56] 刘声:《将农村留守儿童关爱服务纳入民生工程》,《中国青年报》,2012 年 5 月 31 日。

[57] 刘书鹤:《农村社会保障的若干问题》,《人口研究》2005 年第 5 期。

[58] 卢海元:《中国特色新型养老保险制度的重大突破与政策取向》,《社会保障研究》2009 年第 11 期。

[59] 马润生:《老龄化条件下的社会养老服务体系建设》,《剑南文学(经典阅读)》2011 年第 2 期。

[60] 梅阳:《论北京市农村社会养老保险制度改革》,《北京社会科学》2006 年第 6 期。

[61] 穆光宗:《中国传统养老方式的变革和展望》,《中国人民大学学报》2000 年第 5 期。

[62] 潘晓红:《我校的留守儿童及存在的问题》,《教育界》2011 年第 20 期。

[63] 钱正武:《新生代农民工的主观诉求与政策建议》,《中国青年研究》2006 年第 4 期。

[64] 全国总工会新生代农民工问题课题组:《关于新生代农民工问题的研究报告(摘要)》,《中国职工教育》2010 年第 8 期。

[65] 芮茜、赵力、李玉英:《少子高龄化对日本社会保障制度的影响》,《中国煤炭工业医学杂志》2011 年第 4 期。

[66] 宋悦、韩俊江、郭晖艳:《我国医疗救助制度存在的问题及对策研究》,《税务与经济》2013 年第 1 期。

[67] 孙建娥、黄锦鹏:《我国农村灾害救助制度发展与完善研究》,《湖南行政学院学报》2010 年第 3 期。

[68] 孙良溦:《赣南地区留守儿童的社会人类学调查》,《科教文汇》2010 年第 5 期。

[69] 孙维亮:《我国农村社会保障体系建设中的资金问题探析》,《中国集体经济》(下)2010 年第 12 期。

[70] 唐有财:《新生代农民工消费研究》,《学习与实践》2009 年第 12 期。

[71] 陶勇:《二元经济结构下的中国农民社会保障制度透视》,《财经研究》2002 年第 11 期。

[72] 田源、董丽晶:《辽宁省完善扶贫开发与农村低保制度衔接机制实施研究》,《安徽农业科学》2012 年第 11 期。

[73] 童星、林闽钢:《我国农村贫困标准线研究》,《中国社会科学》1993 年第 3 期。

[74] 汪柱旺:《加快新型农村合作医疗制度建设》,《宏观经济管理》2005 年第 9 期。

[75] 王彪:《城乡二元社会结构的打破与融合》,《探索》1996 年第 3 期。

[76] 王诚:《论社会保障的生命周期及中国的周期阶段》,《经济研究》2004 年第 3 期。

[77] 王川:《德国社会保障制度现状以及对我国的启示》,《行政与法》2007 年第 11 期。

[78] 王春光:《新生代农村流动人口的社会认同与城乡融合的关系》,《社

会学研究》2001 年 3 月。
[79] 王东进:《城乡统筹是健全全民医保体系的第一要务》,《中国医疗保险》2012 年第 6 期。
[80] 王晓燕:《农村基础教育改革现状及其对策》,《内蒙古电大学刊》2011 年第 1 期。
[81] 王新怀:《我国地区发展差距现状及区域协调发展的建议》,《财经界》2006 年第 7 期。
[82] 王冶英、矫立辉:《德国社会保障制度的成功经验及对我国的启示》,《聊城大学学报》(社会科学版)2008 年第 2 期。
[83] 王玉杰:《浅谈土地产权制度的变革》,《中国房地产业》2011 年第 12 期。
[84] 王玉旭:《我国生理弱势群体的立法保障及问题初探》,《河南省政法管理干部学院学报》2008 年第 11 期。
[85] 孙文盛:《全国人民代表大会农业与农村委员会关于农村社会保障体系建设情况跟踪检查报告——2009 年 12 月 24 日在第十一届全国人民代表大会常务委员会第十二次会议上》,《中华人民共和国全国人民代表大会常务委员会公报》2012 年第 1 期。
[86] 韦红:《德国农村社会保障政策的特点与启示》,《新视野》2007 年第 3 期。
[87] 魏晓东:《新生代农民工问题研究》,《广西社会主义学院学报》2010 年第 10 期。
[88] 吴芳芳:《关于完善我国农村弱势群体医疗救助制度的思考》,《重庆工商大学学报(社会科学版)》2010 年第 1 期。
[89] 吴红乔:《关于农村养老问题与对策的探讨》,《前沿》2004 年第 4 期。
[90] 吴红宇、谢国强:《新生代农民工的特征、利益诉求及角色变迁》,《南方人口》2006 年第 2 期。
[91] 夏宜:《7 月 1 日起流动就业人员医疗保险可跨省转移接续》,《劳动保障世界》2010 年第 3 期。
[92] 肖云、杜毅:《农村最低生活保障制度研究综述》,《生产力研究》2009

年第 13 期。

[93] 谢世清:《对建立我国巨灾保险制度的思考》,《中国金融》2008 年第 15 期。

[94] 邢洁、郭健美:《农村居民最低生活保障制度探究——基于山东省农村低保制度调查》,《新疆农垦经济》2009 年第 4 期。

[95] 徐嘉辉、郭翔宇:《德国农村社会保障制度及其借鉴》,《商业研究》2009 年第 6 期。

[96] 徐黎丽、王悦:《中国陆疆人口问题治理模式初探》,《思想战线》2013 年第 1 期。

[97] 许康平等:《借鉴国外社会保障模式经验,构建中国特色社会保障制度》,《大众科技》2008 年第 10 期。

[98] 严翅君:《警惕:新生代农民工成"职业枯竭"早发群体"》,《江苏社会科学》2010 年第 1 期。

[99] 阎青春:《中国老年人社会福利政策浅析》,《社会福利》2006 年第 3 期。

[100] 杨翠迎:《我国农村社会保障制度的演变及评价》,《西北人口》2001 年第 4 期。

[101] 杨翠迎:《中国社会保障制度的城乡差异及统筹改革思路》,《浙江大学学报(人文社科版)》2004 年第 3 期。

[102] 杨晓锋:《论美国加拿大的社会保障制度》,《人民与法》2011 年第 11 期。

[103] 尹世洪:《加拿大社会保障制度沿革》,《江西社会科学》1995 年第 8 期。

[104] 尹蔚民:《统筹推进城乡社会保障体系建设》,《求是》2013 年第 3 期。

[105] 余小平、王玲:《社会保障资金管理体制的改革与对策》,《财政问题研究》1997 年第 4 期。

[106] 袁俊芳:《全面小康构建在农村重点在西部》,《理论研究》2003 年第 2 期。

[107] 袁莉:《中国农村养老保障的现实与挑战——基于新型农村合作医疗的经验》,《改革与战略》2008 年第 3 期。

[108] 翟彪:《国外社会保障经验及其对我国的启示》,《经济研究导刊》2011 年第 11 期。

[109] 张彬:《加拿大社会保障制度及改革趋势》,《世界经济》1996 年第 11 期。

[110] 张文祥:《德国社会保障制度及其对我国的启示与借鉴》,《河北经贸大学学报》1998 年第 6 期。

[111] 赵殿国:《农村养老保险工作的回顾与探索》,《社会保障制度》2003 年第 2 期。

[112] 赵爽:《中国农村老年人养老问题研究》,《科技信息》2010 年第 8 期。

[113] 郑定栓:《加拿大的社会保障制度》,《财政》1995 年第 5 期。

[114] 郑惠帆:《浅析当前我国农村医疗保险制度》,《东方企业文化》2013 年第 3 期。

[115] 郅玉玲:《农村老年人养老支持力研究及社会政策建议——以浙江省为例》,《人口与发展》2009 年第 9 期。

[116] 周茂荣:《德国的社会保障制度》,《世界经济》1998 年第 7 期。

[117] 周美艳:《被征地农民社会保障问题的对策研究》,《理论界》2010 年第 3 期。

[118] 周振、谢家智:《国外农村社会保障制度比较及对重庆的启示》,《重庆社会科学》2007 年第 12 期。

[119] 朱德云:《国外社会保障制度及对我国的借鉴意义》,《中国机关后勤》2002 年第 4 期。

[120] 陈昱阳:《应对农村人口老龄化——积极构建城乡统筹的社会保障体系》(“我国农村老龄问题研究”课题组),《人民日报》,2011 年 4 月 29 日。

[121] 程刚:《中国贫困人口总数世界第二》,《中国青年报》,2009 年 4 月 9 日。

三、论文

[1] 程卫:《完善金东区新型农村合作医疗制度的对策研究》,浙江师范大

学学位论文,2008 年。

[2] 贺小武:《长沙市社区居家养老服务模式与发展策略研究》,中南大学学位论文,2008 年。

[3] 胡鞍钢:《国际人口与发展论坛》(湖北武汉 2004 年 9 月 7 日至 9 日)专题论坛“消除贫困”论文稿。

[4] 胡继富:《农村社会养老保险制度政府供给边界及制度供给不足原因解释》,复旦大学硕士学位论文,2008 年。

[5] 李丹丹:《农民工企业认同过程中的企业责任分析》,郑州大学学位论文,2012 年。

[6] 李琼:《构建我国农村新型合作医疗制度的研究》,江西财经大学学位论文,2005 年。

[7] 李瑞:《抓好信息化建设,促进社会保险事业健康发展——对绵阳市游仙区社会保险管理信息系统的探讨》,西南财经大学学位论文,2003 年。

[8] 刘玮玮:《农民工养老保险的经济效应分析》,山东大学学位论文,2010 年。

[9] 刘晓兰:《失地农民养老保障问题与对策研究——以宜兴市为例》,江苏大学学位论文,2008 年。

[10] 刘勇:《新型农村合作医疗运行状况及改进对策研究——以江西省永丰县为例》,南昌大学学位论文,2009 年。

[11] 吕健:《我国新型农村合作医疗制度的实践与完善》,天津财经大学学位论文,2009 年。

[12] 乔峥:《基于人力资本视角的农民工就业援助对策研究》,安徽大学学位论文,2012 年。

[13] 邱文文:《新型农村合作医疗制度发展研究——以进贤县为例》,南昌大学学位论文,2007 年。

[14] 邵德兴:《新型农村合作医疗供给模式研究:以浙江为例》,上海交通大学学位论文,2006 年。

[15] 邵海亚:《铜山县新型农村合作医疗运行效果研究及评价》,南京医科

大学学位论文,2006 年。

[16] 孙坚:《市场经济条件下的农村合作医疗制度改革研究》,厦门大学学位论文,2009 年。

[17] 孙由体:《被征地农民权益的法律保护问题研究》,苏州大学学位论文,2007 年。

[18] 王颢:《劳动力流动对区域经济发展差距影响研究》,中国石油大学(华东)学位论文,2012 年。

[19] 王梦棠:《新型农村合作医疗制度存在的问题与完善研究》,上海交通大学学位论文,2006 年。

[20] 王强:《我国农村社会保障制度改革探讨》,山西财经大学学位论文,2002 年。

[21] 王章华:《中国新型农村社会养老保险制度研究》,华东师范大学学位论文,2011 年。

[22] 吴欣:《上海初中农民工子女的心理健康研究——以上海市 T 中学为例》,华东师范大学学位论文,2011 年。

[23] 肖丽:《中国农村养老保险现状分析及对策研究》,复旦大学学位论文,2005 年。

[24] 谢益聪:《人口老龄化背景下西安市老年残疾人护理体系的研究》,西北大学学位论文,2010 年。

[25] 徐敏:《重庆农民工培训的激励问题研究》,西南大学学位论文,2010 年。

[26] 薛东刚:《土地征用与失地农民社会保障法律问题研究》,河北大学学位论文,2008 年。

[27] 杨国平:《中国新型农村合作医疗制度可持续研究》,复旦大学学位论文,2008 年。

[28] 章群安:《农村养老保障:现状、困境及出路》,华中师范大学学位论文,2012 年。

[29] 周栋青:《现阶段我国无直接利益冲突危机管理研究》,南京师范大学学位论文,2010 年。

四、网络文章

[1] 王思铁:《实现农村低保制度与扶贫开发政策有效衔接——学习五中全会〈建议〉体会》(六),王思铁网站。

五、外文文献

[1] Oanne C. Turner & Francis J. Turncr. :Canadian Social Welfare. Pearson Education Canada,2001.

后 记

众所周知，公平、正义是构建社会主义和谐社会的基本要求，而社会保障则是实现社会公平、正义的重要途径。新中国成立以来，由于我国采取的是“优先发展城市”、“优先发展工业”的“先城市、后农村”的发展战略，从而形成了典型的城乡二元经济结构和社会结构。基于此，在社会保障的制度安排上，也呈现出城乡有别、内容不一、水平悬殊的二元特征，成为典型的、严重欠缺公平性的二元社会保障制度，从而导致城乡差距进一步扩大，农村社会保障制度的实施效率和实施效益也大大降低。改革开放以来，农村社会保障事业开始有了长足的发展，城乡社会保障的差距也在逐渐缩小。但是，随着城镇化进程的加快和农村社会经济的发展，农村社会保障的需求在不断提高，农村社会保障制度建设和发展所面临的困难与挑战也在不断增加。因此，正视现实，更新观念，彻底突破城乡二元结构的传统思路，在城乡一体化的架构下建设和发展农村的社会保障制度，最大限度地体现社会保障公平、公正的价值理念，适应新形势下农村社会发展和社会保障的现实需要，已经成为全社会关注和探讨的重要课题。

本书的研究思路，主要是立足于农村经济社会发展和社会保障需求的大背景，针对二元经济架构下农村社会保障制度发展的局限，从城乡统筹和城乡一体化发展的视角，系统地梳理和探讨农村社会保障制度建设和发展的热点问题，致力于考察和分析农村社会保障制度建设和发展的重点与难点问题，以期为中国农村社会保障制度的建设和发展提供相应的理论和政策依据。本书的核心观点就是突破城乡二元社会保障格局的传统思维，准确把握农村经济社会发展的现状和趋势，合理借鉴国外农村社会保障制度建设与发展的成功经验，将农村社会保障制度的建设与发展置于城镇化和城乡一体化的大背景下，探索和构建一个统筹城乡发展、城乡一体的社会保障制度框架，并在兼顾公平与效率的同时，切实保障我国城乡居民同等享受社会保障的权利。本书的研究内容，主要是基于对农村社会保障制度建设和发展过程中的重点难点问题的把握，在充分汲取国内学术界已有研究成果和借鉴国外农村社会保障制度发展经验的的基础上，对农村社会保障制度的建设和发展进行系统的剖析与研究，旨在探讨一种可持续的、适合城镇化、城乡一体化发展要求的农村社会保障制度。

具体研究内容主要分为三个部分。第一部分，是从宏观上对农村社会保障制度建设与发展的总体探讨，主要包括两个章节：城乡二元结构下的社会保障制度安排、农村社会保障制度建设与发展评析。第二部分，是对国外农村社会保障制度的个案分析，主要有一个章节：国外农村社会保障制度安排与经验借鉴。这一部分旨在通过对发达国家农村社会保障制度的考察和分析，吸收和借鉴其成熟经验，充实和丰富农村社会保障制度的研究内容。第三部分，是从具体内容上对农村社会保障制度建设与发展的专题探讨，主要包括五个章节：农村养老保障制度、农村医疗保障制度、农村灾害与贫困救助制度、农村福利保障制度、农民工与被征地农民保障制度。

本书是合作研究的成果，由曹立前与殷永萍各负其责，共同完成。具体分工如下：第一章城乡二元结构下的社会保障制度安排、第二章农村社会保障制度建设与发展评析、第六章农村灾害与贫困救助制度，由曹立前撰写；第四章农村养老保障制度、第五章农村医疗保障制度、第七章农村福利保障制度、第八章农民工与被征地农民保障制度，由殷永萍撰写；第三章国外农村社会保障制度安排与经验借鉴，由行政管理专业硕士研究生张笑撰写。全书的构思和最后的通稿工作由曹立前完成。

本书在撰写过程中，广泛借鉴和吸收了农村社会保障研究领域诸多的专家学者的研究成果，参考和引用了多种农村社会保障研究的学术论文和著作。掠人之美甚多，在此谨表谢意。由于教学任务繁重，写作时间比较仓促，加之作者的理论与知识水平有限，书中的欠缺甚至错讹之处在所难免，恳请各位专家学者和学界同仁给予批评指正。

曹立前

2014 年 8 月

图书在版编目(CIP)数据

农村社会保障制度建设与发展研究/曹立前，殷永萍著．—济南：山东人民出版社，2014.12
ISBN 978-7-209-06864-2

Ⅰ．①农… Ⅱ．①曹… ②殷… Ⅲ．①农村—社会保障制度—研究—中国 Ⅳ．①F323.89

中国版本图书馆CIP数据核字(2014)第200776号

责任编辑：崔　萌

农村社会保障制度建设与发展研究
曹立前　殷永萍　著

山东出版传媒股份有限公司
山东人民出版社出版发行
社　址：济南市经九路胜利大街39号　邮　编：250001
网　址：http://www.sd-book.com.cn
发行部：(0531)82098027　82098028
新华书店经销
莱芜市华立印务有限公司印装
规　格　16开(169mm×239mm)
印　张　20
字　数　295千字
版　次　2014年12月第1版
印　次　2014年12月第1次
ISBN 978-7-209-06864-2
定　价　41.00元

如有质量问题，请与印刷厂调换。　电话：(0634)6216033